치유를 위한 복음의 열쇠

이인복 마리아 지음·옮김
준 뉴먼 데이비스 성경 분류

치유를 위한 복음의 열쇠

교회인가 | 서울대교구 2021년 7월 15일
초　판 | 2003년 12월 8일
개정판 | 2021년 10월 4일

지은이 / 옮긴이 | 이인복
성경 분류 | 준 뉴먼 데이비스

내지 디자인 | 박선영
표지 디자인 | 김화진

펴낸이 | 김상욱
만든이 | 조수만
만든곳 | 프란치스코출판사(제2-4072호)
주　소 | 서울 중구 정동길 9
전　화 | 02-6325-5600
이메일 | franciscanpress@hanmail.net
홈페이지 | https://blog.naver.com/franciscanpress

ISBN 978-89-91809-90-1　03230

값 12,000원

치유를 위한 복음의 열쇠

이인복 마리아 지음·옮김

준 뉴먼 데이비스 성경 분류

†

포천 산

언덕 위에

나란히 누워 계신

시부모님과 친정 부모님

그리고

인내로운 길벗인

심재기 바오로와

자손들과

대자대녀들

그리고 세상에서 만나고 가는

하느님의 백성들 모두에게

이 책을 바칩니다.

2021년 7월 26일

혼인 60주년이 되는 날에

이인복 마리아

전집 출간을 축하하며

이용훈 마티아 주교(천주교 수원교구장)

하느님께서 주신 생명과 삶을 소중하게 여기며 살아 온 사람, 이 시대에 보기 드문 의인義人 이인복 마리아님께서 지금까지 펴낸 책들을 한데 묶어 '전집'을 출간함을 진심으로 축하드립니다. 전집은 수상집 5권과 번역서 3권 등 8권으로 구성되어 있습니다. 이인복 마리아 박사님은 국문학자로서 수많은 전문 저서와 논문을 남겼지만 이번 전집에는 들어있지 않습니다. 이 분은 평생을 교육자로서 학생들을 가르치고, 사회복지 현장에서 우리 사회의 가장 가난한 이와 소외된 이웃을 돌보고 보살피는 일에 전념하였습니다. 수상집 안에는 몸소 겪은 체험과 비참한 처지에 있는 이들과 뒹굴며 사랑을 실천하는 내용이 고스란히 담겨 있습니다. 번역서에는 세상에 살면서 추구해야 하는 창조주 하느님의 뜻과 사랑, 인간의 도리, 성경 말씀 실천에 관한 내용 등 모든 이가 공감하고 당장 실행에 옮겨야 하는 내용이 들어 있습니다.

세상에는 악을 피해야 하고 선행과 자비를 베풀어야 한다고 힘주어 말하는 사람들이 많습니다. 그러나 정작 자신을 희생하며 이웃을 위해 가진 것을 포기하고 애덕실천에 뛰어드는 이는 보기 힘듭니다. 자신의 명예, 권력, 물질적 소유를 주저하지 않고 포기하고 이웃를 위해 베풀어야 한다고 주장하는 이들이 많습니다. 그런데 이를 실천에 옮기는 결단을 내리는 이는 아주 적습니다. 앎과 실천의 비참한 분리와 괴리가 온 세상을 상처가득한 잿빛으로 물들이고 있습니다. 소위 사회를 이끌어 간다는 많은 지도자들은 부와 명예, 권력을 마음껏 누리고 삽니다. 마리아님은 세속적 안락과 물적 풍요를 누릴 수 있었지만, 그런 것과는 너무 먼 거리에서 치열하게 자신과 싸우는 가난한 구도자求道者로서 하느님과 일치하는 가운데 성모 마리아를 닮는 투혼을 발휘하였습니다. 그래서 이 분은 40세 젊은 나이에 가정 폭력 피해 여성을 위한 "나자렛 성가원"과 성매매 피해 여성들을 위한 "나자렛 성가정 공동체"를 설립하여 지금까지 운영하고 있고, 수도자 이상으로 기도와 나눔실천에 정진하며 <나자렛 평신도 수도 공동체> 완성을 향해 분투노력하고 있습니다.

　이렇게 세상의 냉대를 온 몸으로 받던 13세 '성냥팔이 소녀'는 대학교수를 거쳐 청념하기 그지없는 사회복지 사업가 정신으로 자신의 가녀린 육신을 불살랐습니다. 뿐만 아니라, 문학적인 논문들, 죽음에 관한 연구로 큰 명성을 얻었고, 성령세미나 강의와 신앙체험을 국내외에 나누며 수많은 이들을 주님께 인도하며 복음선포에 앞장섰습니다. 대학교수 정년을 맞아 연금과 퇴직금, 강의료 등을 자신이 만든 복지시설에 봉헌하며 자신을 위해서는 아무것도 남기지 않았습니다. 그 후에도 원고료와 강의료는 가난한 이웃, 사제양성비로 기쁘게 내놓았습니다. 이렇게 사마리아 사람의 모범을 그대로 보여주는 모습에 세상은 감탄하고 있으며, 사회는 환한 사랑과 평화의 빛깔로 물들어가고 있습니다.

마리아님은 타고난 부지런함과 한 순간도 허투루 쓰지 않는 천성 때문에 10년 전부터 육체적 병을 얻어 고생길 여정에 들어섰습니다. 육체적 균형상실로 인한 크고 작은 병고, 죽음을 넘나드는 수차례에 걸친 고관절 수술로 거동이 몹시 불편합니다. 조금 더 자신의 육신에 신경을 쓰고 유유자적悠悠自適한 삶을 영위했더라면 이토록 지독한 병마에 시달리지는 않았을 것입니다. 그런 중에도 불편하고 마비가 진행되는 손가락으로 컴퓨터와 스마트폰 자판을 두드리며 수많은 독자와 지인들에게 희망과 신앙의 메시지를 보내는 초인적 투혼을 보여주고 있습니다.

존경하는 마리아님은 예수님을 많이 닮은 이 시대의 성자聖者입니다. 평생 착한 일만 하시다가 십자가상에 못 박혀 돌아가신 우리 주님의 길을 그대로 따르고 있습니다. 수면장애와 함께 온 몸이 고통으로 휘감겨 있음에도 "지금처럼 행복하고 평화로운 때가 없었습니다."라고 고백하는 모습을 보면 한 인간이 예수님처럼 자신에게 주어진 십자가를 이렇게 짊어질 수 있는지 아연실색하게 됩니다. 일생을 통해 역설했던 언행일치言行一致의 삶을 여과 없이 드러내는 마리아님이 이 세상에 존재하는 한 우리는 희망을 발견할 수 있을 것입니다. 주님께서 천사들을 보내어 투병하는 하느님의 종 이인복 마리아 교수님과 지극한 간병으로 안간힘을 쏟는 부군夫君 심재기 바오로 교수님에게 천상적 위로와 축복을 보내주시기를 간절히 소망합니다.

독자 제위께서 이 험란한 시대를 살고 있는 모든 이에게 참 삶의 이정표와 가치를 제시하고 있는 마리아님의 저서들을 읽고 새로운 삶의 좌표를 만들기를 기대합니다.

추천사

아씨시의 성 프란치스코는 「레오 형제에게 준 친필 기도문」에서 하느님을 찬미할 때, "당신은 아름다움이시나이다"라고 노래하였습니다. 한편 러시아의 대문호 도스토옙스키는 자신의 소설 『백치』에서 미쉬낀 공작의 입을 빌어 "아름다움이 세상을 구원할 것"이라고 말합니다. 그러니까 도스토옙스키가 말한 '아름다움'은 '하느님의 선善'이 아니고 무엇이겠습니까? 그가 말한 아름다움이란 외형적인 아름다움이 아니라 인간의 '선한 의지'에 의해서만 얻을 수 있는 윤리적 의미를 나타낸다고 할 수 있습니다. 어떤 형식이나 틀이 없는 아름다움이란 선한 의지에 의해 평화를 되찾을 때만 세상에 구원의 빛을 전할 수 있다는 것이겠지요. 그러므로 선이시고 모든 선이시며, 으뜸 선이신 하느님이 아니시고서는 '그 어떤 무엇'으로도 세상에 구원을 가져올 수 없겠지요.

말씀이신 예수 그리스도는 세상을 구원하기 위해 사람의 몸을 빌려 '사람 사는 세상'에 오셨습니다. 그런데 구원받을 대상자들은 구원자를 알아보지 못하고 십자가에 못 박아 죽였습니다. 하느님은 사랑이시기에, 사랑밖에 모르시기에, 아니 사랑밖에 할 수 없는 분이시기에 당신의 소중한 생명을 밥으로 내어줌으로써 인간을 구원하셨습니다. 이때부터 사람들은 그분을 '아빠', '아버지'라 부르기 시작했습니다.

사랑이신 아버지를 알아가는 길은 어디에 있을까요? 거룩하고 위대하신 분, 지극히 높으시고 전능하신 분, 하늘과 땅의 임금이신 분, 삼위이시고 한 분이신 하느님, 우리의 희망이시고 믿음이시고 사랑이신 하느님, 모든 감미로움이시고 영원한 생명이신 주님, 자비로운 구원자이신 주님을 우리는 어떻게 하면 깨닫고 이해하고 맛볼 수 있을까요? 그것은 주님의 말씀이 담긴 성경을 읽고 공부하는 일일 것입니다.

그러나 아직 성경 읽기에 맛을 들이지 못하신 분, 읽어도 무슨 말씀인지 이해하는 데 어려움을 겪으시는 분, 성경 깊이 읽기를 갈망하시는 분들을 위해 이인복 마리아 교수님께서는 벌써 수년 전에 준 뉴먼 데이비스의 『치유를 위한 복음의 열쇠』를 번역하셨습니다. 물론 이 책은 성경 전문 서적이 아닙니다. 그러나 성경을 읽고 말씀을 살아가는 데 있어서 길라잡이 역할을 충분히 할 수 있다고 생각합니다.

이 책은 2003년에 초판을 발행한 이래 중판과 개정판을 거듭할 정도로 독자들의 사랑을 받은 책입니다. 이번에 개정판으로 내

놓게 된 이 책의 구성은 3부로 되어있습니다. 1부에서는 '치유를 위한 복음의 열쇠'로써 어떻게 하면 기도를 잘할 수 있을까 고민하는 신앙인들에게 적잖은 도움이 되리라 생각합니다. 그리고 2부에서는 '기적의 사례들'을 통해 주님의 예언과 섭리를 읽어낼 수 있을 것입니다. 더 나아가 3부에서는 '주제별 성경 분류'를 통해 성경의 '핵심어'와 '연관어'들을 자세히 소개해 주고 있습니다. 아무쪼록 이 책이 독자 여러분의 신앙생활에 큰 도움이 되길 염원하며 추천의 말씀을 드립니다.

작은형제회 루피노 수도원 심시재尋詩齋에서
오수록 프란치스코 수사

서문을 대신하여

　아버지의 법이 우리 입에서 떠나지 않게 밤낮으로 되새기며 어김없이 성심껏 실천하겠습니다. 그렇게만 하면 우리 앞길이 열려 모든 일이 주님 뜻대로 이루어질 것입니다. 웃음과 환성은 무죄를 기뻐하는 사람들의 것이 아니옵니까? "하느님은 높으시다. 그를 섬기는 사람들에게 평화있으라." 이렇게 노래하는 사람들의 것이 아니옵니까? 하느님은 우리의 힘, 우리의 피난처, 어려운 고비마다 항상 도와주셨으니, 우리 걱정을 주님께 맡깁니다. 주님께서 우리를 돌보아 주시리니 당신의 착한 자식 망하라고 절대로 버려두지 않으시리이다. 이제 다시는 두려워하지 않겠습니다. 하느님이 아버지이십니다. 성령이 우리 힘이 되어 주시고 우리를 도와주시고 정의의 오른팔로 우리를 이끌어 주십니다. 하느님은 당신의 착한 자식들 하는 일이 다 잘되어 나가기를 원하시니 찬미 감사드리나이다. 아멘.

이인복 마리아

[성경 약어]

▶ 구약

창세기	창세	잠언	잠언
탈출기	탈출	코헬렛	코헬
레위기	레위	아가	아가
민수기	민수	지혜서	지혜
신명기	신명	집회서	집회
여호수아기	여호	이사야서	이사
판관기	판관	예레미야서	예레
룻기	룻	애가서	애가
사무엘기상권	1사무	바룩서	바룩
사무엘기하권	2사무	에제키엘서	에제
열왕기상권	1열왕	다니엘서	다니
열왕기하권	2열왕	호세아서	호세
역대기상권	1역대	요엘서	요엘
역대기하권	2역대	아모스서	아모
에즈라기	에즈	오바드야서	오바
느헤미야기	느헤	요나서	요나
토빗기	토빗	미카서	미카
유딧기	유딧	나훔서	나훔
에스테르기	에스	하바쿡서	하바
마카베오기 상권	1마카	스바니야서	스바
마카베오기 하권	2마카	하까이서	하까
욥기	욥	즈카르야서	즈카
시편	시편	말라키서	말라

▶ 신약

마태오 복음서	마태	야고보 서간	야고
마르코 복음서	마르	베드로의 첫째 서간	1베드
루카 복음서	루카	베드로의 둘째 서간	2베드
요한 복음서	요한	요한의 첫째 서간	1요한
사도행전	사도	요한의 둘째 서간	2요한
로마 신자들에게 보낸 서간	로마	요한의 셋째 서간	3요한
코린토 신자들에게 보낸 첫째 서간	1코린	유다 서간	유다
코린토 신자들에게 보낸 둘째 서간	2코린	요한 묵시록	묵시
갈라티아 신자들에게 보낸 서간	갈라		
에페소 신자들에게 보낸 서간	에페		
필리피 신자들에게 보낸 서간	필리		
콜로새 신자들에게 보낸 서간	콜로		
테살로니카 신자들에게 보낸 첫째 서간	1테살		
테살로니카 신자들에게 보낸 둘째 서간	2테살		
티모테오에게 보낸 첫째 서간	1티모		
티모테오에게 보낸 둘째 서간	2티모		
티토에게 보낸 서간	티토		
필레몬에게 보낸 서간	필레		
히브인들에게 보낸 서간	히브		

차례

전집 출간을 축하하며 6
추천사 10
서문을 대신하여 13

I 치유를 위한 복음의 열쇠

사업의 흥성을 위한 기도 23

믿음의 증진을 위한 기도 27

가난의 극복을 위한 기도 31

자녀들과 모든 가족을 위한 기도 36

하느님의 뜻을 구하기 위한 기도 41

악으로부터의 해방을 위한 기도 46

질병의 치유를 구하는 기도 52

내적 평화를 구하는 기도 57

죽음의 공포와 사별의 애통으로부터 벗어나기 위한 기도 62

용서하는 은총을 구하는 기도 68

인내의 덕을 구하는 기도 73

온갖 악습에서 해방되기 위한 기도 78

Ⅱ 기적의 사례들

독자들에게 85

주님의 예언 86

기적의 사례들 89

Ⅲ 주제별 성경 분류

가난 117 / 가족들 119 / 개인적인 일상의 처방 123

걱정, 외로움 128 / 건망증 130 / 결혼 131

고뇌 135 / 고통 136 / 고해(고백) 138

구마 141 / 구원-가족을 위하여 146

기도 149 / 기도의 응답을 저해하는 장애물 151

낙담과 실망 174 / 농부의 준비 176 / 단식 178

두려움, 무서움 184 / 마음의 상처 186 / 말씀 187

모든 어려움을 극복하기 위한 치유의 말씀 191

몸무게 조절 193 / 물건을 잃은 사람들 198

미신 행위 199 / 믿음 201 / 믿음의 흔들림 203

번성 205 / 보호 207 / 분노, 화가 날 때 212

비난 받을 때 214 / 사람에 대한 두려움 216

사업상 문제들 217 / 상담 220 / 성령의 세례 223

속박과 자유 230 / 속죄 236 / 시련 238 / 시험의 목소리 240

신뢰 242 / 신앙과 불신 244 / 신앙이 약화되었을 때 246

실망했을 때의 위로 247 / 십일조 헌금 249

악령에서 벗어나 구출될 때 251 / 안수 253

알콜 중독으로부터 구출될 때 257

애도하는 사람을 위한 위로 259

어둠의 힘을 극복하기 위하여 260

어린이 길들이기 262 / 예수의 피 264

왜 예수의 피를 변호하나 269

예언의 은사를 판별함 271 / 예언자를 판별함 273

용감함 276 / 용서 278 / 위탁된 권위 282

육신의 질병을 치유하기 위한 말씀 285

음성 307 / 의혹 311 / 이혼 313 / 인내 315

자만 317 / 정의 318 / 죄 320 / 주님께 대한 두려움 322

죽음 326 / 중재 328 / 지도와 방향 제시 330

지속적인 구마 333 / 지혜 337 / 찬양과 감사 339

I 치유를 위한 복음의 열쇠

하느님

제 기도에 귀 기울이소서.

저의 간청을 외면하지 마소서.

시편 55,2

내가 하느님께 부르짖으면

주님께서

나를 구하여 주시리라.

시편 55,17

※ 사업의 흥성을 위한 기도

"하느님께서 우리의 피난처와 힘이 되시어 어려울 때마다 늘 도우셨습니다." 시편 46,2

　　1981년 12월 28일 이른 새벽에 나는 김포 비행장을 출발해 동남아 여행에 나섰습니다. 12월 13일부터 8일간 참석해야 하는 펜클럽대회에 나가게 된 기회를 이용하여, 옛날에 내가 말레이시아 싸인즈 국립 대학교에 봉직하던 때, 나의 신앙생활을 견고케 해주신 그 곳 주교님을 뵙기 위해 며칠 일찍 길을 떠난 것입니다. 나는 그 여행 중 비행기 안에서 준 뉴먼 데이비스라는 선교사를 만났습니다. 그는 바로 내 옆 좌석에 앉았던 분이었는데 갑자기 기도 중에 내 손목을 잡더니 "하느님께서 그대를 위해 기도하고 그대를 보살피라고 예언하십니다."라고 말하는 것이었습니다. 그날 나는 데이비스 여사를 따라 그가 예약해 놓은 호텔에 머물며 편히 쉴 수 있었고, 그는 길고 긴 네 시간에 걸친 기도를 지칠 줄 모르고 나를 위해 하느님께 봉헌하였습니다.

　　그분은 나에게 자신이 쓴 책 한 권을 선물하였습니다. 그리고 책 안 표지에 이렇게 적어 주셨습니다. "이 책이 그대와 또 이 책을 읽는 모든 분을 바르게 인도하고 유익하게 해주기를 빕니다. 여기 적힌 하느님의 말씀들이 '제 발에 등불, 저의 길에 빛'(시편 119,105)이라고 믿습니다. 그대가 정성을 다 바쳐 주님을 찾고 주님의 말씀으로 기도할 때 주님은 필경 그대의 기도를 들어 주실 것입니다. 그는 7년 동안 성경을 공부하면서, 치유를 약속하시는 하느님의 말씀들을 그 아픔의 주제별로 분류하였다고 합니다. 나는 그 책에 분류된 성경 말씀대로 기도 생활을 하였고 내 삶 속에 그 말씀들을 적용시켰습니다. 그러자 그 말씀들이 내 삶의 일부가 되고 내 영혼을 쇄신하여 성령 안의 새 삶을 살게 해주었습니다.

　이 세상은 혼란과 고뇌의 늪입니다. 공포와 애통이 영혼을 아프게 합니다. 그 고통의 와중에서 우리의 감성은 소리쳐 하느님의 도우심을 간구하고 싶은데 다른 한편으로 우리의 신심은 고통 가운데서도 하느님을 찬미하고 하느님의 은혜에 감사드리게 됩니다. 이러한 갈등 속에서 우리는 무엇이라고 기도해야 합니까? 바로 그럴 때 성경의 말씀으로 기도하는 일이 가장 내 마음을 편케 해주었습니다. 성경에 있는 하느님의 말씀을 기도문으로 바꾸어 하느님께 바치는 것입니다. "잘 보았다. 사실 나는 내 말이 이루어지는지 지켜보고 있다."(예레 1,12)라고 하신 하느님의 말씀대로 기도하는 것입니다.

앞으로 이 글은 데이비스 여사가 발췌해 놓은 주제별 성경 말씀을 이어 붙여, 하나의 완성된 치유 기도문을 만든다는 것을 원칙으로 합니다. 우선 기도의 주제와 그 기도에 인용될 성경의 구절이 무엇인지 밝히고, 내가 그 구절들을 임의로 이어 붙여 어떻게 기도하는가를 안내해 드리려는 것입니다. 성경 구절로 기도하는 이 일이 독자들에게 큰 위로와 치유를 체험하게 해주리라고 확신하는 바입니다.

이 율법서의 말씀이 네 입에서 떠나지 않도록 그것을 밤낮으로 되뇌어, 거기에 쓰인 것을 모두 명심하여 실천해야 한다. 그러면 네 길이 번창하고 네가 성공할 것이다. 여호 1,8

제 의로움을 좋아하는 이들은 환호하고 즐거워하며 언제나 말하게 하소서. 당신 종의 평화를 좋아하시는 주님께서는 위대하시다! 시편 35,27

하느님께서 우리의 피신처와 힘이 되시어 어려울 때마다 늘 도우셨기에 우리는 두려워하지 않네. 시편 46,2

네 근심을 주님께 맡겨라. 그분께서 너를 붙들어 주시리라. 의인이 흔들림을 결코 내버려 두지 않으시리라. 시편 55,23

나 너와 함께 있으니 두려워하지 마라. 내가 너의 하느님이니 겁내지 마라. 내가 너의 힘을 북돋우고 너를 도와주리라. 내 의로운 오른팔로 너를 붙들어 주리라. 이사 41,10

사랑하는 이여, 그대의 영혼이 평안하듯이 그대가 모든 면에서 평안하고 또 건강하기를 빕니다. 3요한 1,2

하루에 네 번씩, 한 번에 세 번씩 정성껏 기도하면, 기도의 말씀이 곧 우리의 삶 자체로 적용됨을 체험하게 될 것입니다.

❖ 믿음의 증진을 위한 기도

"사실 나는 내 말이 이루어지는지 지켜보고 있다." 예레 1,12

　기도를 어떻게 하느냐고 묻는 질문을 자주 받습니다. 기도의 개념과 방법과 지침을 말해 주는 책자도 많이 나와 있습니다. 그러나 우리에게 의미를 지니는 것은 하느님과 나와 기도의 삼위일체적 합일의 경지 자체이지, 결코 기도에 대한 지식이나 이론적 배경을 알고자 하는 것이 아닙니다. 기도에 대하여 읽고, 기도에 대하여 쓰고, 기도에 대하여 생각하고, 또 어떻게 기도할까를 궁리하는 일들은 하느님과 나 사이에 칸막이를 세워 하느님과 내밀한 만남을 방해할 수도 있습니다.

　기도는 하느님 앞에, 무화과 잎사귀 같은 칸막이나 가리개조차도 다 제거해 버린 벌거숭이 자세로, 나의 전 존재를 보아 주시고 고쳐 주시고 소유하시도록 온전히 자아를 위탁하는 생명 봉헌입니다. 더러운 구석은 감추고 정결한 영역만 보여 드리는 부분적 봉헌이 아니라 더러운 구석을 보시고 치유하시고 소유하시도록 내 생명 존재를 오롯이 내어 맡기고, 두려움과 부끄러움과 저항감 없이 순진하게 하느님 성삼 안에 머무는 일체감입니다.

예수 그리스도와의 내적 만남과 일체감의 감각적 체험을 통하여 그리스도의 마음이 되어서, 그리스도의 성령과 함께 하느님 성부께로 향하는, 전 존재적 전 일치적 인식이요 열망이요 신뢰입니다. 기도는 행위가 아니고 상태입니다.

"나는 포도나무요 너희는 가지다."(요한 15,5) 하신 주님의 말씀대로, 그리스도라는 포도나무의 건실한 가지로 머물러 있는 생명 존재의 상태, 그것이 기도입니다. 나는 지난 십 년 동안 언어 수사에서 해방된 무언의 기도를 사랑해 왔습니다. 하느님 안에 은총을 호흡하는 무언의 존재와 무언의 상태, 기쁨과 감사로 충일한 내 존재의 상태를 하느님께 열어 보이도록 기도를 사랑해 왔습니다. 그러다가 문득문득 언어로 믿음을 고백하고 소망을 간구하고 사랑을 약속드리고 싶을 때엔 "당신 말씀을 보내시어 그들을 낫게 하시고 구렁에서 구해 내신"(시편 107,20) 하느님이 직접 우리에게 주신 성경의 말씀을 다시 하느님께 환기시켜 드리는 기도를 했습니다. 그리고 이러한 기도 방법은 무수한 치유와 평화와 기적을 우리 주변에 가져다주었습니다. 기적이란, 하느님의 섭리를 깨닫고 감사할 줄 알게 된 영혼들의 변화 속에서 무수히 발견되는 놀라운 사건입니다. 그런데 때때로 우리는 성경 안의 약속이 참으로 우리 안에서 실현될 것인가를 의심할 때가 있습니다. 그럴 때 나는 "믿음을 증진시키기 위한 기도"를 봉헌하였습니다. 상처와 고통의 극복을 위한 주제별 "치유기도"와 더불어 "믿음의 증진을 위한 기도"와 성경 구절 봉독을 봉헌하는 일이, 독자들에게 큰 위로와 치유를 체험케 해 드리리라고 확신하는 바입니다.

악마가 한 일을 없애 버리시려고 하느님의 아드님께서 나타나셨던 것입니다. 1요한 3,8ㄴ

너희가 내 안에 머무르고 내 말이 너희 안에 머무르면, 너희가 원하는 것은 무엇이든지 청하여라. 너희에게 그대로 이루어질 것이다. 요한 15,7

그리스도 예수님 안에서 생명을 주시는 성령의 법이 그대를 죄와 죽음의 법에서 해방시켜 주었기 때문입니다. 로마 8,2

흠 없이 살아가는 이들에게 복을 거절하지 않으십니다. 시편 84,12ㄴ

의인의 입은 생명의 샘이지만 악인의 입은 폭력을 감추고 있다. 잠언 10,11

잘 보았다. 사실 나는 내 말이 이루어지는지 지켜보고 있다. 예레 1,12ㄴ

당신의 이름과 말씀을 만물 위로 높이셨기 때문입니다. 시편 138,2ㄴ

하느님은 사람이 아니시어 거짓말하지 않으시고 인간이 아니시어 생각을 바꾸지 않으신다. 그러니 말씀만 하시고 실천하지 않으실 리 있으랴? 민수 23,19

내 계약을 더럽히지 않고 내 입술에서 나간 바를 바꾸지 않으리라. 시편 89,35

예수님을 죽은 이들 가운데에서 일으키신 분의 영께서 여러분 안에 사시면, 그리스도를 죽은 이들 가운데에서 일으키신 분께서 여러분 안에 사시는 당신의 영을 통하여 여러분의 죽을 몸도 다시 살리실 것입니다. 로마 8,11

하루에 네 번씩, 한 번에 세 번씩 "믿음의 증진을 위한 기도"와 바로 앞의 "사업의 홍성을 위한 기도"의 성경 구절을 정성껏 함께 기도하면, 기도의 말씀이 곧 우리의 삶 자체로 적용됨을 체험하게 될 것입니다.

❖ 가난의 극복을 위한 기도

"나의 하느님께서는 그리스도 예수님 안에서 영광스럽게 베푸시는 당신의 그 풍요로움으로, 여러분에게 필요한 모든 것을 채워 주실 것입니다." 필리 4,19

북한산 보현봉과 그 연봉으로 이어진 큰 바위 얼굴이 정면으로 바라보이는 세검정 언덕 꼭대기에 피정의 집이라 불릴 마땅한 조그만 빌라가 발견되자, 살던 집을 빨리 팔면 대금 지불을 할 수 있으려니 낙관하고 구매 계약을 했는데 그만 이것이 부실 가계 운영의 큰 복병이 되었습니다. 살던 집은 팔리지 않았고 새로 산 집을 위해 대부받은 은행 부채는 엄청난 이자 부담을 짊어지게 했습니다. 게다가 그해 12월 30일까지 먼저 집을 못 팔면 새집을 산 지 2년이 되는 터라 나중에 아무리 먼저 집을 잘 팔아도 과중한 양도소득세를 납부해야 하므로, 세검정 집을 사기 위해 대부받은 은행 부채는 전혀 갚을 수가 없다는 계산이 나왔습니다. 12월 30일은 홍수처럼 하루하루 턱을 받치고 차오르는데, 우리 부부는 속수무책 달리 강구할 방책이 없었습니다.

그렇게 상황이 긴박했던 그해 초겨울의 어느 날이었습니다. 피정 강의 부탁을 받고 경북 가은에 다녀왔습니다. 그런데 이 여행이 시작부터 나에게 하느님을 체험케 했습니다. 여느 때 같으면 책 한 권을 거뜬히 읽었을 왕복 열 시간을, 오직 차창 밖의 구름과 단풍과 하늘빛에 취하여 감격과 기쁨으로 가슴이 설레었던 것입니다. 그것은 일찍이 느껴 보지 못한 체험이요, 하느님 현존의 인식이며 하느님 성삼 안에 내재하는 기쁨의 체험이고 하느님 성삼을 호흡함이었습니다. 나는 그날 기도가 무엇인지를 정말로 체험하였습니다. 언어 수사 능력이나 언어 감각이 마비된 듯 싶고 오늘 내가 짊어지고 있는 큰 시련과 고통 가운데서도 기쁨과 감사와 무량의 화평을 가슴 설레게 끌어안으면서 "사랑합니다. 주님! 당신도 저를 사랑하심을 제가 아나이다." 이렇게 말씀드리며 하느님 성삼 안에 머물 뿐, 세상의 언어들이 색채와 의미를 상실해 버린 듯했습니다.

그곳의 본당 신부님은 입고 계신 다 헐어 빛이 바랜 회색 바지만큼이나 편안하고 순박하게 나그네를 맞아 주셨습니다. 크리스천의 영성과 바른 삶을 몸으로 구현해서 인지시키는 사제의 표양이 초라한 세상 나그네의 몇 마디 강의를 백배로 심층 인식할 수 있는 영성을 이미 그곳 교우들에게 파종해 놓고 계셨습니다. 그러나 무엇보다도 그 여행이 나에게 건네준 최상의 은혜는, 하루 생명의 십일조를 바쳐 매일 두 시간 사십 분씩 성체 앞에 앉아 계신 사제의 이미지가 내 망막에 불멸의 사진으로 인화되었다는 사실입니다. 그렇습니다. 사제가 매일매일 두 시간 사십 분씩 하느님께 봉헌하는 성체 조배 기도는 분명히 이 세상에 치유와 기적을 가져다줍니다. 헤어지는 버스 터미널에서 가은성당 주임이신 전 안토니오 신부님은 나에게 기도를 약속해주셨습니다. 그리고 내가 밤늦게 집에 도착했을 때 나는 기도로 이루어지는 기적이 이 세상에 만재함을 깨달은 것입니다.

따르릉 전화벨이 울렸습니다. 생면부지의 어떤 여성이 나를 만나자는 것이었습니다. 그분은 환갑 선물로 이웃에게서 받은 내 책들 『슬픔이 있는 곳에 기쁨을』과 『고통이 있는 곳에 행복을』 두 권을 읽었는데, 작고하신 남편으로 인한 비통에서 털고 일어나 남편의 생명이 이 세상을 위하여 다시 살아나서 일하시게 하고 싶다고 말씀하셨습니다. 그분은 12월 29일에 세검정 집으로 나를 방문하셨고, 우연히 대화 중에 털어놓은 안 팔리는 집 이야기를 듣고, 바로 그날 12월 29일에 그 집을 인수하셨습니다. 아침에 눈을 뜨고 보니 갑자기 엄청난 부채가 사라져 버린 것입니다. 더구나 12월 29일은 1가구 1주택의 무세 특혜가 끝나는 마지막 날이었습니다.

갑자기 우리 부부가 큰 부자로 느껴집니다. 하느님 안에서 내가 하고 싶었던 사업 계획들, 가령 미혼모의 집이나 불우한 기혼여성들의 자활 공동체 같은 것의 실현도 이렇듯 기적을 행하시는 주님의 능력으로 필연코 이루어질 것이라고 확신하며, "나에게 청하여라. 내가 민족들을 너의 재산으로, 땅끝까지 너의 소유로 주리라."(시편 2,8) 하신 하느님의 언약을 믿습니다. 며칠 전까지만 해도 내가 경제적인 고충에 짓눌렸던 것처럼, 오늘도 아직 부채에 지쳐 있는 이웃을 위해서 가난을 극복하기 위한 기도를 위한 성경 구절을 선물로 드립니다. 매일 봉독하고 기도함으로써 마음의 치유와 위로와 변화를 체험하시기 바랍니다.

주님께서는 그보다 더 많은 것을 임금님께 주실 수 있습니다. 2역대 25,9ㄴ

그분께서는 가련한 이를 그 고통으로 구하시고 재앙으로 그 귀를 열어 주십니다. 욥 36,15

나에게 청하여라. 내가 민족들을 너의 재산으로, 땅 끝까지 너의 소유로 주리라. 시편 2,8

주님을 경외하여라. 그분의 거룩한 이들아. 그분을 경외하는 이들에게는 아쉬움이 없어라. 사자들도 궁색해져 굶주리게 되지만 주님을 찾는 이들에게는 좋은 것 하나도 모자라지 않으리라. 시편 34,10-11

나의 하느님께서는 그리스도 예수님 안에서 영광스럽게 베푸시는 당신의 그 풍요로움으로, 여러분에게 필요한 모든 것을 채워 주실 것입니다. 필리 4,19

주님 안에서 즐거워하여라. 그분께서 네 마음이 청하는 바를 주시리라. 시편 37,4

주님께서는 나날이 찬미 받으소서. 우리 위하여 짐을 지시는 하느님은 우리의 구원이시다. 시편 68,20

헐벗은 이들의 기도에 몸을 돌리시고 그들의 기도를 업신여기지 않으시리라. 시편 102,18

나는 나를 사랑하는 이들에게 재산을 물려주고 그들의 보물 곳간을 채워 준다. 잠언 8,21

의인에게는 바라는 일이 이루어진다. 잠언 10,24

너희는 먼저 하느님의 나라와 그분의 의로움을 찾아라. 그러면 이 모든 것도 곁들여 받게 될 것이다. 마태 6,33

너희가 내 이름으로 청하는 것은 무엇이든지 내가 다 이루어 주겠다. 요한 14,13

여러분은 우리 주 예수 그리스도의 은총을 알고 있습니다. 그분께서는 부유하시면서도 여러분을 위하여 가난하게 되시어, 여러분이 그 가난으로 부유하게 되도록 하셨습니다. 2코린 8,9

아무것도 걱정하지 마십시오. 어떠한 경우에든 감사하는 마음으로 기도하고 간구하며 여러분의 소원을 하느님께 아뢰십시오. 필리 4,6

하루에 네 차례씩 한 번에 세 번씩 정성껏 기도하면, 기도의 말씀이 곧 우리의 삶 자체로 적용됨을 체험하게 될 것입니다.

I 치유를 위한 복음의 열쇠

❖ 자녀들과 모든 가족을 위한 기도

"당신의 친 아드님마저 아끼지 않으시고 우리 모두를 위하여 내어주신 분께서, 어찌 아드님과 함께 모든 것을 우리에게 베풀어 주지 않으시겠습니까?" 로마 8,32

기도는 죽음을 닮았습니다. 성인의 죽음이 절대적 순명과 겸손의 자세로 자아의 생명을 하느님께 위탁하는 것이듯이, 기도는 내 안에서 내 혼을 뽑아내어, 이미 내 안에 내재하는 하느님께 온전히 드리는 것입니다. 십자가에 매달려 예수님은 하느님께 자아를 봉헌하는 절대적 순명과 겸손과 사랑의 모습으로 이렇게 기도하셨습니다. "아버지, 제 영을 아버지 손에 맡깁니다."(루카 23,46) 첫 번째 순교자인 스테파노도 순교의 순간에 이렇게 기도했습니다. "주 예수님, 제 영을 받아 주십시오."(사도 7,59)

우리가 기도한다는 것도 성부와 성자와 성령께 내 영혼을 바쳐, 내 안에 계신 성령이 나와 더불어 하느님 성부께 나를 대신해서 "하느님! 제 영을 당신 손에 맡기나이다."라고 기도하시도록 자아를 온전히 맡기는 것입니다. 성령의 또 다른 이름은 사랑이요 성화의 은총이요, 애덕의 실천 능력입니다. 성령은 우리를 성스럽게 변화시켜 줍니다. 성스러움이란 무엇입니까? 사랑을 베풀고 수용하는 무궁 무한한 역량입니다. 하느님만이 무궁 무한하시니까 하느님만이 성스러우십니다. 그러나 하느님께서 성스러운 자 되라고 우리를 부르셨습니다. 하느님께 사랑을 바치고 또 하느님을 수용할 수 있는 역량을 키우라고 우리를 부르셨습니다. 이웃을 사랑하고 또 이웃의 사랑을 수용할 수 있는 역량을 키우라고 부르셨습니다. 사랑을 베풀고 사랑을 수용할 수 있는 역량이 내 안에서 성장함은 오직 내 안에 계신 성령께서 이루어 주시는 은총입니다.

나와 내 가족이 모여 우리는 가정을 이루고 삽니다. 나를 성화시켜 주시는 분이 성령이듯이 나의 가정을 성화시켜 주시는 분도 역시 성령입니다. 그런데 때때로 우리는 내가 자녀를 가르치고 키우고 성장시킨다고 착각합니다. 그래서 내 마음대로 꾸짖고 때리고 화내고 싸우고 슬퍼하고 서러워하기도 합니다. 그리고 자녀를 위하여 생미사를 바치거나 9일 기도를 합니다. 하느님의 뜻이나 자녀의 소망이 무엇인가는 고려하지 않고 오직 우리의 계획이 최선의 길 이기나 한 것처럼, 이러저러한 자식으로 만들어 달라고 하느님께 요구합니다. 그리고는 이러한 명령과 요구를 기도인 줄 알고 착각합니다.

나는 자식을 위해 참으로 온전히 기도하셨던 한 여인, 나의 어머니를 기억합니다. 아버지와 오라비를 잃고 내가 병약하신 어머니와 다섯 여동생의 14세 소녀 가장이 되었던 날부터 임종하시던 날까지 이십오 년 동안, 어머니는 오직 기도만 하셨습니다. 14세 어린 자식인 나를 꾸짖거나 때리신 일이 없고 화내시거나 언쟁하신 일이 없고 마땅치 않은 짓을 많이 했건만 단 한 번도 섭섭해하시거나 실망하시는 모습을 보이신 일이 없으셨습니다. 어머니는 철저히 나를 신뢰하고 의지하고 사랑하셨습니다. 내가 절망의 벼랑 끝에 넘어져 기진한 듯싶을 때에도 어머니는 나의 개선 변화를 확신하셨고, 내가 지옥의 문턱에 다리 하나를 밀어 넣은 냉담자가 되었을 때에도 어머니는 세례와 견진 때 내가 받은 성령께서 나를 회심시켜 주실 날을 기다리셨습니다. 어머니는 오직 기도하셨습니다. 전신에 기름땀을 흘리며 온종일 앓아누워서도 묵주 기도를 하셨고, 눈비 내리거나 모진 바람이 부는 날이어도 성체를 모시러 새벽 미사에 가셨습니다. 어머니는 나에게 단 한 번도 주일 미사에 가자거나 묵주 기도를 하자고 설득하신 적이 없으십니다. 오직 기도와 신뢰와 사랑으로 기다리며, 내가 하느님 성삼 안에서 눈뜰 날을 기다리셨습니다. 그것이 어머니의 기도였습니다. 기도하지 않는 부모가 자녀를 심하게 나무랍니다. 기도하는 부모는 부모 자식 사이보다 하느님과 자식 사이를 더 중히 알기 때문에 신뢰하고 기다리며 침묵합니다. 자식들로 인하여 오늘도 괴로워하는 부모님

들께 "자녀를 위한 기도의 성경 구절"을 선물로 드립니다. 매일 기도함으로써 자녀들에게 베푸시는 하느님 성삼의 구원과 성화를 체험하시기 바랍니다.

주 예수님을 믿으시오. 그러면 그대와 그대의 집안이 구원을 받을 것이오. 사도 16,31

그대가 예수님은 주님이시라고 입으로 고백하고 하느님께서 예수님을 죽은 이들 가운데에서 일으키셨다고 마음으로 믿으면 구원을 받을 것입니다. 곧 마음으로 믿어 의로움을 얻고, 입으로 고백하여 구원을 얻습니다. 로마 10,9-10

말씀을 전할 수 있는 문을 하느님께서 열어주시어 우리가 그리스도의 신비를 말할 수 있도록, 우리를 위해서도 기도해 주십시오. 나는 그 신비를 위하여 지금 갇혀 있습니다. 콜로 4,3

천사들은 모두 하느님을 시중드는 영으로서, 구원을 상속받게 될 이들에게 봉사하도록 파견되는 이들이 아닙니까? 히브 1,14

결코 의심하는 일 없이 믿음을 가지고 청해야 합니다. 의심하는 사람은 바람에 밀려 출렁이는 바다 물결과 같습니다. 야고 1,6

어떤 이들은 미루신다고 생각하지만 주님께서는 약속을 미루지 않으십니다. 오히려 여러분을 위하여 참고 기다리시는 것입니다. 아무도 멸망하지 않고 모두 회개하기를 바라시기 때문입니다. 2베드 3,9

주님 안에서 즐거워하여라. 그분께서 네 마음이 청하는 바를 주시리라.

네 길을 주님께 맡기고 그분을 신뢰하여라. 그분께서 몸소 해주시리라. 시편 37,4-5

당신의 친 아드님마저 아끼지 않으시고 우리 모두를 위하여 내어주신 분께서, 어찌 그 아드님과 함께 모든 것을 우리에게 베풀어 주지 않으시겠습니까? 로마 8,32

하느님은 우리에게 구원을 베푸시는 하느님. 주 하느님께는 죽음에서 벗어나는 길이 있네. 시편 68,21

하느님께서 아들을 세상에 보내신 것은, 세상을 심판하시려는 것이 아니라 세상이 아들을 통하여 구원을 받게 하시려는 것이다. 요한 3,17

내가 진실로 진실로 너에게 말한다. 누구든지 위로부터 태어나지 않으면 하느님의 나라를 볼 수 없다. 요한 3,3

주님의 이름을 받들어 부르는 이는 모두 구원을 받을 것입니다. 로마 10,13

하루에 네 차례씩, 한 번에 세 번씩 정성껏 기도하면, 기도의 말씀이 곧 우리의 삶 자체로 적용됨을 체험하게 될 것입니다.

✣ 하느님의 뜻을 구하기 위한 기도

"너희가 오른쪽으로 돌거나 왼쪽으로 돌 때 뒤에서 '이것이 바른길이니 이리로 가거라.' 하시는 말씀을 너희 귀로 듣게 되리라." 이사 30,21

기도는 바꿈의 몸짓입니다. 나의 뜻을 하느님의 뜻으로 바꾸는 몸짓이고 내가 고집하던 길을 벗어나 하느님이 원하시는 길로 접어드는 바꿈의 제사입니다. 크리스쳔의 삶은 하느님 성부를 믿는 것만으로 충분치 아니하고 하느님 성자 그리스도의 삶을 내 생활 속에서 재현시키는 믿음의 실천으로 완성된다 하겠으며 그 실천의 능력을 주시는 분이 하느님 성령이십니다. 성령은 우리에게 진리를 깨우쳐 주실 뿐만 아니라 그 진리를 실천할 수 있는 바른 결정을 내리도록 우리를 인도하십니다. 바른 분별력을 주시는 것입니다. 그래서 기도는 내 뜻과 하느님의 뜻을 교환하는 바꿈의 제사입니다.

우리는 하나의 일을 결정하거나 행동에 옮길 때 여러 가지 요소로부터 영향을 받습니다. 악마가 유혹하는 소리에 매혹당할 수도 있고 강렬한 자기 고집에 휘말릴 수도 있고 진리의 성령이 인도하는 방향으로 나아갈 수도 있습니다. 이러한 갈등과 위기에서는 오직 기도만이 우리에게 성령의 타이름을 받아들일 분별의 힘을 줍니다. 하느님이 우리에게 진리의 성령을 보내시어 하느님의 뜻이 무엇인지 분별하도록 도와주시는 것입니다. 그러면 우리가 결정한 일이 하느님께서 온 것인지, 아니면 악마의 유혹으로부터 온 세속적 욕구이거나 육정적 갈망인지 어떻게 알 수 있습니까? 하느님 뜻에 따라 결정된 분별은 하느님을 사랑하는 마음과 행복감, 그리고 기쁨과 평화를 줍니다. 눈물이 흐른다 해도 그것은 회한의 눈물이 아니라 내가 저지른 과오를 회개하며 흘리는 감격의 눈물입니다.

이냐시오 로욜라 성인은 『영들을 분별하는 방법』이란 글에서 "좋은 영"과 "나쁜 영"에 대하여 말씀하십니다. "좋은 영"은 하느님의 성령으로부터 오는 영이고 "나쁜 영"은 세속과 육정과 악마로부터 오는 영이라 했습니다. 영감이라는 것이 모두 주님의 성령으로부터 오는 것은 아닙니다. 의견이나 결심이란 것은 실은 나의 괴벽, 소심증, 교만, 재물욕, 소유욕, 상실에 대한 공포감, 근심, 명예욕, 분노, 질투 등에 기인할 때가 많습니다. 또 악마의 영으로부터 올 수도 있습니다. 악마는 천사로 가장하여 우리에게 접근해 우리의 약점을 들추어 그릇된 행위를 하도록 충동합니다. 애욕, 물욕, 권세욕, 명예욕 등을 끊임없이 유발하여 인간의 영혼을 억압합니다.

악마가 가져온 결정일 때에는 우리가 즉시 그것을 알 수 있습니다. 용서하지 못하는 완강함, 하느님 사랑에서 멀어지는 느낌, 사랑받지 못한다고 느껴지는 쓸쓸함, 불안 심리와 혼란한 심정 등이 그 증거입니다. 이럴 때 우리는 "주 예수 그리스도의 이름으로 명령한다. 사탄아, 물러가라, 주 예수 그리스도에게 가라."라고 악령을 꾸짖어 추방해야 합니다. 그런데 특별히 성령께서 "영들을 분별하는 능력"을 주시는 경우가 있습니다. 그것을 우리는 "분별의 은사"라고 합니다(1코린 12,10 참조). 굳이 "분별의 은사"에는 이르지 못한다 하더라도 우리 모두는 일상의 기도 속에서 나의 고집이나 악령의 충동에 응하지 말고 기필코 하느님의 뜻에 따라야 합니다. 악령은 존재합니다. 악령의 존재를 무시하는 사람은 마치 무기도 지니지 않고 전쟁터에 나가는 군인과도 같습니다.

그러나 더더욱 중요한 것은 하느님이 우리의 삶 속에 현존하신다는 사실입니다. 우리의 기도를 하느님은 보고 들으십니다. 우리가 기도하면 거기에 응답하십니다. 하느님은 진리의 성령을 우리에게 보내주시어 우리를 위로하시고 우리의 결정과 분별이 옳은 것이 되도록 도와주십니다. 죽기까지 끊임없이 다가오는, 우리 삶 속의 온갖 문젯거리들 속에서 신음하며, 그것들을 어떻게 헤쳐나가야 할지 몰라 근심하는 분들에게 "하느님 뜻을 구하기 위한 기도의 성경 구절"을 선물로 드립니다. 매일 기도함으로써 진리의 성령이 우리에게 주시는 슬기와 지혜의 분별 능력을 체험하시기 바랍니다.

주님께서는 사람의 발걸음을 굳건히 하시며 그의 길을 마음에 들어 하시리라. 시편 37,23

그는 비틀거려도 쓰러지지 않으리니 주님께서 그의 손을 잡아 주시기 때문이다. 시편 37,24

당신께서 제 오른손을 붙들어 주셨습니다. 시편 73,23

당신의 뜻에 따라 저를 이끄시다가 훗날 저를 영광으로 받아들이시리이다. 시편 73,24

나가나 들거나 주님께서 너를 지키신다. 이제부터 영원까지. 시편 121,8

그분께서는 공정의 길을 지켜 주시고 당신께 충실한 이들의 앞길을 보살피신다. 잠언 2,8

가련한 이들이 올바른 길을 걷게 하시고 가련한 이들에게 당신 길을 가르치신다. 시편 25,9

나 너를 이끌어 네가 가야 할 길을 가르치고 너를 눈여겨보며 타이르리라. 시편 32,8

네 마음을 다하여 주님을 신뢰하고 너의 예지에는 의지하지 마라. 어떠한 길을 걷든 그분을 알아 모셔라. 그분께서 네 앞길을 곧게 해주시리

라. 잠언 3,5-6

나는 주 너의 하느님 너에게 유익하도록 너를 가르치고 네가 가야 할 길로 너를 인도하는 이다. 이사 48,17ㄴ

너희가 오른쪽으로 돌거나 왼쪽으로 돌 때 뒤에서 "이것이 바른길이니 이리로 가거라." 하시는 말씀을 너희 귀로 듣게 되리라. 이사 30,21

그분 곧 진리의 영께서 오시면 너희를 모든 진리 안으로 이끌어 주실 것이다. 요한 16,13ㄱ

너희는 힘과 용기를 내어라. 그들을 두려워해서도 겁내서도 안 된다. 주 너희 하느님께서 너희와 함께 가시면서, 너희를 떠나지도 버리지도 않으실 것이다. 신명 31,6

나는 네가 한 일을 안다. 보라, 나는 아무도 닫을 수 없는 문을 네 앞에 열어 두었다. 너는 힘이 약한데도, 내 말을 굳게 지키며 내 이름을 모른다고 하지 않았다. 묵시 3,8

당신께서 저에게 생명의 길을 가르치시니 당신 면전에서 넘치는 기쁨을, 당신 오른쪽에서 길이 평안을 누리리이다. 시편 16,11

하루에 네 차례씩 한 번에 세 번씩 정성껏 기도하면, 기도와 말씀이 곧 우리의 삶 자체로 적용됨을 체험하게 될 것입니다.

❖ 악으로부터의 해방을 위한 기도

"저희에게 잘못한 이를 저희도 용서하였듯이 저희 잘못을 용서하시고 저희를 유혹에 빠지지 않게 하시고 저희를 악에서 구하소서." 마태 6,12-13

기도는 탈출의 은총 체험입니다. 이집트 군사의 쫓김으로부터 평화를 누림이고, 추위와 기아로부터의 구원받음이고, 악한 유혹으로부터의 해방 체험입니다. 기도는 세속적 속박으로부터 하느님을 향해 돌아서게 하는 자유와 기쁨의 은총 체험입니다. 그러므로 우리는 "지극히 거룩한 믿음을 바탕으로 성장해 나아가십시오. 성령 안에서 기도하십시오."(유다 20)라는 성경 말씀에 귀 기울이고 삽시다.

기도는 성령이 주시는 최대의 은사입니다. 기도는 세속적 유혹과 육정의 갈등과 인간적 교만이나 부덕을 다스려 영성의 향기를 증진시킵니다. 성소 주일의 미사 강론에서 한 젊으신 사제가 말씀하셨습니다. "사제와 수도자에겐 유혹이 많습니다. 아직 세상에 머물러 있는 성직자와 수도자들을 위해서 기도해 주십시오. 사제로 죽게만 해 달라고 저도 거듭거듭 기도합니다." 그때 나는 저 젊

디젊은 분이 언제 빨리 늙어 수단 자락 고이 여미고 하느님 성부의 품에 안길 것인가 생각하면서 아찔한 통증을 공감할 수 있었습니다. 그러나 나는 분명히 믿습니다. 그분은 기도하는 사람이니 필경 사제로 종신하실 것이라고 말입니다. 기도하는 사람은 큰 유혹도 이겨 내고 기도하지 않는 사람은 작은 유혹에도 걸려 넘어집니다. 기도하면 시련도 기쁨이 되고 기도하지 않으면 대수롭지 않은 일이 번뇌가 됩니다.

기도는 성령을 초대하는 자기 체험입니다. 달리기 선수도 자동차의 속도를 따를 수 없습니다. 자동차의 속도는 인력을 능가합니다. 사람이 노력해도 안 되는 능력을 드러내 달라고 성령의 발동을 거는 것이 기도입니다. 제자들이 기도를 가르쳐 달라고 청하자 예수님은 이렇게 하라고 말씀하셨습니다. "아버지, 아버지의 이름을 거룩히 드러내시며…… 저희의 죄를 용서하시고 저희를 유혹에 빠지지 않게 하소서."(루카 11,2-4) 그리고 기도에 대한 가르침을 결론지으셔서 "너희가 악해도 자녀들에게는 좋은 것을 줄 줄 알거든, 하늘에 계신 아버지께서야 당신께 청하는 이들에게 성령을 얼마나 더 잘 주시겠느냐?"(루카 11,13)고 말씀하셨습니다.

유혹으로부터의 자유와 해방이란 많은 것에다 마음을 쓰며 걱정하는 육적, 세속적, 악마적 유혹을 벗어나 실상 필요한 한 가지, 참 좋은 몫을 택한 마리아처럼, 주님의 발치에 앉아 주님 사랑에 머물러 주님 말씀을 경청하는(루카 10,39-42 참조) 성령의 은총 체험입니다.

예수님은 잡히시기 직전에 이렇게 기도하셨습니다. "저는 이들만이 아니라 이들의 말을 듣고 저를 믿는 이들을 위해서도 빕니다. 그들이 모두 하나가 되게 해 주십시오. 아버지, 아버지께서 제 안에 계시고 제가 아버지 안에 있듯이, 그들도 우리 안에 있게 해 주십시오. 그리하여 아버지께서 저를 보내셨다는 것을 세상에 믿게 하십시오."(요한 17,20-21)

기도를 통하여 아버지와 그리스도와 내가 하나가 된다는 것은 성령이 베푸시는 은총의 극치입니다. 세상에는 하느님 현존 체험의 기쁨을 모르고 신앙이 일종의 습관이 되어서 사는 크리스쳔 신자가 많습니다. 또 체념적 운명론과 같은 수동적 자세로 살아가는 성직자 수도자도 있을 수 있습니다. 그러나 어느 날 이들이 성령을 통해 하느님을 체험할 때 갑자기 무의미와 허무, 정욕의 질곡에서 해방되어 평화의 기쁨과 자유를 누리는 영적 개안을 체험하게 됩니다. 부르스 요큼의 저서 『예언』 속에는 혼인과 환속의 욕구에 시달리던 한 사제가 기도의 은총을 받아 해방과 자유를 찾은 체험을 고백하고 있습니다. 용모가 수려하고 전신에 남성적인 매력이 넘치는 한 사제님은 온전히 예수님의 이름 하나만을 부르는 끝없는 반복의 단순 기도 속에 머물러 삶으로써, 성소를 지키는 은총을 누린다고 말씀하십니다.

반백을 넘어 할머니 소리를 듣게 되었음을 나는 하느님께 감사드립니다. "주님을 찬송함이여, 늙음에, 젊음의 치기와 실수의 기회가 사라져 가고, 늙음에, 성부께로 가는 시간이 다가옴이니, 사랑과 세상 욕심과 유혹에 끓던 정욕의 억압을 오롯이 하느님께 봉헌하고, 영성의 해방과 자유 속에 기쁨을 누리며 사오니, 기도하는 은총을 베푸신 주님! 찬미 받으소서." 오늘도 욕정의 억압에 시달리는 분들에게 "악으로부터의 해방을 위한 기도의 성경 구절"을 선물로 드립니다. 매일 그리고 자주 기도함으로써 하느님이 베푸시는 해방과 자유를 체험하시기 바랍니다.

우리 주 예수 그리스도의 아버지 하느님께서 찬미 받으시기를 빕니다. 하느님께서는 그리스도 안에서 하늘의 온갖 영적인 복을 우리에게 내리셨습니다. 에페 1,3

아버지께서는 우리를 어둠의 권세에서 구해 내시어 당신께서 사랑하시는 아드님의 나라로 옮겨주셨습니다. 콜로 1,13

우리의 전투 상대는 인간이 아니라 권세와 권력들과 이 어두운 세계의 지배자들과 하늘에 있는 악령들입니다. 에페 6,12

하느님께 복종하고 악마에게 대항하십시오. 그러면 악마가 여러분에게서 달아날 것입니다. 야고 4,7

그러나 우리는 하느님께 감사드립니다. 그분께서는 늘 그리스도의 개선 행진에 우리를 데리고 다니시면서, 그리스도를 아는 지식의 향내가 우리를 통하여 곳곳에 퍼지게 하십니다. 2코린 2,14

당신 말씀으로 제 발걸음을 굳건히 하시고 어떠한 불의도 저를 다스리지 못하게 하소서. 시편 119,133

하느님을 아는 지식을 가로막고 일어서는 모든 오만을 무너뜨리며, 모든 생각을 포로로 잡아 그리스도께 순종시킵니다. 2코린 10,5

예수님을 죽은 이들 가운데에서 일으키신 분의 영께서 여러분 안에 사시면, 그리스도를 죽은 이들 가운데에서 일으키신 분께서 여러분 안에 사시는 당신의 영을 통하여 여러분의 죽을 몸도 다시 살리실 것입니다. 로마 8,11

그리스도 예수님 안에서 생명을 주시는 성령의 법이 그대를 죄와 죽음의 법에서 해방시켜 주었기 때문입니다. 로마 8,2

행복하여라! 악인들의 뜻에 따라 걷지 않고 죄인들의 길에 들지 않으며 오만한 자들의 자리에 앉지 않는 사람. 시편 1,1

여러분은 사람을 다시 두려움에 빠뜨리는 종살이의 영을 받은 것이 아니라, 여러분을 자녀로 삼도록 해 주시는 영을 받았습니다. 이 성령의 힘으로 우리는 "아빠! 아버지!" 하고 외치는 것입니다. 로마 8,15

주님, 권능으로 영광을 드러내신 당신의 오른손이, 주님, 당신의 오른손이 원수를 짓부수셨습니다. 탈출 15,6

나를 거슬러 일어난 싸움에서 나를 평화로 이끌어 구하시리니 많은 사람들이 나를 대적하여 늘어섰기 때문이네. 시편 55,19

그분께서 새잡이의 그물에서 위험한 흑사병에서 너를 구하여 주시리라.
시편 91,3

이 곤경 속에서 그들이 주님께 부르짖자 난관에서 그들을 구해 주셨다.
시편 107,6

당신 말씀을 보내시어 그들을 낫게 하시고 구렁에서 구해 내셨다. 시편 107,20

높은 데에서 당신 손을 내뻗으시어 큰물에서, 이방인들의 손에서 저를 구하소서. 저를 구출하소서. 시편 144,7

그러므로 아들이 너희를 자유롭게 하면 너희는 정녕 자유롭게 될 것이다. 요한 8,36

하루에 네 차례씩 한 번에 세 번씩 정성껏 기도하면, 기도의 말씀이 곧 우리의 삶 자체로 적용됨을 체험하게 될 것입니다.

❖ 질병의 치유를 구하는 기도

"내 아들아, 내 말에 주의를 기울이고 내 이야기에 귀를 기울여라. 그것이 네 눈에서 벗어나지 않도록 네 마음 한가운데에 간직하여라. 내 말은 그것을 찾아 얻는 이에게 생명이 되고 그의 온몸에 활력이 되어 준다."
잠언 4,20-22

    기도는 하느님 사랑의 신비에 들어가는 치유의 문입니다. 치유는 인간의 믿음과 기도가 충분해서 발생되는 것이 아니고, 하느님과의 일치를 방해하는 질병들을 제거해 주고자 원하시는, 하느님의 자의적 사랑에 의한 것입니다. 그리스도 예수는 우리의 질병을 치유하러 오셨습니다. 예수님이 세상에 오셨을 때 상류 사회의 종교 지도자들은 그분을 냉대하였고, 죄 중의, 성매매의, 불구의, 영적으로 병든 소외계층의 사람들이 그분을 갈망했습니다. 치유 받고 싶어서였습니다. 마귀 들린 사람들, 눈멀고 벙어리인 사람들, 성매매하는 사람들, 나병 환자, 하혈하는 여자, 앉은뱅이들이 그분을 찾았고, 그분을 만난 사람들은 반드시 치유되었습니다. 예수님께서는 많은 표징을 제자들 앞에서 일으키셨습니다. 그리하여 예수님께서는 주님이 메시아시며 하느님의 아드님이심을 세상 사람들이 믿고 또 믿어서, 그리스도의 이름으로 생명을 얻게 하려는 것이었습니다(요한 20,30-31 참조).

예수님을 따른 사람들을 미루어 보면 인간이 치르는 질병의 유형을 알 수 있습니다.

첫째는 영성적으로 병들어 있는 사람이고

둘째는 정서적으로 병들어 있는 사람이며

셋째는 육체적으로 병들어 있는 사람입니다.

주님은 이들 모두를 치유하셨습니다. 예수님의 생애는 치유 봉사의 축적이었습니다. 예수님의 죽음은 치유 봉사를 위한 속량의 생명 봉헌 제사였습니다. 그가 찔린 것은 우리의 악행 때문이고 그가 으스러진 것은 우리의 죄악 때문입니다. 우리의 평화를 위하여 그가 징벌을 받았고 그의 상처로 우리는 나았습니다(이사 53,5 참조). 예수님의 상처로 우리 병이 나은 것입니다. 그분께서는 우리의 죄를 당신의 몸에 친히 지시고 십자 나무에 달리시어, 죄에서는 죽은 우리가 의로움을 위하여 살게 해주셨습니다(1베드 2,24 참조). 우리의 영성을 치유해 주신 것입니다.

"나는 너희에게 평화를 남기고 간다. 내 평화를 너희에게 준다."(요한 14,27) 하신 말씀처럼 우리 마음을 치유해 주신 것입니다. 근심 걱정 등 불안 증세를 치유해 주신 것입니다. 정신적, 정서적, 심리적, 내적 치유가 이루어지면서 육체적 치유가 뒤따릅니다. 육체적 치유는 영성적, 정신적 치유의 결과로 받게 되는 은총입니다. 따라서 영적 치유와 육체적 치유는 회개할 때, 용서할 때, 용서받을 때, 하느님께 가까워질 때 가능합니다.

    나는 사람들이 내게 나이를 물으면 금년에 서른 살이 되었다고 대답합니다. 41년 전에 내가 진정 성령 세례를 체험하고 새 생명을 받아 새사람이 되었기 때문입니다. 1980년 6월 20일의 일이었습니다. 세례를 받은 것이 72년 가까이 되지만 신앙의 기쁨과 용서하는 마음과 인내하는 미덕을 찾아볼 수 없었던 것에 비해, 41년 전의 성령체험 이후에야 비로소 회개와 용서의 기쁨을 알게 되었기 때문입니다. 그래서 나는 옛날에 받은 세례를 신학적 세례라 표현하고 30년 전에 받은 성령 세례를 감각적이고 체험적 세례였다고 말합니다. 또 나는 그때를 회고하면서, 징그러운 누에벌레가 태극무늬 달린 아름다운 나비로 진화된 것과 같은 체험이었다고도 표현하고, 나무 밑에 웅크리고 있던 굼벵이가 매미로 변화된 것과 같은 해탈의 체험이었다고도 표현합니다. 나는 그때 미워하던 사람들을 용서하여 영성의 치유를 받았고 무너지지 않는 그리스도의 평화를 누리게 되어 정서의 치유를 받았고, 온갖 내적 치유의 결과로 육체의 질병들을 치유 받았습니다. 나는 이제야 비로소 눈 뜨고 귀 열린 사람이 되었습니다. 세상의 모든 형제자매가 다 치유의 주님을 만나 뵙고, 모두 함께 그리스도의 평화와 기쁨 속에 살게 되기를 간절히 기원합니다.

내 영혼아, 어찌하여 녹아내리며 어찌하여 내 안에서 신음하느냐? 하느님께 바라라. 나 그분을 다시 찬송하게 되리라. 나의 하느님을. 시편 42,12

마음이 부서진 이들을 고치시고 그들의 상처를 싸매 주신다. 시편 147,3

참으로 내가 너에게 건강을 되돌려 주고 너의 상처를 고쳐 주리라. 주님의 말씀이다. 예레 30,17

내 아들아, 내 말에 주의를 기울이고 내 이야기에 귀를 기울여라. 그것이 네 눈에서 벗어나지 않도록 네 마음 한가운데에 간직하여라. 내 말은 그것을 찾아 얻는 이에게 생명이 되고 그의 온몸에 활력이 되어준다. 잠언 4,20-22

그가 찔린 것은 우리의 악행 때문이고 그가 으스러진 것은 우리의 죄악 때문이다. 우리의 평화를 위하여 그가 징벌을 받았고 그의 상처로 우리는 나았다. 이사 53,5

주님, 저를 낫게 해주소서. 그러면 제가 나으리이다. 저를 구원해 주소서. 그러면 제가 구원 받으리이다. 당신은 제 찬양을 받으실 분. 예레 17,14

나는 너희에게 평화를 남기고 간다. 내 평화를 너희에게 준다. 내가 주는 평화는 세상이 주는 평화와 같지 않다. 너희 마음이 산란해지는 일도, 겁을 내는 일도 없도록 하여라. 요한 14,27

주님께서는 억눌린 이에게 피신처, 환난 때에 피신처가 되어 주시네. 시편 9,10

제 속에 수많은 걱정들이 쌓여갈 제 당신의 위로가 제 영혼을 기쁘게 하였습니다. 시편 94,19

네가 하는 일을 주님께 맡겨라. 계획하는 일이 이루어질 것이다. 잠언 16,3

그러나 주 하느님께서 나를 도와주시니 나는 수치를 당하지 않는다. 그러기에 나는 내 얼굴을 차돌처럼 만든다. 나는 부끄러운 일을 당하지 않을 것임을 안다. 이사 50,7

제가 비록 곤경 속을 걷는다 해도 당신께서는 제 원수들의 분노를 거슬러 저를 살리십니다. 당신 손을 뻗치시어 당신 오른손으로 저를 구하십니다. 시편 138,7

그분께서 피곤한 이에게 힘을 주시고 기운이 없는 이에게 기력을 북돋아 주신다. 이사 40,29

주님께 바라는 이들은 새 힘을 얻고 독수리처럼 날개 치며 올라간다. 그들은 뛰어도 지칠줄 모르고 걸어도 피곤한 줄 모른다. 이사 40,31

우리의 병고를 떠맡고 우리의 질병을 짊어졌다. 마태 8,17

정녕 당신께서는 제 목숨을 죽음에서, 제 눈을 눈물에서, 제 발을 넘어짐에서 구하셨습니다. 나는 주님 앞에서 걸어가리라, 산 이들의 땅에서. "내가 모진 괴로움을 당하는구나." 되뇌면서도 나는 믿었네. 시편 116,8-10

하루에 네 차례씩 한 번에 세 번씩 정성껏 기도하면, 기도의 말씀이 곧 우리의 삶 자체로 적용됨을 체험하게 될 것입니다.

❖ 내적 평화를 구하는 기도

"그가 찔린 것은 우리의 악행 때문이고 그가 으스러진 것은 우리의 죄악 때문이다. 우리의 평화를 위하여 그가 징벌을 받았고 그의 상처로 우리는 나았다." 이사 53,5

기도는 하느님과의 일체감 체험입니다. 기도 생활이 성장한다 함은 성령 안에 머무는 시간과 공간이 한 인간 안에서 지속된다는 것을 의미합니다. 예수님은 「주님의 기도」를 가르치신 연후에 기도 생활의 총체적 정의를 요약하여 이렇게 결론 지으셨습니다. "너희가 악해도 자녀들에게는 좋은 것을 줄줄 알거든, 하늘에 계신 아버지께서야 당신께 청하는 이들에게 성령을 얼마나 더 잘 주시겠느냐?"(루카 11,13) 요한 복음 사가는 기도의 요체를 더 간명하게 말씀하십니다. "너희가 내 이름으로 청하면 내가 다 이루어 주겠다"(요한 14,14).

성령의 열매는 사랑, 기쁨, 평화, 인내, 호의, 선의, 성실, 온유, 절제입니다(갈라 5,22). 그리고 그 성령의 열매를 통하여 인간의 영혼과 마음과 육체를 치유해 주십니다. 성령과 함께하며 성령의 열매를 맺는 삶이란 곧 치유 받으며 사는 삶을 의미합니다. 따라서 기도는 곧 치유의 관문입니다. 성령이 우리 영혼의 입을 열어주십니다. 성령이 우리 마음의 아집을 해방시켜 주시고, 기도의 은총을 받아들이게 하시어, 우리의 기도를 성장시켜 주십니다.

예수님은 나자렛 회당에 모인 마을 사람들 앞에서 구세주의 사명이 무엇인가를, 이사서 61장 1절에서 2절까지를 읽으시면서 이렇게 선포하셨습니다. "주님께서 나에게 기름을 부어 주시니 주님의 영이 내 위에 내리셨다. 주님께서 나를 보내시어 가난한 이들에게 기쁜 소식을 전하고 잡혀간 이들에게 해방을 선포하며 눈먼 이들을 다시 보게 하고 억압받는 이들을 해방시켜 내보내며 주님의 은혜로운 해를 선포하게 하셨다"(루카 4,18-19).

요한의 제자들이 예수님에게 누구시냐고 물었을 때에도 예수님은 이렇게 대답하셨습니다. "요한에게 가서 너희가 보고 들은 것을 전하여라. 눈먼 이들이 보고 다리 저는 이들이 제대로 걸으며, 나병 환자들이 깨끗해지고 귀먹은 이들이 들으며, 죽은 이들이 되살아나고 가난한 이들이 복음을 듣는다"(루카 7,22). 당신이 해방자요 치유자임을 분명히 밝히신 것입니다.

예수님 생명의 순간순간은 인간 치유와 인간 해방을 위한 제물과 봉헌으로 이어졌으며 따라서 예수님의 죽음은 인간을 위한 치유, 구원, 제사의 극치였습니다. "과연 하느님께서는 기꺼이 그분 안에 온갖 충만함이 머무르게 하셨습니다. 그분 십자가의 피를 통하여 평화를 이룩하시어 땅에 있는 것이든 하늘에 있는 것이든 그분을 통하여 그분을 향하여 만물을 기꺼이 화해시키셨습니다"(콜로 1,19-20).

예수님은 수난의 죽음 이후에도 2천 년을 하루처럼 계속 우리를 치유하십니다. 초대 교회의 초두부터 지금까지, 사도들과 성모님과 성인 성녀들을 통해, 그리고 미사와 7 성사의 치유 은사를 통해 우리를 치유하시고, 오늘 이 시대에도 교회 안에 함께 머무시면서, 우리가 바치는 기도의 응답으로써 매순간 우리를 치유하십니다. 덧없는 인간의 사랑에 좌절하고 절망한 일이 있으십니까? 하느님의 사랑만이 영원함을 아는 것이 참 치유입니다.

천년 퍼내어도 물 마르지 아니하는 지심 깊은 영원의 샘, 무한의 샘. 천년 가뭄에도 잎 마르지 아니하는 지심 깊은 샘가의 거목, 천년 태풍에도 무너지지 아니하는 지심 깊은 대지의 바위, 그렇게 내게만 성실한 영원한 사랑을 원하십니까? 하느님만이 그러한 치유자입니다. 무한 반복의 순간순간을 가시관에 찔리고 십자가에 못 박히시며 무한 반복의 순간마다 성부와 인간을 미소 짓게 하시는 주님! 그분의 향기 안에 머물며 "내적 평화를 구하는 기도"를 매일 함으로써 하느님이 베푸시는 평화와 치유를 체험하시기 바랍니다.

저의 비참과 고생을 보시고 저의 죄악을 모두 없이 하소서. 시편 25,18

저는 몹시도 고통을 겪고 있습니다. 주님, 당신 말씀대로 저를 살려 주소서. 시편 119,107

물살이 저를 짓치지 못하고 깊은 물이 저를 집어 삼키지 못하며 심연이 저를 삼켜 그 입을 다물지 못하게 하소서. 시편 69,16

높은 데에서 당신 손을 내뻗으시어 큰물에서, 이방인들의 손에서 저를 구하소서, 저를 구출하소서. 시편 144,7

주님, 저를 낫게 해 주소서. 그러면 제가 나으리이다. 저를 구원해 주소서. 그러면 제가 구원 받으리이다. 당신은 제 찬양을 받으실 분이십니다. 예레 17,14

하느님께 바라라. 나 그분을 다시 찬송하게 되리라. 나의 구원, 나의 하느님을. 시편 42,12ㄴ

제 영혼이 흙바닥에 붙어 있습니다. 당신의 말씀대로 저를 살려 주소서. 시편 119,25

당신 말씀이 저를 살리신다는 것 이것이 고통 가운데 제 위로입니다. 시편 119,50

예수님을 죽은 이들 가운데에서 일으키신 분의 영께서 여러분 안에 사시면, 그리스도를 죽은 이들 가운데에서 일으키신 분께서 여러분 안에 사시는 당신의 영을 통하여 여러분의 죽을 몸도 다시 살리실 것입니다. 로마 8,11

멀리 있는 이들에게도 가까이 있는 이들에게도 평화, 평화! 주님께서 말

씀하신다. "나는 그들의 병을 고쳐 주리라." 이사 57,19

주님께 바라라, 네 마음 굳세고 꿋꿋해져라. 주님께 바라라. 시편 27,14

주님은 나의 힘, 나의 방패, 내 마음 그분께 의지하여 도움을 받았으니 내 마음 기뻐 뛰놀며 나의 노래로 그분을 찬송하리라. 시편 28,7

즐거운 마음은 건강을 좋게 하고 기가 꺾인 정신은 뼈를 말린다. 잠언 17,22

자리에 누워 잠들었다 깨어남은 주님께서 받쳐 주시기 때문이다. 시편 3,6 주님, 당신만이 저를 평안히 살게 하시니 저는 평화로이 자리에 누워 잠이 듭니다. 시편 4,9

일찍 일어남도 늦게 자리에 듦도 고난의 빵을 먹음도 너희에게 헛되리라. 당신께서 사랑하시는 이에게는 잘 때에 그만큼을 주신다. 시편 127,2

네가 누워도 무서워할 것이 없고 누우면 곧 단잠을 자게 되리라. 잠언 3,24

시온에서 슬퍼하는 이들에게 재 대신 화관을, 슬픔 대신 기쁨의 기름을, 맥 풀린 넋 대신 축제의 옷을 주게 하셨다. 이사 61,3ㄱ

당신의 가르침을 잊지 않았으니 제 가련함을 보시어 저를 구원하소서. 시편 119,153

하루에 네 차례씩 한 번에 세 번씩 정성껏 기도하면, 기도의 말씀이 곧 우리의 삶 자체로 적용됨을 체험하게 될 것입니다.

※ 죽음의 공포와 사별의 애통으로부터
　　　벗어나기 위한 기도

"나는 부활이요 생명이다. 나를 믿는 사람은 죽더라도 살고 또 살아서 나를 믿는 모든 사람은 영원히 죽지 않을 것이다. 너는 이것을 믿느냐?"
요한 11,25-26

　기도는 이미 받은 은혜를 감사하며 주님을 찬미함입니다.
　기도는 지금 받은 은혜를 감사하며 주님을 찬미함입니다.
　기도는 내일 받을 은혜를 감사하며 주님을 찬미함입니다.
　기도는 과거, 현재, 미래를 감사하며 주님을 찬미함입니다.
　기도는 이미 받은 생명과 지금 누리는 목숨과 내일 받을 죽음을 동시에 감사하며 주님을 찬미함입니다.
　기도는 생명, 실존, 죽음을 감사하여 주님께 찬미 감사드리는 것입니다.

　가정 법률 상담소 소장인 이태영 여사는 장부 정일형 박사님을 여읜 뒤 내게 이렇게 말씀하셨습니다. "이 교수, 60년 이상을 교회에 다녔어도 항상 죽음이 무섭고 싫더니, 우리 박사님을 여의고 나니까 갑자기 죽음이 친숙하게 느껴져요. 죽어야만 우리 박사님을 만난다고 생각하니까 이젠 죽음이 그리워졌어요. 죽어야만 그리운 이들을 만나요. 하느님도 만나구요." 죽음은 죽어 썩을 몸이, 불사불멸의 옷으로 갈아입는 의식이요, 슬픔과 울부짖음과 괴로움이 다 면제되는(묵시 21,4 참조) 치유의 통과 제의임을, 장부의 죽음을 통해 인식하신 것입니다. 같은 상담소의 부소장이요, 83년 미얀마 아웅산 참사 때 장부 이범석님을 여읜 이정숙 여사는 "조국과 민족이 짊어질 징벌을 어깨에 짊어지고 가셨으니, 그리스도를 닮으신 구속적 가치의 죽음을 남편에게 허락하신 하느님께 감사해야지요"라고 말하며 오열의 눈물을 감추어 하느님께 봉헌하셨습니다.

38세의 젊은 연령에 위암을 진단받은 사제가 있었습니다. 약물치료로 혀까지 굳어 말씀도 못 하시는 지경에 이르시어, 십수 년이나 더 산 내 가슴을 아프게 하시더니, 여러 달이 지난 후에 이런 편지를 주셨습니다. "하느님께서 조금 더 살면서 조금 더 일하다 오라고 말씀하시는 것 같습니다. 아픔도 죽음도 하느님께 감사하리라는 결심으로, 고통 속에서도 끊임없이 주님을 찬미하여 주님께 감사했습니다. 나에게 남은 언어는 '주님께 감사' 이외의 다른 말은 없는 듯했습니다. 고통이 심했을 때 나는 사제가 된 것을 감사드렸고, 더더욱 아파지자 나는 사제로 죽게 된 것을 감사했고, 너무 고통이 심해 감사기도가 나오지 않게 되자 나는 배가 너무 아프지만 성한 코로 숨 쉬고 있음을 진심으로 감사했습니다. 그런데 참으로 신비한 일입니다. 이 며칠 통증이 가시면서 빠르게 건강이 회복되고 있습니다. 주님을 찬미합니다. 그리고 지금은 치유 받아 다시 본당 사목을 해내고 있습니다." 죽음을 눈앞에 둔 고통 속에서도 하느님을 찬미하여 죽음을 수렴함으로써 다시 생명을 누리게 된, 참 기도의 경지를 보여 주신 분입니다.

안동 교구의 어떤 신부님은, 임종 며칠 전에 내가 병실을 찾았을 때, 죽기에 이르도록 아픈 고통을 성부께 봉헌하며 이렇게 말씀하셨습니다. "죄인들의 회개와 구원을 위해 그리스도처럼 봉헌하라고 성부께서 나에게 섭리하신 은총입니다. 아픔을 감사하면서 질병의 고통을 수렴하는 순간마다, 나는 온 세상의 건강한 사제들이 다 함께 바치는 미사성제의 공로와 동질의 공로를 아버지 하느님께 기뻐하며 봉헌하는 것입니다. 교수님도 슬퍼하지 마시고 나와 함께 기뻐하며 주님을 찬미하고 주님께 감사드려 주세요." 신부님의 아픔은 참으로 컸습니다. 그러나 신부님은 그 아픔과 죽음을 구속적救贖的 가치, 즉 그리스도적 가치의 차원으로 부단히 봉헌하며 하느님 성삼과 일치하여 하느님 성삼 안에서 임종하셨습니다.

죽음의 공포가 없는 사람이 어디 있겠으며 사별의 애통이 없는 사람이 또 어디 있겠습니까만, 신앙이 주는 은총으로써만 사람은 죽음의 공포와 슬픔을 극복할 수 있습니다. 자식이 어버이보다 더 살다 와야 한다고 생각할 때 어버이는 죽음의 공포와 슬픔을 극복할 수 있습니다. 죽음의 공포를 다스릴 수 있습니다. 자신의 삶이 하느님 계명을 충실히 지키는 구속적 가치의 삶일 때에 죽음은 하느님과의 일치로 느껴질 것이요, 자신의 삶이 이기적이고 세속적인 것일 때에 죽음은 심판과 징벌을 가져오는 공포의 대상으로 느껴질 것입니다.

"처자식을 위해서만 살던 때가 아니라 병들고 배고픈 아프리카의 어린이들을 돌보던 순간들을 생각함에, 죽음이 감미롭고 평화롭다."고 말하면서 임종한 슈바이처는 생명의 완성이 죽음임을 우리 신앙인들에게 극명하게 가르쳐 줍니다. 하느님 품 안에서 깊은 위로와 평안을 누리며, 죽음의 공포와 사별의 애통을 극복하고, 목숨과 생존과 죽음을 함께 감사하며 사는, 진정한 치유를 체험하시기 바랍니다.

당신께 성실한 이들의 죽음이 주님의 눈에는 소중하네. 시편 116,15

악인은 제 악함 때문에 망하지만 의인은 죽음에서도 피신처를 얻는다. 잠언 14,32

사람은 단 한 번 죽게 마련이고 그 뒤에 심판이 이어진다. 히브 9,27

죽음의 독침은 죄이며 죄의 힘은 율법입니다. 우리 주 예수 그리스도를 통하여 우리에게 승리를 주시는 하느님께 감사드립시다. 1코린 15,56-57

아버지께서 죽은 이들을 일으켜 다시 살리시는 것처럼, 아들도 자기가 원하는 이들을 다시 살린다. 요한 5,21

내 말을 듣고 나를 보내신 분을 믿는 이는 영생을 얻고 심판을 받지 않는다. 그는 이미 죽음에서 생명으로 건너갔다. 요한 5,24

무덤 속에 있는 모든 사람이 그의 목소리를 듣는 때가 온다. 요한 5,28

"나는 부활이요 생명이다. 나를 믿는 사람은 죽더라도 살고, 또 살아서 나를 믿는 모든 사람은 영원히 죽지 않을 것이다. 너는 이것을 믿느냐?" 마르타가 대답하였다. "예, 주님! 저는 주님께서 이 세상에 오시기로 되어 있는 메시아시며 하느님의 아드님이심을 믿습니다." 요한 11,25-27

사실 나에게는 삶이 곧 그리스도이며 죽는 것이 이득입니다. 필리 1,21

이 썩는 몸은 썩지 않는 것을 입고 이 죽는 몸은 죽지 않는 것을 입어야 합니다. 이 썩는 몸이 썩지 않는 것을 입고 이 죽는 몸이 죽지 않는 것을 입으면, 그때에 성경에 기록된 말씀이 이루어질 것입니다. 승리가 죽음을 삼켜 버렸다. "죽음아, 너의 승리가 어디 있느냐? 죽음아, 너의 독침이 어디 있느냐?" 1코린 15,53-55

이 자녀들이 피와 살을 나누었듯이, 예수님께서도 그들과 함께 피와 살을 나누어 가지셨습니다. 그것은 죽음의 권능을 쥐고 있는 자 곧 악마를 당신의 죽음으로 파멸시키시고 죽음의 공포 때문에 한평생 종살이에 얽매여 있는 이들을 풀어 주시려는 것이었습니다. 히브 2,14

죽음의 공포 때문에 한평생 종살이에 얽매여 있는 이들을 풀어 주시려는 것이었습니다. 히브 2,15

제가 비록 어둠의 골짜기를 간다 하여도 재앙을 두려워하지 않으리니 당신께서 저와 함께 계시기 때문입니다. 당신의 막대와 지팡이가 저에게 위안을 줍니다. 시편 23,4

저의 한평생 모든 날에 호의와 자애만이 저를 따르리니 저는 일생토록 주님의 집에 사오리다. 시편 23,6

　　하루에 네 차례씩 한 번에 세 번씩 정성껏 기도하면, 말씀이 곧 우리의 삶 자체로 적용됨을 체험하게 될 것입니다.

❖ 용서하는 은총을 구하는 기도

"저희에게 잘못한 이를 저희도 용서하였듯이 저희 잘못을 용서하소서."
마태 6,12

기도는 내 잘못을 뉘우치고 용서를 구하는 마음입니다.

기도는 하느님께 용서 청하는 영적 지향의 의식입니다.

강의를 마치고 몹시 피곤해 있던 어느 날, 한 자매님이 긴급 면담을 청한다면서 들어와 한도 끝도 없는 길고 긴 하소연을 털어놓았습니다. 남동생이 있는데 하나를 빼앗아 다 쓰고 나서는 또 둘을 빼앗으러 오고, 둘을 빼앗아 다 쓰고 나면 셋을 빼앗으러 또 온다며, 이렇게 아라비안나이트의 이야기같이 한도 끝도 없는 불평이 계속되었습니다. 마침내 나는 참을 수 없어 여인의 말을 막고 물었습니다. "자매님, 동생 나쁜 점은 밤을 새우고 이야기해도 부족하니, 이제 결론만 말씀하세요. 그래서 어떻다는 겁니까?" 자매님이 대답했습니다. "미워서 죽겠습니다. 죽이고 싶습니다." 그분은 나에게서 무슨 답변을 기대했던 것일까요? 나의 무슨 대답이 그분의 고통을 덜어 줄 수 있을까요? 이열치열처럼, 더 큰 고통을 묵상하라 할 수밖에 다른 도리가 없었습니다. 나는 말했습니다. "동생이 10도의 고통을 주면 20도의 사랑을 지닌 보통 성인이 되십시오. 동생이 30도의 고통을 주면 40도의 사랑을 지닌 더욱더 크신 성인 되시어 동생을 수용하십시오. 그리스도께서 인류의 구원을 위하여 짊어지신 십자가의 수난을 자매님이 동생을 통하여 재현하고 있다고 수렴하십시오. 동생은 자매님께 부여된 자매님 몫의 십자가입니다. 내 몫의 십자가를 거부하지 마십시오. 수렴의 결단을 하느님께 봉헌하세요. 수렴의 능력은 성령의 은사와 열매를 통하여 하느님이 자매님께 넘치도록 채워 주실 것입니다." 자매님은 한참 흐느껴 울다가 비장한 결심의 자세를 보이며 가벼운 걸음으로 돌아갔습니다.

예수님이 우리들 각자에게 남기고 간 것이 무엇입니까? 무한으로 끝도 없이 확대되는 용서와 수용의 능력입니다. 그리스도의 용서와 그리스도의 수용을 닮아 가는 능력입니다. 용서할 때에만 우리는 한 인간이 나에게 가한 몹쓸 짓을 잊어버리게 됩니다. 잊지 못하는 한 그것이 원한과 상처로 남아 내 몸에 병을 가져온다는 것을 우리는 압니다. 용서하고 잊어버리고 평화를 누리는 것이 치유와 행복의 길입니다.

20세기의 대작 명화로 손꼽히는 것에 『벤허』가 있습니다. 로마의 통치를 저항한다 하여 벤허를 노예를 싣는 선박에 보내고 벤허의 어머니와 누이를 나병 환자로 만든 로마 군단장 멧사라에게 구사일생으로 살아온 벤허가 복수하고자 하는데, 벤허를 사랑하는 여인이 멧사라를 용서해 주라고 간청합니다. 회개하고 용서할 것을 가르치는 광야의 예수를 만나 보라고 애원합니다. 벤허는 십자가를 지고 골고타 산을 오르는 예수님과 눈이 마주칩니다. "마쳤다." 하시며 운명하시는 예수님과 다시 눈이 마주칩니다. 바로 그 순간을 생각하면서 벤허는 "예수님이 눈을 감으시면서 피 묻은 손을 뻗으시어 내가 손에 쥐고 있던 복수의 칼을 빼앗아 가셨다."고 말합니다. 벤허는 예수님 때문에 멧사라를 용서하고, 드디어 나환자촌을 찾아갑니다. 예수님이 운명하시며 벤허의 손에서 복수의 칼을 뽑으신 그 순간, 그리고 벤허가 멧사라를 용서한 그 순간, 저 나환자 집단촌 골짜기에서는 어머니와 누이의 병이 치유되는 기적이 발생한 것입니다. 어머니와 누이를 나환자로 만든 멧사라를 벤허가 용서하자 어머니와 누이가 치유된 것입니다.

「주님의 기도」를 통하여 예수님은 "우리가 용서하듯이", "우리가 용서하는 것처럼", 하느님도 우리를 용서해 주십사고 기도할 것을 가르치셨습니다. 용서하지 않으면 내 상처와 아픔이 점점 커집니다. "용서하는 은총을 구하는 기도의 성경 구절"을 매일 봉독함으로써, 무한 반복으로 이웃을 용서하고, 그리하여 무한 반복으로 주님 안의 치유와 일치를 체험하시기 바랍니다.

너희가 누구의 죄든지 용서해 주면 그가 용서를 받을 것이고, 그대로 두면 그대로 남아 있을 것이다. 요한 20,23

모든 사람과 평화롭게 지내고 거룩하게 살도록 힘쓰십시오. 거룩해지지 않고는 아무도 주님을 뵙지 못할 것입니다. 여러분은 아무도 하느님의 은총을 놓쳐 버리는 일이 없도록 조심하십시오. 또 쓴 열매를 맺는 뿌리가 하나라도 솟아나 혼란을 일으켜 그것 때문에 많은 사람이 더럽혀지는 일이 없도록 조심하십시오. 히브 12,14-15

너희가 다른 사람들의 허물을 용서하면, 하늘의 너희 아버지께서도 너희를 용서하실 것이다. 그러나 너희가 다른 사람들을 용서하지 않으면, 아버지께서도 너희의 허물을 용서하지 않으실 것이다.
마태 6,14-15

너희가 저마다 자기 형제를 마음으로부터 용서하지 않으면, 하늘의 내 아버지께서도 너희에게 그와 같이 하실 것이다. 마태 18,35

너희가 서서 기도할 때에 누군가에게 반감을 품고 있거든 용서하여라. 그래야 하늘에 계신 너희 아버지께서도 너희의 잘못을 용서해 주신다.
마르 11,25-26

여러분을 박해하는 자들을 축복하십시오. 저주하지 말고 축복해 주십시오. 로마 12,14

누가 누구에게 불평할 일이 있더라도 서로 참아주고 서로 용서해 주십시오. 주님께서 여러분을 용서하신 것처럼 여러분도 서로 용서하십시오. 콜로 3,13

모든 원한과 격분과 분노와 폭언과 중상을 온갖 악의와 함께 내버리십시오. 서로 너그럽고 자비롭게 대하고, 하느님께서 그리스도 안에서 여러분을 용서하신 것처럼 여러분도 서로 용서하십시오.
에페 4,31-32

죄인은 제 길을, 불의한 사람은 제 생각을 버리고 주님께 돌아오너라. 그분께서 그를 가엾이 여기시리라. 우리 하느님께 돌아오너라. 그분께서는 너그러이 용서하신다. 이사 55,7

하루에 네 차례씩 한 번에 세 번씩 정성껏 기도하면, 기도의 말씀이 곧 우리의 삶 자체로 적용됨을 체험하게 될 것입니다.

❖ 인내의 덕을 구하는 기도

"그뿐만 아니라 우리는 환난도 자랑으로 여깁니다. 우리가 알고 있듯이, 환난은 인내를 자아내고 인내는 수양을, 수양은 희망을 자아냅니다." 로마 5,3-4

　기도는 기다림입니다. 침묵 속에서 인내롭게 참으며 주님과의 눈 마주침을 기다리는 것입니다. 서러움 속에서도 겸손하게 그리스도와의 가슴 마주침을 기다리는 것입니다. 기도는 예수의 탄생과 고난과 죽음을, 그로 인한 영광의 부활과 승천을, 그리고 끝내 성령으로 내 안에 임하시는 주님을 그리워하는 기다림입니다. 남북이 갈리어 생사도 모르는 채 문득문득 생각나는 아버지와 오라비들을 전쟁 후 72년간 보고 싶어 함, 지금은 천당에 계신 어머님께 불효했음을 자괴하면서 언젠가 하느님과 어머니와 내가 함께 살날을 준비함, 엎어지면 코 닿을 작고 작은 한 나라 안에 보고 싶은 옛 사람들이 있건만 끝내 안 찾고 안 만나며 마음의 흐트러짐을 자제하는 영성의 침묵. 이 모두가 다 기도입니다. 그리워하고 만나고 싶은 사람과 사람 사이에 하느님이 허락하신 길고 긴 통로

끝과 끝에서, 하느님을 통해 소식을 보내고 또 소식을 듣는 순간순간마다 영적 통화들, 오가는 마음들, 이 모두가 기도입니다.

기도하는 사람은 달라고 투정하지 않고 상황 속에서 최선을 다합니다. 살면서 겪는 무수한 상처들, 인간 배신과 사업의 실패들, 너무도 많은 고통을 주신다고 섭섭하게 느껴지는 하느님, 이 모두가 다 인내 하나에 의하여 축복이 됩니다. 상처를 주고받는 것, 고통을 주고받는 것 그 주체는 하느님이 아니라 인간일 뿐입니다. 하느님이 우리에게 고통을 주신 것이 아니라 인간이 준 것인데, 그 고통을 통하여 하느님은 인간을 성장시키십니다. 그리고 하느님을 찾는 사람으로 회개하도록 인도하시고 절대로 이웃에게 상처 주지 않는 사람이 되겠다는 결심과 그 결심을 실천할 성령의 은총을 주십니다. 그래서 우리 마음에 이웃을 동정하고 이해하는 마음이 커지므로, 우리가 받은 일체의 상처는 축복으로 바뀌어 돌아오는 것입니다. 남편으로부터 상처를 받은 여인은 그런 여자를 동정하는 사람이 됩니다. 뇌성마비 자식을 기른 엄마는 뇌성마비 어린이를 기르는 복지재단의 창설자나 협조자가 되고, 시각장애인이 된 사람만이 맹인 교육의 필요성을 절감하고 시각장애인의 자활을 위한 사업에 투신합니다.

고통이 소명의식을 불러일으켜 줍니다. 바오로 사도의 다음 말씀은 고통과 인내의 끝에 하늘의 소명과 축복이 있음을 잘 말해

줍니다. "하느님을 사랑하는 이들, 그분의 계획에 따라 부르심을 받은 이들에게는 모든 것이 함께 작용하여 선을 이룬다는 것을 우리는 압니다."(로마 8,28) 인내로 이겨 낼 때 축복으로 바뀌지 않는 고통과 시련이란 없습니다. 나보다 형편이 나은 사람에 대하여 질투하거나 하느님의 처사가 불공평하다고 원망하지 말고, 온갖 정성을 다하여 노력하면 반드시 내 형편도 향상됩니다.

　우리의 잘못은 십계명을 어기는 데에만 있는 것이 아닙니다. 사람을 죽이지 않고 간음하지 않으며 주일 미사에 잘 나가는 것만이 신자의 도리가 아닙니다. 하느님을 덜 사랑한 것, 덜 위탁한 것, 덜 순종한 것, 고백의 기도와 미사성제와 성체 성사의 치유와 신비에 덜 맞들인 것, 완덕에 이르지 못한 것, 이 모두가 잘못입니다. 현실의 자기 불만이나 상황에 대한 불쾌감을 하느님 성령 안에서 인내의 열매로 치유 받으며, 끝없이 성덕에 매진하시기 빕니다.

일의 끝이 그 시작보다 낫고 인내가 자만보다 낫다. 코헬 7,8

네 빵을 물 위에다 놓아 보내라. 많은 날이 지난 뒤에도 그것을 찾을 수 있으리라. 코헬 11,1

분노에 더딘 이는 용사보다 낫고 자신을 다스리는 이는 성을 정복한 자보다 낫다. 잠언 16,32

이스라엘의 거룩하신 분 주 하느님께서 이렇게 말씀하신다. "회개와 안정

으로 너희가 구원을 받고 평온과 신뢰 속에 너희의 힘이 있다." 이사 30,15

꾸준히 선행을 하면서 영광과 명예와 불멸을 추구하는 이들에게는 영원한 생명을 주십니다. 로마 2,7

그뿐만 아니라 우리는 환난도 자랑으로 여깁니다. 우리가 알고 있듯이, 환난은 인내를 자아내고 인내는 수양을, 수양은 희망을 자아냅니다. 그리고 희망은 우리를 부끄럽게 하지 않습니다. 우기가 받은 성령을 통하여 하느님의 사랑이 우리 마음에 부어졌기 때문입니다. 로마 5,3-5

여러분이 하느님의 뜻을 이루어 약속된 것을 얻으려면 인내가 필요합니다. 히브 10,36

그러므로, 이렇게 많은 증인들이 우리를 구름처럼 에워싸고 있으니, 우리도 온갖 짐과 그토록 쉽게 달라붙는 죄를 벗어 버리고, 우리가 달려야 할 길을 꾸준히 달려갑시다. 히브 12,1

나의 형제 여러분, 갖가지 시련에 빠지게 되면 그것을 다시없는 기쁨으로 여기십시오. 여러분도 알고 있듯이, 여러분의 믿음이 시험을 받으면 인내가 생겨납니다. 야고 1,2-3

그러므로 형제 여러분, 주님의 재림 때까지 참고 기다리십시오. 땅의 귀한 소출을 기다리는 농부를 보십시오. 그는 이른 비와 늦은 비를 맞아 곡식이 익을 때까지 참고 기다립니다. 여러분도 참고 기다리며 마음을 굳게 가지십시오. 주님의 재림이 가까웠습니다. 야고 5,7-8

잘못을 저질러 매를 맞을 때에는, 견디어 낸다고 한들 그것이 무슨 명예가 되겠습니까? 그러나 선을 행하는데도 겪게 되는 고난을 견디어 내

면, 그것은 하느님에게서 받는 은총입니다. 1베드 2,20

네가 인내하라는 나의 말을 지켰으니, 땅의 주민들을 시험하려고 온 세계에 시련이 닥쳐올 때에 나도 너를 지켜 주겠다. 묵시 3,10

좋은 땅에 떨어진 것은, 바르고 착한 마음으로 말씀을 듣고 간직하여 인내로써 열매를 맺는 사람들이다. 루카 8,15

너희는 인내로써 생명을 얻어라. 루카 21,19

하루에 네 차례씩 한 번에 세 번씩 정성껏 기도하면, 기도의 말씀이 곧 우리의 삶 자체로 적용됨을 체험하게 될 것입니다.

✣ 온갖 악습에서 해방되기 위한 기도

"당신 말씀을 보내시어 그들을 낫게 하시고 구렁에서 구해 내셨다." 시편 107,20

기도는 자신과 그 소유를 이웃에게 나누어 주는 것입니다.
기도는 드디어 자신과 그 소유를 모두 봉헌하는 것입니다.
기도는 순간순간의 작은 죽음을 결행하는 것입니다.
기도는 영생을 시작하는 참 죽음을 준비하는 것입니다.
기도는 다음 날의 미사와 영성체를 갈망하는 마음이고
기도는 내 안에 모신 주님을 닮아 나날이 달라짐이며
성체를 모실 때마다 준비된 사랑의 큰 무더기 열매이고
성체를 끝내 닮아서 주님의 대행적 성체 역할을 해 줌입니다.
불교계의 큰 어른이신 이성철 대종정은 "시주가 곧 기도니라."라는 감동적인 신년 법어를 발표하신 일이 있고, 세계 성체 대회의 대전 예비 대회에서 가톨릭교회는 "나눔으로 하나 되어"라는 표어 아래 안구기증과 헌혈과 불우한 어린이 입양 등이 성체 성사의 정신이요 참 기도임을 선포하였습니다. 주는 것이 기도입니다.

그런데 우리가 나눔이라는 생활에 익숙하지 못한 이유는 악의 세력에 지배당하기 때문입니다. 악의 세력에 조종되는 인색한 마음만 없다면 피를 나눈다는 것도 아주 쉬운 일이 될 것입니다. 수혈한 다음에는 더 정결한 피가 샘물처럼 자생된다고 합니다. 단지 부족한 것은 피를 나누어 줄 수 있는 선한 마음과 그 마음을 실천으로 옮기는 힘입니다. "주님을 피신처로, 지극히 높으신 분을 안식처로 삼아, 불행이 닥치지 않고 재앙도 다가오지 않는 때문"(시편 91,9-10 참조)입니다.

성령이 우리를 지켜 주십니다. 나의 어머니께서는 아비 잃은 다섯 딸을 바르게 키우셨습니다. 어머니의 그 저력, 그 의연하신 생존의 의지력은 오직 하느님께 매달리는 기도의 힘에 연유하셨습니다. 또 어머니는 묵주 기도 15단을 하루도 거르지 아니하셨고, 영성체를 예수님 닮기, 그리스도 닮기의 신비와 기적으로 감각하시었고, 자나 깨나 앉으나 서나 잠시도 쉬지 않고 하느님 현존 체험 속에서 감동에 젖어 사시다 귀천하셨습니다. "돈으로 도울 수는 없으나 기도로"라고 말씀하시며, 과부와 고아들과 미혼모, 성매매 피해 여성들 한 명 한 명에게, 묵주 기도와 영성체로 받은 은혜를 한도 없이 나누어 주셨습니다. 가정교사를 하면서 내가 벌어다 지은 가난한 내 보리밥을 나 몰래 퍼다 먹이시며, 미군 부대 옆 한 무리의 성매매 여성들에게 복음을 전파하셨습니다. 어머니가

먹인 보리밥, 어머니가 그들과 나눈 복음의 말씀, 그 시간 그 말씀이 기도였습니다.

　나누어 줌, 성체 모실 내 마음의 감실을 준비함, 성체가 되어 줌, 죽음을 겸허하게 맞이하고 하느님을 그리워함, 이 모두가 기도입니다. 하느님은 모든 이에게 모든 것이 되어 주십니다. 우리 모두도 주변 이웃들에게 모든 것이 되어 주는 사람이 되어, 주님과 우주에 귀일하는 사람, 성체의 사람들이 되시기를 빌면서 "온갖 악습에서 해방되기 위한 기도의 성경 구절"을 선물로 드립니다.

악마가 한 일을 없애 버리시려 하느님의 아드님께서 나타나셨다. 1요한 3,8ㄴ

그리스도 예수님 안에서 생명을 주시는 성령의 법이 그대를 죄와 죽음의 법에서 해방시켜 주었기 때문입니다. 로마 8,2

아들이 너희를 자유롭게 하면 너희는 정녕 자유롭게 될 것이다. 요한 8,36
나 주님이 너의 하느님 내가 네 오른손을 붙잡아주고 있다. 나는 너에게 말한다. "두려워하지 마라. 내가 너를 도와주리라." 이사 41,13

여러분이 하느님의 성전이고 하느님의 영께서 여러분 안에 계시다는 사실을 여러분은 모릅니까? 누구든지 하느님의 성전을 파괴하면 하느님께서도 그자를 파멸시키실 것입니다. 하느님의 성전은 거룩하기 때문입니다. 여러분이 바로 하느님의 성전입니다. 1코린 3,16-17

주님께서 너의 의지가 되시어 네 발이 덫에 걸리지 않게 지켜 주시리라. 잠언 3,26

당신의 자애로 저는 기뻐하고 즐거워하리니 당신께서 저의 가련함을 굽어보시어 제 영혼의 곤경을 살펴 아신다. 시편 31,8

하느님께서 우리의 피신처와 힘이 되시어 어려울 때마다 늘 도우셨기에 우리는 두려워하지 않네. 시편 46,2

나를 거슬러 일어난 싸움에서 나를 평화로 이끌어 구하시리니 많은 사람들이 나를 대적하여 늘어섰기 때문이네. 시편 55,19

하느님께서 그 안에 계시니 흔들리지 않네. 하느님께서 동틀 녘에 구해 주시네. 시편 46,6

이 곤경 속에서 주님께 부르짖자 난관에서 그들을 구해 주셨다. 시편 107,6

주님, 제가 당신께 피신하니 다시는 수치를 당하지 않게 하소서. 당신의 의로움으로 저를 구하소서. 제게 당신의 귀를 기울이시고 어서 저를 구하소서. 이 몸 보호할 반석 되시고 저를 구원할 성채 되소서. 당신은 저의 바위, 저의 성채이시니 당신 이름 생각하시어 저를 이끌고 인도하소서. 그들이 숨겨 놓은 그물에서 저를 빼내소서. 당신은 저의 피신처이십니다. 제 목숨을 당신 손에 맡기니 주 진실하신 하느님 당신께서 저를 구원하시리이다. 시편 31,2-6

하루에 네 차례씩 한 번에 세 번씩 정성껏 기도하면, 기도의 말씀이 곧 우리의 삶 자체로 적용됨을 체험하게 될 것입니다.

II 기적의 사례들

사랑하는 이인복 마리아 자매에게

이 책이 그대와 또 이 책을 읽는 모든 분들을
인도하고 유익하게 해주기를 빕니다.

"당신 말씀은 제 발에 등불, 저의 길에 빛입니다." 시편 119,105

그대들이 정성을 다 바쳐 주님을 찾을 때
주님은 필경 주님의 길을 보여 주실 것입니다.

주님의 사랑 안에서
준 뉴먼 데이비스

❖ 독자들에게

    이 책의 내용은 나 자신의 성경 공부 노트로부터 자라난 것입니다. 따라서 여기에는 내가 성령이 인도하는 대로 살아가는 동안 주님께서 나에게 주신 가르침과 훈계와 의견들이 포함되어 있습니다. 이 책자는 성경의 연구 저서가 아닙니다. 독자 여러분들이 여기 적힌 성경의 말씀들을 공부하고 삶 속에 그 말씀들을 적용시킬 때에, 그 복음의 말씀이 내 삶의 일부가 되었었던 것처럼, 그 말씀이 또한 여러분 삶의 일부가 되고, 따라서 여러분의 삶을 축복해 줄 것입니다.

    이 책자에 첨가할 다른 성경 구절들을 찾아 나아감에 따라, 그 복음의 말씀들은 여러분이 영혼을 쇄신하고 성령 안의 삶을 위해 무엇이 좋고, 긍정적이며, 또 하느님의 완전한 뜻인가를 증거함에 있어, 더더욱 여러분 자신의 요구를 충족시켜 줄 것입니다. 이 책이 여러분의 발길에 등불이 되고 여러분의 삶에 있어 빛이 되길 기도합니다. 정성을 다하여 주님을 찾을 때, 주님은 반드시 주님의 길을 여러분에게 가르쳐 주실 것입니다.

준 뉴먼 데이비스

❖ 주님의 예언 : 필자를 통하여 독자들에게

"나의 어린 자녀들아, 내 말에 귀를 기울여라. 나에게 모든 관심을 두는 것부터 시작하여라. 왜냐하면, 나도 너희들에게 관심을 쏟고 있기 때문이다. 너희가 갈망하고 있는 것을 어찌하면 얻을 수 있을지 보여주랴? 흠 없이 사는 사람에게는 아낌없이 복을 내려주리라. 복음이 그것을 말하며 나는 거짓말을 못하는 존재이다.

오! 내가 얼마나 너희들을 매일 매일 축복해 주고 싶어 하는가. 그러나 내 어린 자녀들아! 너희들 가운데에는 분명 나의 선물들을 약화시키는 사람들이 있다. 나를 믿고, 내 말을 믿으라. 내 말은 진리이며 나는 너희를 진리로써 성스럽게 하였다. 내가 너희에게 내려갔을 때 너희에게 준 힘은 내 전능의 일부이다. 그것은 내가 내 말씀을 보내, 내가 하고자 하는 일들을 너희로 하여금 수행하게 한다.

내 책의 모든 말은 '예 그리고 아멘' 뿐이다. 왜냐하면, 나는 처음이며 마지막이요 또 알파이며 오메가이기 때문이다. 내가 나의 종으로 하여금 이를 기록하게 하는 이유도 그 때문이다. 내 말에는 힘이 있어 영혼과 정신을 부숴 분리되도록 할 수도 있으며 내 말에는 강렬한 힘이 있어 하늘과 땅을 창조하기조차 하였다. 이 똑같은 말이 바로 그대 곁에 그대의 입에까지 와 있노라.

이제 구원이 너희 가까이 왔으며 내 말을 일상의 생활에 어떻게 사용할 수 있는가를 보여 주고자 한다. 언제나 명심하여라. 너희가 이 말을 사용할 때에 마음 깊이 조금도 의심을 품지만 않는다면 그 말을 보내 성취코자 한 일들을 그 말씀은 성취해 줄 것이다. 매일 매일을 가장 높으신 곳에 계신 하느님과 만물의 창조자이신 아버지를 받들어 섬김으로써 시작하여라. 내 영광의 왕좌에 흠숭과 찬미를 바치어라. 너희가 나를 그렇게 찬미하고 또 그보다 더 나를 찬미할 때에, 나는 너희에게 부족함이 없는 축복을 줄 수 있으리라.

티모테오서에 나오는 기도의 순서는 반드시 따라야 한다. 그것이 내 보기에 좋고 또 받아들일 만한 것이기 때문이다.

나는 모든 이가 다 구원받고 진리의 깨달음에 도달하기를 원한다. 축복받는 자답게 교회의 원로들과 지도자에게 순종하고 언제나 우애로써 단합하여 살 것을 기억하여라.

형제들이여 내가 그대들에게 훈계하노니, 그러한 연후에야 그대들의 소망을 내게 알리라. 그때 너희 마음속 탄원을 내가 존중해 줄 것이니, 내 말은 결코 헛되이 내게로 돌아오지 않으리라. 나는 내 말들을 다 옳게 여기며 쓰인 그대로의 내 말을 존중한다. 내 말씀의 형식은 아주 단순하게 되어있다. 너무도 단순해서 어떤 이는 이 단순한 말씀 너머의 참뜻을 놓쳐 버리기도 한다. 내가 이것을 알 수 있는 이유는 원수가 떠맡긴 괴로움으로 인해 매일매일 몸부림치며 살아가는 내 자녀들을 내가 보는 때문이다.

    이제 너희들은 나의 말들을 입에 옮겨 이야기함으로써 너희 일상생활 속에 명백히 드러나는 주님의 영광을 보게 될 것이다. 그 말이야말로 이 세상에서 내가 선택한 사람들 안에 계신 성령이며 생명이다. 내가 이미 안 사람들은 내 사람들이고 나는 그들을 완벽한 평화, 모든 세속적 이해를 초월하는 평화 속에 머물게 할 것이다. 따라서 이 말씀은 내가 올 때까지, 내 입에서 나오는 말과 같을 것이다." 아멘.

1973년 3월 25일

❖ 기적의 사례들

너희는 말씀을 받아들이고 주님께 돌아와 아뢰어라. 호세야 14,3ㄱ
내 기억을 되살려 보아라. 이사 43,26ㄱ

내가 복음 전파의 일을 시작한 연후에 기적적인 치유의 증거들이 조금씩 나에게 나타났습니다. 그 놀라운 치유와 증거의 결과들이 이 메시지의 진실성과 또 오늘날 성령께서 당신의 자녀들에게 무슨 말씀을 하고 계신가에 관하여 확인이 되어 줄 것입니다. 내가 하느님의 은혜로운 치유로 말미암아 1969년에 새 생명을 받은 연후부터, 주님은 이 메시지를 매일매일 나에게 확인시켜 주셨습니다. 예수님이 내 안에서 역사하신 이래 주님께서 내게 가르치신 것은, 이 놀라운 치유를 어떻게 유지하고 계속 건강을 보존해 나갈 수 있는지에 대한 훈계였습니다. 그 후 지금까지 주님은 "내 백성들에게 나의 길을 가르쳐 주라."고 말씀하십니다.

내가 이제 여러분들에게 전파하는 것은 내 삶 속에서 성령이, 살아나게 해주신 것들입니다. 복음의 열쇠를 담은 이 책자는 내가 지속적으로 하느님에 대해 가졌던 주림과 갈증을 풀려고 노력하는 동안에 주님께서 나에게 주신 말씀들을 적어둔 것이 모이고 모여서 된 것입니다. 이 책자는 7년간이나 성경 구절들을 모은 결과로 이루어진 것이고 이에 덧붙일 새로운 보석들이 더 발견됨에 따라 계속 첨부될 것입니다.

내가 기도해 준 모든 사람은 나로부터 안수 기도를 받은 다음에 계속 지켜나갈 수 있도록 성경 구절의 기도 처방을 받았습니다. 그들이 이 성경 구절을 매일 네 번씩, 한 번에 세 번, 내가 제시해 준 기간 동안 읽어감에 따라 어둠의 세력을 정복할 수 있었습니다. "그러나 결코 의심하는 일 없이 믿음을 가지고 청해야 합니다. 의심하는 사람은 바람에 밀려 출렁이는 바다 물결과 같습니다. 그러한 사람은 주님에게서 아무것도 받을 생각을 말아야 합니다."(야고 1,6-7) 우리 형제들은 어린양의 피와 자신이 증언하는 말씀으로 어둠을 이겨 냈습니다(묵시 12,11 참조).

누구나 그렇게만 하려고 한다면, 그리고 하느님 아버지로부터 받은 은사와 기적을 빼앗아 가려는 악의 세력에 대항하여 그 성경 구절들을 계속 봉독하기만 한다면, 우리는 우리가 받은 치유를 지속할 수 있을 것입니다. 이러한 기회가 있을 때마다 나는 늘 그 사람에게 필요한 치유나 구마에 알맞은 성경 구절들을 제시해 주곤 합니다. 물론 신앙을 더 굳게 해주는 기도에 해당하는 다음 성경 구절들을 반드시 첨부해서 말입니다.

악마가 한 일을 없애 버리시려고 하느님의 아드님께서 나타나셨던 것입니다. 1요한 3,8ㄴ

너희가 내 안에 머무르고 내 말이 너희 안에 머무르면, 너희가 원하는 것은 무엇이든지 청하여라. 너희에게 그대로 이루어질 것이다. 요한 15,7

흠 없이 살아가는 이들에게 복을 거절하지 않으십니다. 시편 84,12ㄴ

의인의 입은 생명의 샘이지만 악인의 입은 폭력을 감추고 있다. 잠언 10,11

잘 보았다. 사실 나는 내 말이 이루어지는지 지켜보고 있다. 예레 1,12ㄴ

당신의 이름과 말씀을 만물 위로 높이셨기 때문입니다. 시편 138,2ㄴ

하느님은 사람이 아니시어 거짓말하지 않으시고 인간이 아니시어 생각을 바꾸지 않으신다. 그러니 말씀만 하시고 실천하지 않으실 리 있으랴? 이야기만 하시고 실행하지 않으실 리 있으랴? 민수 23,19

내 계약을 더럽히지 않고 내 입술에서 나간 바를 바꾸지 않으리라. 시편 89,35

그리스도 예수님 안에서 생명을 주시는 성령의 법이 그대를 죄와 죽음의 법에서 해방시켜 주었기 때문입니다. 로마 8,2

예수님을 죽은 이들 가운데에서 일으키신 분의 영께서 여러분 안에 사시면, 그리스도를 죽은 이들 가운데에서 일으키신 분께서 여러분 안에 사시는 당신의 영을 통하여 여러분의 죽을 몸도 다시 살리실 것입니다. 로마 8,11

당신 말씀을 보내시어 그들을 낫게 하시고 구렁에서 구해 내셨다. 시편 107,20

피부병. 암

하늘에 계신 우리 아버지께서는 우리에게 사도적 행위의 결과를 언제나 보여 주거나 알려 주시지는 않습니다. 내가 믿기에 하느님은 우리들이 모든 영광을 하느님께 돌릴 줄 알게 되었다고 판단하실 때까지, 영광을 탐하는 교만의 죄로부터 우리를 보호하시기 위해, 그 결과의 대부분을 감추어 두시는 것 같습니다.

나의 관심을 끌었던 첫 번째 기적 중의 하나는 플로리다주 템파에 있는 어떤 목사님에게 들은 것입니다. 우리는 그 후 얼마 안 되어 그가 나에게 그 증언을 한 곳인 구세군 교회에서 그를 만났습니다. 피부와 눈의 치유를 위해 내게서 성경 구절을 받은 사람 중의 한 명이 암에 걸려 있었다는 것입니다. 그 당시에는 내가 그 사실을 알고 있지 않았습니다. 나는 그녀에게, 피부를 위해서는 잠언 4장 21-22절을 읽으라고 했었고 눈을 위해서는 이사서 35장 5절과 32장 3절을 읽으라 했었습니다. 이것은 성령의 인도를 받아서 제시해 준 것이었습니다. 그는 이 성경 구절을 다음과 같은 방법으로 하루 네 번씩 매회에 3번씩을 반복했었다는 것입니다. 즉 한번은 하느님께 감사드리는 마음으로, 또 한번은 악령에게 "여기에 쓰여 있기를"이라는 서두로부터 시작해서, 또 한 번은 자기 자신에게 "나는 믿는다."라는 말로 시작하면서 읽었다는 것입니다.

이렇게 두 주일간 계속하고 나자 그녀의 몸으로부터 암 조직이 떨어져 나가기 시작하였습니다. 그것은 그녀가 이 성경 구절들을 주님께서 가르쳐 주신 대로 계속 읽었기 때문입니다. 잠언 4장 22절에 있는 "생명"이라는 말은 히브어로는 약을 의미합니다. 진정으로 이 성경의 구절들은 그녀에게 있어 약이 되어 주었습니다.

그다음의 기적은 도나라고 하는 조그만 소녀의 삶에 일어났습니다. 그 소녀는 발과 손과 얼굴에 스타프 전염병이 걸려 있었습니다. 이것들은 번지고 악화되어 겉으로 추악한 흉터들을 남겨 주었습니다. 그녀가 첫 번째 부인의 기적에 대하여 듣고 나서 자기도 이 성경 구절들을 온종일 읽기로 결심하고 그렇게 하였더니 그다음 날 그 추한 발진들이 깨끗하게 말라 버렸습니다. 스타프는 약물치료로는 고치기가 아주 힘들어서 없애 버리기가 어려운 병균입니다. 사흘 후에 주님께서는 이 똑같은 성경 구절을 교회에서 내 앞에 앉아 있는 어떤 젊은 여인에게 주라고 말씀하셨습니다. 그녀에게 혹시 어떤 피부질환이 있는지에 대하여 물어 보자 그녀는 자기 집안의 모든 사람이 피부염에 걸려 있다고 이야기하였습니다. 그녀는 나에게서 똑같은 충고를 듣고 갔으며 그다음 수요일에 교회에서 말하기를 가족들의 몸에서 상처 딱지들이 떨어지고 있다고 말하였습니다.

불면증

65세가 된 어떤 여인이 눈에 눈물을 가득 담고 나에게 말하기를, "나는 매일 밤 잠을 자기 위해서 수면제를 먹어야 했습니다. 그러나 지난번에 당신이 주고 가신 성경 구절을 매일 읽기 시작한 이후 나는 이제 내 생애 처음으로 아기처럼 잠을 잘 수 있습니다."라고 말하는 것이었습니다. 내가 그녀에게 권한 성경 구절들은 이런 것이었습니다.

주님, 당신만이 저를 평안히 살게 하시니 저는 평화로이 자리에 누워 잠이 듭니다. 시편 4,9

주님께서는 너희 위로 깊은 잠의 영을 부으시고 너희 예언자들의 눈을 감기시며 너희 선견자들의 머리를 덮어 버리셨다. 이사 29,10

당신께서 사랑하시는 이에게는 잘 때에 그만큼을 주신다. 시편 127,2ㄴ

네가 누워도 무서워할 것이 없고 누우면 곧 단잠을 자게 되리라. 잠언 3,24

햇볕에 탐

한 여인은 남편과 함께 호수에서 보트놀이를 할 때마다 번번이 살갗이 타 도무지 놀이를 즐길 수가 없었습니다. 그녀는 내 권고를 받아들여, 그다음 보트놀이를 하던 때에 내가 말해 준 성경 구절을 읽었는데, 조금도 햇볕에 타지 않았다는 것입니다. 주님께 찬미, 그 성경 구절은 다음과 같은 것입니다.

열풍도 태양도 그들을 해치지 못하리니. 이사 49,10

이 곤경 속에서 그들이 주님께 소리치자 당신 말씀을 보내시어 그들을 낫게 하시고 구렁에서 구해 내셨다. 시편 107,20

낮에는 해도, 밤에는 달도 너를 해치지 않으리라. 시편 121,6

뼈가 아픈 병. 화상

다른 여인은 정해 준 성경 구절들을 봉독한 후 아주 감동 어린 음성으로 그녀의 가족 모두가 크게 치유를 받았다고 말하였습니다. 그 가족은 그 여인이 매일 하느님 말씀을 봉독함으로써 얻은 결과를 보았기 때문에 그들도 나에게 와서 성경 구절을 달라고 하였습니다. 그 집의 한 딸은 시편 6장 3절의 "저에게 자비를 베푸소서. 주님, 저는 쇠약한 몸입니다. 저를 고쳐 주소서. 제 뼈들이 떨고 있습니다."와 시편 34장 21절의 "그의 뼈들을 모두 지켜 주시니 그 가운데 하나도 부러지지 않으리라."라는 구절을, 엄지손가락을 다쳐 의사의 지시 때문에 수영 대회에서 수영을 못하게 되었을 때 반복하였습니다. 그리고 다음번 수영 대회에서 그 딸은 수영을 할 수 있었습니다.

　같은 가족의 다른 아이는 남자 친구와 모터사이클을 타고 가는 도중 뜨거운 재가 길에 있었던 것을 모르고 그 위로 달려가는 바람에 심한 화상을 입은 적이 있었습니다. 그녀는 장거리 전화로 어머니께 전화를 걸어서 화상에 대한 성경 구절을 달라고 하였습니다. 그녀가 기도 중에서 이 성경 구절을 읽자 그 즉시 고통이 사라졌습니다. 발병하는 기색도 보이지 않았습니다. 이사 53장 4절, "그는 우리의 병고를 메고 갔으며 우리의 고통을 짊어졌다. 그런데 우리는 그를 벌 받은 자, 하느님께 매 맞은 자, 천대받은 자로 여겼다."를 읽음으로써 아픔을 벗어날 수 있었습니다.

잃어버린 물건들

　하느님께서 이 성경 구절 처방을 갖게 하신 또 다른 어떤 여인은 이스라엘에서 신비한 체험을 하였습니다. 그는 나와 함께 지내기 위해 내 집으로 왔는데 그만 내 집에서 그의 반지에 박혀 있던 큰 다이아몬드를 잃어버렸습니다. 우리는 온 집 안을 쓸고 닦고 마룻바닥을 몇 번이나 쓸고 또 쓰레기통을 뒤졌습니다. 그동안 우리는 계속해서 마태복음 10장 26절의 "그러니 너희는 그들을 두려워하지 마라. 숨겨진 것은 드러나기 마련이고 감추어진 것은 알려

지기 마련이다."를 읽었습니다. 여러 달이 지나도록 그는 성경 구절 처방을 믿지 않는 유대인에게 하느님 말씀이 반드시 이루어질 테니 두고 보라고 계속 증언하였습니다. 그리고 유대인이 믿어주려 하지 않을 때마다 그는 이렇게 말하였습니다. "하느님을 아는 지식을 가로막고 일어서는 모든 오만을 무너뜨리며, 모든 생각을 포로로 잡아 그리스도께 순종시킵니다."(2코린 10,5) 주님께 영광이여! 하느님께 대한 그의 신앙과 믿음은 헛되지 않았습니다. 일주일이 지난 어느 날 아침, 나는 "내 다이아몬드! 내 다이아몬드!" 하고 고함치는 그의 부르짖음을 들었습니다. 햇빛에 반짝이며 마루 위에 떨어져 있었습니다. 조심스럽게 얼마나 여러 번 그 바닥을 쓸었었는지 기억하십시오. 이렇게 작은 일들이 하늘에 계신 아버지의 사랑과 보호를 잘 증거 합니다. "여러분의 모든 걱정을 그분께 내맡기십시오. 그분께서 여러분을 돌보고 계십니다."(1베드 5,7)

신경 조직 파열

내 오라비가 살고 있는 아파트의 어떤 중년 부인은 수술을 받던 도중 집도 의사의 실수로 장기관의 신경이 파열되었습니다. 의사가 그녀에게 더 이상 어찌할 도리가 없다 하며, 평생을 그렇게 살도록 이에 적응해야 하고 상태를 완화시킬 수 없다고 말하였을 때 그녀는 "나는 차라리 죽는 편이 낫겠어요."라고 말하였습니다. 그녀는 그다음 날 내 오라비의 권유로 기도를 받기 위해 나에게로 왔습니다. 우리는 그녀에게 안수 기도를 하고 기름을 발라준 뒤 그녀의 치유를 위해 성령께서 역사해 주시리라고 확신하였습니다. 그녀에게도 성경 구절을 정해 주고 하루에 네 번씩 한 번에 세 번, 그 구절을 크게 소리쳐 봉독하게 하였습니다. 그다음 토요일, 즉 4일 후에 그는 내 오라비에게 말하기를 더 이상 그 상태의 증상이 보이지 않는다고 말하였습니다. 신경 조직 파열을 원상태로 치유할 수 있는 분은 오직 하느님뿐입니다. 이 아름다운 기적을 보여주신 주님을 찬미, 완전한 구원에 대하여 가졌던 그녀의 믿음은 그 영적인 처방으로 더욱 강화되었습니다. 비록 이러한 일들이 처음에는 어리석은 일로 보인다고 할지라도, 이것들이 바로 기적을 가져온 것입니다. 우리는 그녀와 함께 기뻐하며 주님을 찬미하였습니다. 왜냐하면, 그녀의 증언이 그녀의 가족들은 물론 그 밖의 많은 사람으로 하여금 하느님을 믿도록 자극해 주었기 때문입니다. 잠언 4장 20절에서 22절을 읽기 바랍니다.

내 아들아, 내 말에 주의를 기울이고 내 이야기에 귀를 기울여라. 그것이 네 눈에서 벗어나지 않도록 네 마음 한가운데에 간직하여라. 내 말은 그것을 찾아 얻는 이에게 생명이 되고 그의 온몸에 활력이 되어 준다. 잠언 4,20-22

신경통

어떤 여성이 신경통 때문에 안수와 구마 기도를 받았습니다. 그녀는 전신에 통증을 느꼈습니다. 주님은 이 여인에게 성경 처방을 주도록 나를 인도하셨습니다. 주님은 다른 종의 입을 통해, 이 처방을 지시대로 이용하라는 예언을 주시기도 하였습니다. 여인은 치유의 성경 처방을 받았으며 그 집을 깨끗하게 청소했고, 그녀를 다시 억압하려는 원수의 시도를 모두 물리치기 위하여, 구마를 위한 성경 구절도 받았습니다. 내가 몇 주일이 지난 뒤 여인을 보았을 때 여인은 더 이상 아픔이 없고 전신이 아주 쾌적하다고 말하였습니다. 우리는 주님께서 당신 종의 요청에 응답하셨으므로 다 같이 주님을 찬미하였습니다. 여인에게 주었던 처방은 이러한 것이었습니다.

그리스도 예수님 안에서 생명을 주시는 성령의 법이 그대를 죄와 죽음의 법에서 해방시켜 주었기 때문입니다. 로마 8,2

예수님을 죽은 이들 가운데에서 일으키신 분의 영께서 여러분 안에 사시면, 그리스도를 죽은 이들 가운데에서 일으키신 분께서 여러분 안에 사시는 당신의 영을 통하여 여러분의 죽을 몸도 다시 살리실 것입니다. 로마 8,11

그는 우리의 병고를 메고 갔으며 우리의 고통을 짊어졌다. 이사 53,4ㄱ

나는 너희에게 평화를 남기고 간다. 내 평화를 너희에게 준다. 내가 주는 평화는 세상이 주는 평화와 같지 않다. 너희 마음이 산란해지는 일도, 겁을 내는 일도 없도록 하여라. 요한 14,27

곤경 속에서 주님께 부르짖자 난관에서 그들을 구해 주셨다. 시편 107,6

당신 말씀을 보내시어 그들을 낫게 하시고 구렁에서 구해 내셨다. 시편 107,20

나를 거슬러 일어난 싸움에서 나를 평화로 이끌어 구하신다. 시편 55,19

저의 입은 사람들이 하는 것처럼 하지 않고 저는 당신 입술에서 나온 말씀에 주의를 기울였습니다. 계명의 길을 저는 꿋꿋이 걷고 당신 길에서 제 발걸음 비틀거리지 않았습니다. 시편 17,3ㄴ-5

우리 형제들은 어린양의 피와 자기들이 증언하는 말씀으로 그자를 이겨냈다. 그들은 죽기까지 목숨을 아끼지 않았다. 묵시 12,11

이 구절들은 치유와 구마를 위해 처방된 것이니, 요한복음 14장 27절의 "평화"는 희랍어 성경에 의하면 육체 치유를 의미합니다.

오줌싸기

내가 만난 한 어머니는 12세나 된 그의 아들이 아직도 밤마다 침대에 오줌을 싼다고 호소하였습니다. 아이가 성령 세례를 받았는데도 조금도 나아지지 않았다는 것입니다. 나는 성경 처방으로 시편 144장 7절, 25장 20절, 32장 6절 그리고 그를 돕기 위하여 요한복음 8장 32절과 36절, 그리고 시편 107장 20절로 기도하라고 하였습니다. 그날 밤 어머니와 아들은 함께 침대 옆에 무릎을 꿇고 앉아 영광의 왕좌 앞에서 성경 처방대로 기도하며 오줌 싸는 일이 치유되기를 간구하였습니다. 그리고 다음 날 아침 그들은 간절한 기도에 응답하신 주님께 감사하며 기뻐하였습니다. 그날로부터 오줌 싸는 증상이 보이지 않았습니다. 그들이 하느님 말씀의 실현을 믿음으로써 치유 받았기 때문입니다. "당신 말씀을 보내시어 그들을 낫게 하시고 구렁에서 구해 내셨다."(시편 107,20)

높은 데에서 당신 손을 내뻗으시어 큰물에서, 이방인들의 손에서 저를 구하소서, 저를 구출하소서. 시편 144,7

제 영혼을 지키시고 저를 구원하소서. 당신께 피신하니 수치를 당하지 않게 하소서. 시편 25,20

큰물이 닥친다 하더라도 그에게는 미치지 못하리이다. 시편 32,6ㄴ

너희가 진리를 깨닫게 될 것이다. 그리고 진리가 너희를 자유롭게 할 것이다. 요한 8,32

아들이 너희를 자유롭게 하면 너희는 정녕 자유롭게 될 것이다. 요한 8,36

이 곤경 속에서 주님께 부르짖자 난관에서 그들을 구해 주셨다. 시편 107,6

사업상 필요한 일

사랑하는 자매 에비를 방문했을 때였습니다. 사업상 문제가 야기되어 그녀의 평화가 무너지고 있었습니다. 성령으로 가득 찼던 신자에게서 평화를 빼앗아 가려는 악마의 소행인 것이 틀림없는지라 나는 그녀의 동의를 얻어 함께 성경을 읽기 시작하였습니다. 우리가 읽은 구절은 이러한 것이었습니다.

이 율법서의 말씀이 네 입에서 떠나지 않도록 그것을 밤낮으로 되뇌어, 거기에 쓰인 것을 모두 명심하여 실천해야 한다. 그러면 네 길이 번창하고 네가 성공할 것이다. 여호 1,8

제 의로움을 좋아하는 이들은 환호하고 즐거워하며 언제나 말하게 하소서. "당신 종의 평화를 좋아하시는 주님께서는 위대하시다!" 시편 35,27

하느님께서 우리의 피신처와 힘이 되시어 어려울 때마다 늘 도우셨기에 우리는 두려워하지 않네. 시편 46,2

네 근심을 주님께 맡겨라. 그분께서 너를 붙들어 주시리라. 의인이 흔들림을 결코 내버려 두지 않으시리라. 시편 55,23

나 너와 함께 있으니 두려워하지 마라. 내가 너희 하느님이니 겁내지 마

라. 내가 너의 힘을 북돋우고 너를 도와주리라. 내 의로운 오른팔로 너를 붙들어 주리라. 이사 41,10

사랑하는 이여, 그대의 영혼이 평안하듯이 그대가 모든 면에서 평안하고 또 건강하시기를 빕니다. 3요한 2

그다음 날, 그 사업상의 문제들은 아무 설명도 없이 깨끗하게 사라졌습니다. 하느님께서 해결해 주신 것입니다. 심지어는 기술상의 문제들까지도 별다른 이유 없이 경감되었습니다. 우리가 함께 "마음을 모아 무엇이든 청하면, 하늘에 계신 내 아버지께서 이루어 주실 것이다."(마태 18,19) 라고 우리가 믿고 의지할 수 있는 하느님의 놀라운 약속을 우리는 갖고 있습니다. 문제만이 해결된 것이 아니고, 하느님께서는 그 자매가 그 당시 관계하고 있던 모든 일에 있어 그 노력에 해당하는 큰 보상을 가져다주셨습니다.

하느님께서는 매일매일 사용하도록 인류에게 말씀을 주셨습니다. 지시하고, 지도하고, 보호하고, 치유하고, 구마하고, 씻어내고 확신하고, 창조하고, 위로하고, 무엇보다 가장 중요한 은혜 구원을 가져올 수 있을 말씀을 주셨습니다. "나는 복음을 부끄러워하지 않습니다. 복음은 먼저 유다인에게 그리고 그리스인에게까지, 믿는 사람이면 누구에게나 구원을 가져다주는 하느님의 힘이기 때문입니다."(로마 1,16) 하신 이 말씀은 예수 그리스도를 우리의 구원자이시요 주님으로 모시도록 우리 마음을 열어주는 씨앗이 됩니다. "그대가 예수님은 주님이시라고 입으로 고백하고 하느님께서 예수님을 죽은 이들 가운데에서 일으키셨다고 마음으로 믿으면 구원을 받을 것입니다."(로마 10,9)

가족의 구원

1973년에 나는 노라라고 하는 어떤 아름다운 여성에게 특정 성경 구절을 전해 준 적이 있습니다. 그녀는 나에게 말하기를 5년간이나 남편을 위해 구원받도록 기도하였는데 효과가 없다는 것이었습니다. 믿는 자라면 누구나 목적하는 결과를 위해 기도할 수 있는, 성경 구절로 나는 그녀와 함께 기도하였습니다. 기도는 특히 마음으로 깊이 사랑하는 사람의 구원을 위한 기도일 때 더 간절히 하게 됩니다. 벅찬 기대감과 찬미로 그는 내 지시를 따라 하느님 말씀에 귀를 기울였습니다. 후에 그녀는 나에게 말하기를 그는 1973년 11월 3일부터 내 지시대로 기도하기 시작하였는데 다음 해 2월 28일에 그녀의 남편이 성령 세례를 받고 구원되었다고 말하였습니다. 이렇게 빠른 결과를 얻을 수 있는 숨은 비결은 하느님께서 분명히 그 일을 해주시리라고 믿는 것이고, 자신의 믿음이나 생각에 대하여 한 마디도 논평하지 않고 침묵을 지키는 것입니다.

만일 누군가가 당신에게 질문하면 불가피한 것만 최소한으로 이야기하십시오. 하느님께서는 바로 당신의 눈앞에서 일을 시작하실 것이고, 하느님께서 당신의 일을 행사하시려고 서두르시는 것을 보면 당신은 완벽한 기쁨을 맛볼 것입니다. 만약 당신이 믿기만 한다면, 언제나 길은 있는 법이고, 하느님의 어리석음이 사람보다 더 지혜롭고 하느님의 약함이 사람보다 더 강하기 때문입니다.(1코린 1,25-28 참조) 그러니 어떤 여건이 눈앞에 닥치더라도 주저하지 마십시오. 하느님은 친히 하신 말씀에 충실하십니다.

내가 이 글을 계속하기 전에 먼저 여기서 말해 두어야 할 조항이 있습니다. 만약 당신이 어느 사람을 위해 기도하는 중인데, 그가 이미 하늘나라의 성스러운 선물, 즉 성령을 이미 받았으나 지금은 분명히 속세로 돌아간 것으로 보인다면, 그때엔 더 큰 노력이 필요합니다. 단식하고 기도하면 모든 악습을 깨뜨려 줄 것입니다.

성경에 등장하는 사람들도 하느님 생각을 바꾸어 놓을 수 있는 사람은 몇 명 없었습니다. 그런데 그중에 하느님 마음을 바꿀 만큼 특별한 사람들 중 두 사람이 히즈키야와 아합입니다. 그들은 하느님 앞에 겸손하여서 하느님께서 친히 마음을 돌리셨습니다. 만약 당신이 얼마나 아합이 못된 자였으며 그 당시 아합으로서는 전혀 하느님 은총을 기대할 수 없었다는 걸 안다면, 하느님의 자비가 얼마나 크신가를 생생하게 그려 볼 수 있을 것입니다. 하느님은 누구도 희생되는 것을 원치 않으십니다. 하느님은 모든 사람이 구원받기를 원하십니다. 하느님은 말씀하시기를 "하늘과 땅은 사라질지라도 내 말은 결코 사라지지 않는다."(마태 24,35)고 말씀하셨습니다.

하느님의 말씀은 변할 수 없습니다. "아버지께서 나에게 주시는 사람은 모두 나에게 올 것이고, 나에게 오는 사람을 나는 물리치지 않을 것이다."(요한 6,37)라고 주님은 말씀하셨습니다. 그러므로 단식하시면서, 이 사람들이 자기의 잘못을 인정하고 자신의 나쁜 행동에 대하여 회개하여, 복음의 영광스러운 빛이 그를 다시 하느님과의 올바른 관계에 불러들이도록 기도 하십시오. "하느님께는 불가능한 일이 없습니다."(루카 1,37)

구원과 성령 세례

모든 경우에 있어 아래 열거하는 성경 구절을 적용하십시오. 구절마다 당신이 기도하는 사람의 이름을 붙이십시오. 이 선정된 구절을 큰 소리 내어 읽으십시오. 필요하다면 이 구절들을 종이에 써서 주님께 큰 소리로 읽어 드리십시오. 얼마 안 되어 당신은 그 구절들이 당신 몸의 일부가 되었음을 발견할 것입니다. 왜냐하면, 성경 구절들을 여러 번 반복하면 그것들이 당신 기억 속에 외워질 것이기 때문입니다. 다음에 열거하는 조항들은 모두 "구원"이라고 제목 붙여진 곳에 쓰인 구절들입니다.

제1단계

주 예수님을 믿으시오. 그러면 그대와 그대의 집안이 구원을 받을 것이오. 사도 16,31

* 이 말씀이 구원을 말하니 이제 이 말씀은 당신의 것입니다.

제2단계

말씀을 전할 수 있는 문을 하느님께서 열어주시어 우리가 그리스도의 신비를 말할 수 있도록, 우리를 위해서도 기도해 주십시오. 나는 그 신비를 위하여 지금 갇혀 있습니다. 콜로 4,3

* 말문(말씀의 시작) : 그리스도의 신비를, 나 아닌 다른 사람에게 전하고자 증언할 때에 성령의 도우심으로 말문이 열립니다. 사람들은 마음속에 말씀의 씨앗을 심어 성령으로 하여금 물을 주고 양분을 주게 할 것입니다. 그러면 그리스도의 신비가 그 안에 드러나게 될 것입니다. 그들의 영적인 눈이 성령에 의하여 띄어져서 내적으로 살아 있는 말씀을 받아들이게 되기 때문입니다. 만일 당신이 이 모든 일을 예수님께 맡기면 훨씬 더 빠른 속도로 일해 주실 것이며, 그렇게 함으로써 하느님께 영광을 돌릴 것입니다. 아래 열거하는 구절과 이 단계는 가

족을 위해서는 물론이고 그 외 누구를 위해서도 다 사용하는 것이 좋습니다.

제3단계

행복하여라, 의로움에 주리고 목마른 사람들! 그들은 흡족해질 것이다.
마태 5,6

* 궁핍과 갈증 : 우리 주 예수만이 그들의 영적인 궁핍을 채워 주실 수 있습니다.

제4단계

주님, 저희는 주님께서 어디로 가시는지 알지도 못하는데, 어떻게 그 길을 알 수 있겠습니까? 예수님께서 그에게 말씀하셨다. "나는 길이요 진리요 생명이다. 나를 통하지 않고서는 아무도 아버지께 갈 수 없다." 요한 14,5-6

* 아버지께로 이끌림

그분께서는 당신을 받아들이는 이들, 당신의 이름을 믿는 모든 이에게 하느님의 자녀가 되는 권한을 주셨다. 요한 1,12

제5단계

주님 안에서 즐거워하여라. 그분께서 네 마음이 청하는 바를 주시리라. 네 길을 주님께 맡기고 그분을 신뢰하여라. 그분께서 몸소 해주시리라.
시편 37,4-5

위탁

이것이야말로 전체 계획의 성공을 위한 열쇠입니다. 누군가가 주님께 위탁되어 있으면 그는 주님 손에 있는 것이 틀림없습니다. 만일 그대가 쩔쩔매고 의혹하고 걱정하기 시작하면 그것은 하느님을 신뢰하지 않는 것입니다. "믿음은 우리가 바라는 것들의 보증이며 보이지 않는 실체들의 확증입니다. 사실 옛사람들은 믿음으로 인정을 받았습니다."(히브 11,1)

이 시점에 도달하여, 만일 그대가 한 영혼의 주변에서 그를 위해 기도하면 악령이 더욱 강하게, 더 분명한 방법으로 당신 길을 훼방하고자 함을 실감하게 될 것입니다. 악령은 당신이 의심하고 흔들려서 당신 기도가 응답받지 못하기를 원합니다. "마음이 즐거우면 얼굴이 밝아지고, 마음이 괴로우면 기가 꺾인다."(잠언 15,13)하십니다. 악령이 당신의 영혼을 절대로 꺾어 놓지 못하게 하십시오. 하느님의 약속을 말로 표현하는 것은 당신의 믿음을 고백하는 것과 상통합니다. "우리 안에 있으면서 우리를 그리스도께 이끌어 주는 모든 선을 깨달아, 그대가 더욱 활발히 믿음에 동참할 수 있기를 빕니다."(필레 6) 하느님께서는 당신의 일을 시작하셨습니다. 따라서 하느님께 위탁한 그날부터는 더 이상 질문할 필요가 없습니다.

매일 하느님께 감사하고 당신이 이 말씀으로 매일 기도함에 따라 당신은 "우리에게는 하늘 위로 올라가신 위대한 대사제가 계십니다. 하느님의 아들 예수님이십니다. 그러니 우리가 고백하는 신앙을 굳게 지켜 나아갑시다."(히브 4,14) 하신 말씀을 기억하며 "나는 믿었다. 그러므로 말하였다."(2코린 4,13) 라고 고백하게 될 것입니다. 매일매일 그 구절을 통해 받은 은총들에 대하여 하느님 찬미하는 것을 중단하지 말고 계속하십시오.

확신과 믿음을 위한 구절들

주님을 경외하여라. 그분의 거룩한 이들아. 그분을 경외하는 이들에게는 아쉬움이 없어라. 시편 34,10

주님 안에서 즐거워하여라. 네 마음이 청하는 바를 주시리라. 시편 37,4

악인에게는 무서워하는 일이 닥치고 의인에게는 바라는 일이 이루어진다. 잠언 10,24ㄴ

내 입에서 나가는 나의 말도 나에게 헛되이 돌아오지 않고 반드시 내가 뜻하는 바를 이루며 내가 내린 사명을 완수하고야 만다. 이사 55,11

너희가 기도할 때에 믿고 청하는 것은 무엇이든지 다 받을 것이다. 마태 21,22

너희가 내 이름으로 청하는 것은 무엇이든지 내가 다 이루어 주겠다. 그리하여 아버지께서 아들을 통하여 영광스럽게 되시도록 하겠다. 너희가 내 이름으로 청하면 내가 다 이루어 주겠다. 요한 14,13-14

청하여라. 받을 것이다. 그리하여 너희 기쁨이 충만해질 것이다. 요한 16,24ㄴ

너희가 내 안에 머무르고 내 말이 너희 안에 머무르면, 너희가 원하는 것은 무엇이든지 청하여라. 너희에게 그대로 이루어질 것이다. 요한 15,7

당신의 친 아드님마저 아끼지 않으시고 우리 모두를 위하여 내어 주신 분께서, 어찌 그 아드님과 함께 모든 것을 우리에게 베풀어 주지 않으시겠습니까? 로마 8,32

우리 안에서 활동하시는 힘으로, 우리가 청하거나 생각하는 모든 것보다 훨씬 더 풍성히 이루어 주실 수 있는 분. 에페 3,20

그는 불신으로 하느님의 약속을 의심하지 않았을 뿐만 아니라, 오히려 믿음으로 더욱 굳세어져 하느님을 찬양하였습니다. 그리고 하느님께서는 약속하신 것을 능히 이루실 수 있다고 확신 하였습니다. 로마 4,20-21

믿음은 들음에서 오고 들음은 그리스도의 말씀으로 이루어집니다. 로마 10,17

믿음이 없이는 하느님 마음에 들 수 없습니다. 하느님께 나아가는 사람은 그분께서 계시다는 것과 그분께서 당신을 찾는 이들에게 상을 주신다는 것을 믿어야 합니다. 히브 11,6

당신이 하느님 말씀으로 매일 기도할 때, 그분의 말씀을 하느님으로 믿는 것입니다. 많은 기도에 대하여 응답이 오지 않는 것은, 하느님께서 당신 말씀을 끊임없이 지키려는 믿음을 기다리시는 것입니다.

신앙은 필요한 양념입니다. 하느님 말씀을 기도 중에 사용하고 여기 포함되어 있는 것과 같이 지시된 대로 감사기도를 하면서 탄원하면, 하느님께서는 그 기도를 존중해 주실 것입니다.

왜 그런가? 그 이유 중의 하나는 그대가 하느님 말씀으로 기도함에 따라 그대의 신앙이 더욱 자라나게 되기 때문입니다. 이것은 믿음을 가지고 청하는 것입니다. 그대가 만일 하느님 말씀을 믿지 않았다면 그대는 기도 속에서 그 말씀을 사용하지 않았을 것입니다. 믿음도 없이 울며 간청하는 것은 그대 침실의 천장 높이 밖에는 더 올라가지 못합니다.

"믿음을 통하여 은총으로 구원을 받았습니다."(에페 2,8) 그리고 그 말씀을 고백하는 것은 그대에게 믿음을 가져다주는 살이 됩니다. 믿음은 기적을 일으키게 하는 신앙을 유발시킵니다.

장애물

기도와 치유에 대한 응답을 받는 일에 장애가 되는 것이 있을 수 있습니다. 만일 그대가 결과를 보지 못하고 있다면, 그것은 그대가 충분히 참고 견디지 못하였기 때문이라든가 아니면 가로막고 있는 흔들림이 있기 때문입니다. 그대의 기도를 침해하거나 그대 마음속으로 의심이 들어오려 할 때 절대로 용납하지 마십시오. 시간을 충분히 가지고 믿음으로써, 하느님께서 당신 말씀이 헛되이 돌아가지 않게 하신다는 사실을 인식하십시오. 하느님의 응답을 막는 장애가 있을 때에는, 왜 응답이 오지 않는가를 알아내도록 돕는 몇 가지 방법이 있습니다. 꼭 기억해 두도록 하십시오. 물론 응답이 즉시 올 때도 있습니다. 하느님은 "그들이 부르기도 전에 내가 대답하고 그들이 말을 마치기도 전에 내가 들어 주리라."(이사 65,24) 하셨습니다. 또 침착하게 기다리며 믿는 즉시 응답을 받아, 감사기도 드릴 때도 있지만, 어떤 때는 다니엘이 그랬던 것처럼 오래 기다려야 할 때도 있습니다. 하느님께서 응답해 주시는 방법과 시간은 우리가 예상하는 방법과 시간과는 다를지 모르지만 하느님의 응답은 반드시 옵니다. 왜냐하면 "사람에게는 불가능한 것이라도 하느님께서는 가능하다."(루카 18,27)고 말씀하셨기 때문입니다. 만일 아무리 기다려도 아무런 응답이 없다면 아마도 하느님께서 이 기도를 들어 주시지 못하시는 데에 이유가 있으실 것입니다.

많은 사람은 하느님이 자신의 앞날을 준비하고 계시다는 것에 대하여 감사기도를 드려 본 경험이 있을 것입니다. 그것은 만일 우리가 미래에 대한 지식이 있어 준비할 수 있었다면 그러한 기도는 드리지 않았을 것이기 때문입니다. 주님께서는 "아무도 멸망하지 않고 모두 회개하기를 바라시기 때문입니다."(2베드 3,9)

의심은 도둑입니다. (야고 1,6-7 참조) 의심은 하늘에 계신 아버지의 사랑과 보호에 대한 직접적인 불신입니다. 그리고 이것은 죄악입니다. "네 근심을 주님께 맡겨라. 그분께서 너를 붙들어 주시리라. 의인이 흔들림을 결코 내버려 두지 않으시리라."(시편 55,23) 악마는 그대에게 모든 축복을 빼앗아 버리고자 합니다. 불신. 두려움. 걱정 그리고 혼돈이 의심과 함께 뒤섞이게 될 것입니다. "두려워하지들 마라. 똑바로 서서 오늘 주님께서 너희를 위하여 이루실 구원을 보아라."(탈출 14,13) 또 "하느님께서는 우리에게 비겁함의 영을 주신 것이 아니라, 힘과 사랑과 절제의 영을 주셨습니다."(2티모 1,7)

하느님
제가 당신께 드린
서원들이 있으니
감사의 제사로
당신께 채워 드리오리다. 시편 56,13

하느님
하늘 높이 일어나소서.
당신의 영광 온 땅위에
떨치소서. 시편 57,6

III 주제별 성경 분류

하느님, 당신께서 저희를 버리시고

저희를 부수셨습니다.

당신께서 분노를 터뜨리셨습니다.

저희를 회복시켜주소서.

당신께서 땅을 뒤흔드시어 갈라놓으셨습니다.

그 갈라진 틈들을 메워 주소서. 흔들립니다.

시편 60,3-4

하느님, 제 부르짖음을 들으소서.

제 기도를 귀여겨들어 주소서.

시편 61,2

땅 끝에서 기진한 마음으로

당신을 부릅니다.

저로서는 못 오를 바위 위로

저를 이끌어 주소서.

시편 61,3

가난

주님께서는 그보다 더 많은 것을 임금님께 주실 수 있습니다. 2역대 25,9ㄴ

그분께서는 가련한 이를 그 고통으로 구하시고 재앙으로 그 귀를 열어 주십니다. 욥 36,15

나에게 청하여라. 내가 민족들을 너희 재산으로, 땅 끝까지 너의 소유로 주리라. 시편 2,8

주님을 경외 하여라, 그분의 거룩한 이들아. 그분을 경외하는 이들에게는 아쉬움이 없어라. 사자들도 궁색해져 굶주리게 되지만 주님을 찾는 이들에게는 좋은 것 하나도 모자라지 않으리라. 시편 34,10-11

주님 안에서 즐거워하여라. 그분께서 네 마음이 청하는 바를 주시리라. 시편 37,4

어리던 내가 이제 늙었는데 의인이 버림을 받음도, 그 자손이 빵을 구걸함도 보지 못하였다. 시편 37,25

네 근심을 주님께 맡겨라. 그분께서 너를 붙들어 주시리라. 시편 55,23

주님께서는 나날이 찬미 받으소서. 우리 위하여 짐을 지시는 하느님은 우리의 구원이시다. 시편 68,20

헐벗은 이들의 기도에 몸을 돌리시고 그들의 기도를 업신여기지 않으

시리라. 시편 102,18

나는 나를 사랑하는 이들에게 재산을 물려주고 그들의 보물 곳간을 채워준다. 잠언 8,21

게으른 손바닥은 가난을 지어내고 부지런한 손은 부를 가져온다. 잠언 10,4

의인에게는 바라는 일이 이루어진다. 잠언 10,24ㄴ

너희는 먼저 하느님의 나라와 그분의 의로움을 찾아라. 그러면 이 모든 것도 곁들여 받게 될 것이다. 마태 6,33

너희가 내 이름으로 청하는 것은 무엇이든지 내가 다 이루어 주겠다. 요한 14,13ㄱ

여러분은 우리 주 예수 그리스도의 은총을 알고 있습니다. 그분께서는 부유하시면서도 여러분을 위하여 가난하게 되시어, 여러분이 그 가난으로 부유하게 되도록 하셨습니다. 2코린 8,9

아무것도 걱정하지 마십시오. 어떠한 경우에든 감사하는 마음으로 기도하고 간구하며 여러분의 소원을 하느님께 아뢰십시오. 필리 4,6

나의 하느님께서는 그리스도 예수님 안에서 영광스럽게 베푸시는 당신의 그 풍요로움으로, 여러분에게 필요한 모든 것을 채워주실 것입니다. 필리 4,19

가족들

당신께서는 그 마음의 소원을 이루어 주시고 그 입술의 소망을 물리치지 않으셨습니다. 시편 21,3

저를 돌아보시어 자비를 베푸소서. 당신의 힘을 당신 종에게 주시고 당신 여종의 아들을 구하소서. 시편 86,16

주님의 자애는 영원에서 영원까지 당신을 경외하는 이들 위에 머무르고 당신의 의로움은 대대에 이르리라. 당신의 계약을 지키는 이들에게 …… 그분의 왕권은 만물을 다스리신다. 시편 103,17-19

의인들의 후손은 구원을 받는다. 잠언 11,21ㄴ

너희 후손들에게 나의 영을. 새싹들에게 나의 복을 부어 주리라. 이사 44,3ㄴ

주님께서는 이렇게 말씀하신다. "용사에게서 포로들을 빼앗을 수도 있으며 폭군에게서 전리품을 빼낼 수도 있다. 너를 대적하는 자에게 내가 대적하여 너의 자식들을 내가 구해 내리라." 이사 49,25

너의 아들들은 모두 주님의 제자가 되리라. 또 네 아들들의 평화가 넘치리라. 이사 54,13

이것이 그들과 맺은 나의 계약이다. 주님께서 말씀하신다. 네 위에 있는 나의 영과 내가 너의 입에 담아 준 나의 말이, 이제부터 영원히 네 입과 네 후손의 입, 그리고 네 자자손손의 입에서 떠나지 않을 것이다. 주님이 말한다. 이사 59,21

주 예수님을 믿으시오. 그대와 그대의 집안이 구원을 받을 것이오. 사도 16,31

어리석은 자가 되지 말고, 주님의 뜻이 무엇인지 깨달으십시오. 에페 5,17

어떤 이들은 미루신다고 생각하지만 주님께서는 약속을 미루지 않으십니다. 오히려 여러분을 위하여 참고 기다리시는 것입니다. 아무도 멸망하지 않고 모두 회개하기를 바라시기 때문입니다. 2베드 3,9

여러분 가운데에서 좋은 일을 시작하신 분께서 그리스도 예수님의 날까지 그 일을 완성하시리라고 나는 확신합니다. 필리 1,6

정신이 혼미한 자들은 슬기를 얻고 불평하는 자들은 교훈을 배우리라. 이사 29,24

여러분은 마지막 때에 나타날 준비가 되어있는 구원을 얻도록, 여러분의 믿음을 통하여 하느님의 힘으로 보호를 받고 있습니다. 1베드 1,5

천사들은 모두 하느님을 시중드는 영으로서, 구원을 상속받게 될 이들에게 봉사하도록 파견되는 이들이 아닙니까? 히브 1,14

나는 그들에게 영원한 생명을 준다. 그리하여 그들은 영원토록 멸망하지 않을 것이고, 또 아무도 그들을 내 손에서 빼앗아 가지 못할 것이다. 요한 10,28

여러분을 부르시는 분은 성실하신 분이십니다. 그러니 그렇게 해주실 것입니다. 1테살 5,24

이제 마음속 깊이 주님을 믿으시고 자신의 이성에 너무 의지하지 마십시오. 자기 이성의 성스럽지 못한 것들을 보면 올바른 판단력을 잃게 됩니다. 하느님과 그 말씀만 믿으려고 하십시오. 당신의 약속은 명확합니다. 만일 우리가 우리 자녀들이 저지르는 성스럽지 못한 일들에 대해서 용서하지 못한다면 하느님께서는 제대로 일을 하실 수 없습니다. 우리 자녀들은 또한 하느님의 은총과 자애와 용서를 자신의 인생 경험을 통해 배워야만 합니다. 사이비 종교나 마귀의 계략에 빠진 어린이들을 위해 부모들은 다음과 같이 구마 기도를 할 수 있습니다.

그리스도께서는 우리를 위하여 스스로 저주받은 몸이 되시어, 우리를 율법의 저주에서 속량해 주셨습니다. 성경에 "나무에 매달린 사람은 모두 저주받은 자다."라고 기록되어 있기 때문입니다. 그리하여 아브라함에게 약속된 복이 그리스도 예수님 안에서 다른 민족들에게 이르러, 우리가 약속된 성령을 믿음으로 받게 되었습니다. 갈라 3,13-14

너희 몸의 소생과 너희 땅의 소출도, 새끼 소와 새끼 양도 저주를 받을 것이다. 너희의 아들딸들이 다른 백성에게 넘겨져, 너희 눈이 온종일 그쪽을 바라보다 기진하여도, 너희 손은 아무것도 할 수 없을 것이다. 아

들딸들을 낳아도 그들이 포로로 잡혀가리라. 신명 28,18-41

그러나 그리스도를 믿으면 정의의 자녀이므로 우리도 그리스도께서 우리의 주인 되심을 믿음으로써, 이 저주에서 해방되었습니다.

다음을 따라 읽으십시오.　　　　＊"속박(포박)과 자유" 참조

"주님의 이름으로 ○○○에게 내려진 악의 저주를 묶어, ○○○를 위해 주님께서 내려주신, 완전한 속죄함으로 악의 저주를 풉니다. 하느님께 감사하며 ○○○가 즉시 악의 유혹과 사이비 종교에서 벗어나게 해주실 것에 대하여 주님을 찬미합니다."

개인적인 일상의 처방–신앙의 방패

"무엇보다도 믿음의 방패를 잡으십시오. 여러분은 악한 자가 쏘는 불화살을 그 방패로 막아서 끌 수 있을 것입니다." 에페 6,16

"믿음은 들음에서 오고 들음은 그리스도의 말씀으로 이루어집니다." 로마 10,17

찬미의 기도가 쉽게 나오지 않을 때에 나는 아침마다 "성경에 쓰여 있기를"로 시작해서 성경 구절들을 읽습니다. 또는 믿음으로 모든 것을 주님께 맡기거나 혹은 시편의 구절들을 노래하거나 읽습니다. 가끔 나는 이 책에 열거된 구절들을 "나는 믿사오니"로 시작하며 읽어 내려가기도 합니다. 다른 때는 "감사합니다."를 되풀이하며 매 구절을 읽습니다. 이렇게 하고 났을 때 나는 여러 번 마치 시편 5장 12절에 있는 그대로가 나에게 일어난 것 같은 생각이 들면서, 기도를 마칠 수 있었습니다.

그러면 믿음의 기도가 그 아픈 사람을 구원하고, 주님께서는 그를 일으켜 주실 것입니다. 또 그가 죄를 지었으면 용서를 받을 것입니다. 야고 5,15

예수님을 죽은 이들 가운데에서 일으키신 분의 영께서 여러분 안에 사시면, 그리스도를 죽은 이들 가운데에서 일으키신 분께서 여러분 안에 사시는 당신의 영을 통하여 여러분의 죽을 몸도 다시 살리실 것입니다. 로마 8,11

그리스도 예수님 안에서 생명을 주시는 성령의 법이 그대를 죄와 죽음의 법에서 해방시켜 주었기 때문입니다. 로마 8,2

여러분 안에 계시는 그분께서 세상에 있는 그자보다 더 위대하시기 때문입니다. 1요한 4,4ㄴ

악마가 한 일을 없애 버리시려고 하느님의 아드님께서 나타나셨던 것입니다. 1요한 3,8ㄴ

너희가 내 이름으로 청하는 것은 무엇이든지 내가 다 이루어 주겠다. 그리하여 아버지께서 아들을 통하여 영광스럽게 되시도록 하겠다. 너희가 내 이름으로 청하면 내가 다 이루어 주겠다. 요한 14,13-14

그분 십자가의 피를 통하여 평화를 이룩하시어 땅에 있는 것이든 하늘에 있는 것이든 그분을 통하여 그분을 향하여 만물을 기꺼이 화해시키셨습니다. 콜로 1,20

아들이 너희를 자유롭게 하면 너희는 정녕 자유롭게 될 것이다. 요한 8,36

누구든지 그리스도 안에 있으면 그는 새로운 피조물입니다. 옛것은 지나갔습니다. 보십시오, 새것이 되었습니다. 2코린 5,17

주님과 결합하는 이는 그분과 한 영이 됩니다. 1코린 6,17

여러분이 하느님의 성전이고 하느님의 영께서 여러분 안에 계시다는 사실을 여러분은 모릅니까? 1코린 3,16

나는 너희를 낫게 하는 주님이다. 탈출 15,26ㄴ

그분께서는 우리의 죄를 당신의 몸에 친히 지시고 십자 나무에 달리시어, 죄에서는 죽은 우리가 의로움을 위하여 살게 해 주셨습니다. 그분의 상처로 여러분은 병이 나았습니다. 1베드 2,24

당신의 친 아드님마저 아끼지 않으시고 우리 모두를 위하여 내어주신 분께서, 어찌 그 아드님과 함께 모든 것을 우리에게 베풀어 주지 않으시겠습니까? 로마 8,32

사람들이 하는 것처럼 하지 않고 저는 당신 입술에서 나온 말씀에 주의를 기울였습니다. 시편 17,4

우리 형제들은 어린양의 피와 자기들이 증언하는 말씀으로 그자를 이겨 냈다. 그들은 죽기까지 목숨을 아끼지 않았다. 묵시 12,11

사람은 빵만으로 살지 않고 하느님의 입에서 나오는 모든 말씀으로 산다. 마태 4,4

당신 말씀을 보내시어 그들을 낫게 하시고 구렁에서 구해 내셨다. 시편 107,20

해지는 곳에서 주님의 이름을, 해 뜨는 곳에서 그분의 영광을 경외하리니 주님의 바람으로 휘몰아치는 급류처럼 그분께서 오시기 때문입니다. 이사 59,19

우리는 하느님께 감사드립니다. 그분께서는 늘 그리스도의 개선 행진에 우리를 데리고 다니시면서, 그리스도를 아는 지식의 향내가 우리를 통하여 곳곳에 퍼지게 하십니다. 2코린 2,14

우리는 우리를 사랑해 주신 분의 도움에 힘입어 이 모든 것을 이겨 내고도 남습니다. 로마 8,37

당신 말씀으로 제 발걸음을 굳건히 하시고 어떠한 불의도 저를 다스리지 못하게 하소서. 시편 119,133

하느님을 아는 지식을 가로막고 일어서는 모든 오만을 무너뜨리며, 모든 생각을 포로로 잡아 그리스도께 순종시킵니다. 2코린 10,5

필요한 경우 사용할 수 있는 말씀

악인에게는 무서워하는 일이 닥치고 의인에게는 바라는 일이 이루어진다. 잠언 10,24

당신께서는 그 마음의 소원을 이루어 주시고 그 입술의 소망을 물리치지 않으셨습니다. 시편 21,3

우리 믿는 이들을 위한 그분의 힘이 얼마나 엄청나게 큰지를 그분의 강한 능력의 활동으로 알게 되기를 비는 것입니다. 에페 1,19

주님께서는 영원하시고 당신 말씀은 하늘에 든든히 세워졌습니다. 시편 119,89

내 계약을 더럽히지 않고 내 입술에서 나간 바를 바꾸지 않으리라. 시편 89,35

성경의 모든 말씀은 그 한 마디 한 마디가 진실이라고 믿어야 합니다. 우리에게 주신 훈계의 말씀들은 바로 하느님께서 숨 쉬시고 하느님의 힘이 작용하는 그분의 호흡이심을 믿어야 합니다. 따라서 우리들은 언제나 믿는 자로서 또한 하느님의 자녀로서 매일 이 말씀들을 사용할 권리와 의무가 있습니다.

두통을 없애기 위하여

① 예수님의 성혈을 아낌없이 사용하십시오.

② "개인적인 일상의 처방"을 처음부터 끝까지 "성경에 쓰여 있기를"로 시작하여 읽으십시오.

③ 같은 구절들을 다시 읽으면서 하느님께 찬미 드리고 당신의 몸에 살이 된 하느님의 말씀에 대하여 감사드리십시오. 이렇게 두 번을 마치고 나면 분명히 당신의 두통은 사라져 있을 것입니다.

걱정, 외로움

그분께서는 목마른 이에게 물을 먹이시고 배고픈 이를 좋은 것으로 채우셨다. 시편 107,9

마음속의 근심은 사람을 짓누르지만 좋은 말 한마디가 그를 기쁘게 한다. 잠언 12,25

내일을 걱정하지 마라. 내일 걱정은 내일이 할 것이다. 그날 고생은 그날로 충분하다. 마태 6,34

보라, 내가 세상 끝날까지 언제나 너희와 함께 있겠다. 마태 28,20ㄴ

오히려 너희는 그분의 나라를 찾아라. 그러면 이것들도 곁들여 받게 될 것이다. 루카 12,31

아무것도 걱정하지 마십시오. 어떠한 경우에든 감사하는 마음으로 기도하고 간구하며 여러분의 소원을 하느님께 아뢰십시오. 그러면 사람의 모든 이해를 뛰어넘는 하느님의 평화가 여러분의 마음과 생각을 그리스도 예수님 안에서 지켜 줄 것입니다. 필리 4,6-7

이는 하느님께서 우리 주 그리스도 예수님 안에서 이루신 영원한 계획에 따른 것입니다. 우리는 그리스도 안에서 그분에 대한 믿음으로, 확신을 가지고 하느님께 담대히 나아갈 수 있습니다. 에페 3,11-12

여러분의 모든 걱정을 그분께 내맡기십시오. 그분께서 여러분을 돌보고 계십니다. 1베드 5,7

건망증

네가 하는 일을 주님께 맡겨라. 계획하는 일이 이루어질 것이다. 잠언 16,3

주 하느님께서 나를 도와주시니 나는 수치를 당하지 않는다. 이사 50,7ㄱ

보호자, 곧 아버지께서 내 이름으로 보내실 성령께서 너희에게 모든 것을 가르치시고 내가 너희에게 말한 모든 것을 기억하게 해주실 것이다. 요한 14,26

우리는 그리스도의 마음을 지니고 있습니다. 1코린 2,16ㄴ

하느님께서는 우리에게 비겁함의 영을 주신 것이 아니라, 힘과 사랑과 절제의 영을 주셨습니다. 2티모 1,7

결혼

별거하는 부부의 재결합을 위하여

둘이 한 몸이 될 것이다. 따라서 그들은 이제 둘이 아니라 한 몸이다. 하느님께서 맺어 주신 것을 사람이 갈라놓아서는 안 된다. 마르 10,8-9

사랑은 모든 것을 덮어 주고 모든 것을 믿으며 모든 것을 바라고 모든 것을 견디어 냅니다. 사랑은 언제까지나 스러지지 않습니다. 1코린 13,7-8ㄱ

그분 십자가의 피를 통하여 평화를 이룩하시어 땅에 있는 것이든 하늘에 있는 것이든 그분을 통하여 그분을 향하여 만물을 기꺼이 화해시키셨습니다. 여러분은 한때 악행에 마음이 사로잡혀 하느님에게서 멀어지고 그분과 원수로 지냈습니다. 콜로 1,20-21

결혼

남자는 아버지와 어머니를 떠나 아내와 결합하여, 둘이 한 몸이 된다. 창세 2,24

훌륭한 아내는 남편의 면류관이지만 수치스러운 여자는 남편 뼈의 염증과 같다. 잠언 12,4

즐거운 마음은 건강을 좋게 하고 기가 꺾인 정신은 뼈를 말린다. 잠언 17,22

아내를 얻은 이는 행복을 얻었고 주님에게서 호의를 입었다. 잠언 18,22

네 샘터가 복을 받도록 하고 네 젊은 시절의 아내를 두고 즐거워하여라. 그 여자는 너의 사랑스러운 암사슴, 우아한 영양, 너는 언제나 그의 가슴에서 흡족해하고 늘 그 사랑에 흠뻑 취하여라. 그런데 내 아들아, 너는 어찌 낯선 여자에게 흠뻑 취하고 낯모르는 여자의 가슴을 껴안으려 드느냐? 사람의 길은 주님 눈앞에 펼쳐져 있고 그분께서는 그의 모든 행로를 지켜보신다. 악인은 제 악행에 붙잡히고 제 죄의 밧줄에 얽매인다. 그는 교훈을 받아들이지 않아 죽게 되고 너무 어리석어 길을 잃게 된다. 잠언 5,18-23

태양 아래에서 너의 허무한 모든 날에, 하느님께서 베푸신 네 허무한 인생의 모든 날에, 사랑하는 여인과 함께 인생을 즐겨라. 코헬 9,9ㄱ

혼인은 모든 사람에게서 존중되어야 하고, 부부의 잠자리는 더럽혀지지 말아야 합니다. 불륜을 저지르는 자와 간음하는 자를 하느님께서는 심판하실 것입니다. 히브 13,4

주님의 책에서 찾아 읽어 보아라. 이것들 가운데 하나도 빠지지 않고 제 짝이 없는 것이 없으니 그분께서 친히 명령하시고 그분의 영이 그것들을 모으셨기 때문이다. 이사 34,16

불륜의 위험이 있으니 모든 남자는 아내를 두고 모든 여자는 남편을 두십시오. 1코린 7,2

평화로운 결혼 생활을 위하여

여러분도 저마다 자기 아내를 자기 자신처럼 사랑하고, 아내도 남편을 존경해야 합니다. 에페 5,33

하느님께서는 남자가 여자를 온통 짓밟아도 괜찮은 존재로 만드신 것이 아닙니다. 또한, 상전으로 받들라고 하시지도 않았습니다. 오히려 여자를 남자의 갈비뼈에서 꺼내 옆에서 나란히 걸으며 동반자로서, 예수님께서 교회를 사랑하신 것처럼 서로 사랑하라고 만드셨습니다. 서로 복종하라는 말은 결국 굴복하라는 말이 아닙니다. 이것은 서로 존중하며 스스로 먼저 자신을 겸손하게 낮추어 화목하게 지내라는 것입니다. 흔히 독선적인 어머니 밑에서 자란 남자들이 자기 부인을 억압하고 굴복시키려고 하는데 이는 그릇된 일이며, 그들은 사실, 자기 부부 사랑의 관계가 얼마나 큰 해를 입고 있는지, 깨닫지 못하는 것입니다.

그리스도는 우리의 평화이십니다. 그분께서는 당신의 몸으로 유다인과 이민족을 하나로 만드시고 이 둘을 가르는 장벽인 적개심을 허무셨습니다. 에페 2,14

그리스도를 경외하는 마음으로 서로 순종하십시오. 에페 5,21

주님은 나의 힘, 나의 방패. 내 마음 그분께 의지하여 도움을 받았으니 내 마음 기뻐 뛰놀며 나의 노래로 그분을 찬송하리라. 시편 28,7

의인의 불행이 많을지라도 주님께서는 그를 구하시리라. 시편 34,20

제 영혼이 당신께 피신합니다. 재앙이 지나갈 그때까지 당신 날개 그늘로 제가 피신합니다. 시편 57,2

당신의 가르침을 잊지 않았으니 제 가련함을 보시어 구원하소서. 시편 119,153

당신 말씀이 저를 살리신다는 것 이것이 고통 가운데 제 위로입니다. 시편 119,50

제가 고통을 겪은 것은 좋은 일이니 당신의 법령을 배우기 위함이었습니다. 시편 119,71

주님께서 당신 백성을 위로하시고 당신의 가련한 이들을 가엾이 여기셨다. 이사 49,13ㄴ

사자나 천사가 아니라 그분의 얼굴이 그들을 구해 내셨다. 당신의 사랑과 당신의 동정으로 그들을 구원해 주셨다. 지난 세월 모든 날에 그들을 들어 업어 주셨다. 이사 63,9

고뇌

그분께서는 내 길을 알고 계시니 나를 시금해 보시면 내가 순금으로 나오련마는. 욥 23,10

그분께서는 가련한 이를 그 고통으로 구하시고 재앙으로 그 귀를 열어 주십니다. 욥 36,15

저의 비참과 고생을 보시고 저의 죄악을 모두 없이 하소서. 시편 25,18

고통

제가 고통을 겪은 것은 좋은 일이니 당신의 법령을 배우기 위함이었습니다. 시편 119,71

우리는 환난도 자랑으로 여깁니다. 우리가 알고 있듯이, 환난은 인내를 자아내고 인내는 수양을, 수양은 희망을 자아냅니다. 그리고 희망은 우리를 부끄럽게 하지 않습니다. 우리가 받은 성령을 통하여 하느님의 사랑이 우리 마음에 부어졌기 때문입니다. 로마 5,3-5

무엇이 우리를 그리스도의 사랑에서 갈라놓을 수 있겠습니까? 환난입니까? 역경입니까? 박해입니까? 굶주림입니까? 헐벗음입니까? 위험입니까? 칼입니까? 로마 8,35

여러분이 육에 따라 살면 죽을 것입니다. 그러나 성령의 힘으로 몸의 행실을 죽이면 살 것입니다. 로마 8,13

장차 우리에게 계시될 영광에 견주면, 지금 이 시대에 우리가 겪는 고난은 아무것도 아니라고 생각합니다. 로마 8,18

우리 주 예수 그리스도의 아버지 하느님께서는 찬미 받으시기를 빕니다. 그분은 인자하신 아버지시며 모든 위로의 하느님이십니다. 하느님께서는 우리가 환난을 겪을 때마다 위로해 주시어, 우리도 그분에게서

받은 위로로, 온갖 환난을 겪는 사람들을 위로할 수 있게 하십니다. 2코린 1,3-4

우리가 여러분에게 거는 희망은 든든합니다. 여러분이 우리와 고난을 함께 받듯이 위로도 함께 받는다는 것을 알기 때문입니다. 2코린 1,7

그러므로 내가 여러분을 위하여 겪는 환난 때문에 낙심하는 일이 없기를 바랍니다. 이 환난이 여러분에게는 영광이 됩니다. 에페 3,13

고해(고백)

제 잘못을 당신께 자백하며 제 허물을 감추지 않고 말씀드렸습니다. "주님께 저의 죄를 고백합니다." 그러자 제 허물과 잘못을 당신께서 용서하여 주셨습니다. 시편 32,5

하느님, 당신 자애에 따라 저를 불쌍히 여기소서. 당신의 크신 자비에 따라 저의 죄악을 지워 주소서. 저의 죄에서 저를 말끔히 씻으시고 저의 잘못에서 저를 깨끗이 하소서. 저의 죄악을 제가 알고 있으며 저의 잘못이 늘 제 앞에 있습니다. 당신께, 오로지 당신께 잘못을 저지르고 당신 눈에 악한 짓을 제가 하였기에 판결을 내리시더라도 당신께서는 의로우시고 심판을 내리시더라도 당신께서는 결백 하시리이다. 정녕 저는 죄 중에 태어났고 허물 중에 제 어머니가 저를 배었습니다. 그러나 당신께서는 가슴속의 진실을 기뻐하시고 남모르게 지혜를 제게 가르치십니다. 우슬초로 제 죄를 없애 주소서. 제가 깨끗해지리이다. 저를 씻어 주소서. 눈보다 더 희어지리이다. 기쁨과 즐거움을 제가 맛보게 해 주소서. 당신께서 부수셨던 뼈들이 기뻐 뛰리이다. 저의 허물에서 당신 얼굴을 가리시고 저의 모든 죄를 지워 주소서. 하느님, 깨끗한 마음을 제게 만들어 주시고 굳건한 영을 제 안에 새롭게 하소서. 당신 면전에서 저를 내치지 마시고 당신의 거룩한 영을 제게서 거두지 마소서. 당신 구원의 기쁨을 제게 돌려주시고 순종의 영으로 저를 받쳐 주소서. 제가 악인들에게 당신의 길을 가르쳐 죄인들이 당신께 돌아오리이다. 죽음의 형벌에서 저를 구하소서, 하느님, 제 구원의 하느님. 제 혀가 당신의 외로움에 환호하오리다. 주님, 제 입술을 열어주소서. 제 입이 당신의 찬양을 널리 전하오리다. 당신께서는 제사를 즐기지 않으시기에 제가 번제를 드려도 당신 마음에 들지 않으시리이다. 하느님께 맞갖은 제물은 부서진 영. 부서지고 꺾인 마음을 하느님, 당신께서는 업신여기지 않으십니다. 당신의 호의로 시온에 선을 베푸시어 예루살렘의 성을 쌓아주소서. 그때에 당신께서 의로운 희생 제물을, 번제와 전번제를 즐기시리이다. 그때에 사람들이 당신 제단 위에서 수소들을 봉헌 하리이다. 시편 51,3-21

하느님, 저를 살펴보시어 제 마음을 알아주소서. 저를 꿰뚫어 보시어 제 생각을 알아주소서. 제게 고통의 길이 있는지 보시어 저를 영원의 길로 이끄소서. 시편 139,23-24

죄인은 제 길을, 불의한 사람은 제 생각을 버리고 주님께 돌아오너라. 그분께서 그를 가엾이 여기시리라. 우리 하느님께 돌아오너라. 그분께서는 너그러이 용서하신다. 이사 55,7

자기 잘못을 감추는 자는 성공하지 못하지만 그것을 고백하고 끊어 버리는 이는 자비를 얻는다. 잠언 28,13

사실 성경에도 이렇게 기록되어 있습니다. "주님께서 말씀하신다. 내가 살아 있는 한 모두 나에게 무릎을 꿇고 모든 혀가 하느님을 찬송하리라." 그러므로 우리는 저마다 자기가 한 일을 하느님께 사실대로 아뢰게 될 것입니다. 로마 14,11-12

서로 죄를 고백하고 서로 남을 위하여 기도하십시오. 그러면 여러분의

병이 낫게 될 것입니다. 의인의 간절한 기도는 큰 힘을 냅니다. 야고 5,16

우리가 우리 죄를 고백하면, 그분은 성실하시고 의로우신 분이시므로 우리의 죄를 용서하시고 우리를 모든 불의에서 깨끗하게 해주십니다.
1요한 1,9

구마 – 하느님 말씀을 이용한 방법('구마의 유지' 참조)

내가 하느님의 영으로 마귀들을 쫓아내는 것이면, 하느님의 나라가 이미 너희에게 와 있는 것이다. 마태 12,28

성직자도 마귀를 쫓을 힘을 가지려면 성령 안에 살아야 합니다.

예수님께서는 열두 제자를 불러 모으시어, 모든 마귀를 쫓아내고 질병을 고치는 힘과 권한을 주셨다. 그리고 하느님의 나라를 선포하고 병자들을 고쳐 주라고 보내셨다. 루카 9,1-2

보라, 내가 너희에게 뱀과 전갈을 밟고 원수의 모든 힘을 억누르는 권한을 주었다. 이제 아무것도 너희를 해치지 못할 것이다. 루카 10,19

예수님을 따르는 자는 누구나 사도입니다.

하느님께서 나자렛 출신 예수님께 성령과 힘을 부어 주신 일도 알고 있습니다. 이 예수님께서 두루 다니시며 좋은 일을 하시고 악마에게 짓눌리는 이들을 모두 고쳐 주셨습니다. 하느님께서 그분과 함께 계셨기 때문입니다. 사도 10,38

예수님께서는 말씀으로 악령들을 쫓아내시고, 앓는 사람들을 모두 고쳐

주셨다. 마태 8,16ㄴ

예수님께서는 당신이 직접 하신 말씀을 중심으로 강조하셨습니다.

하느님께서 말씀하시기를 "빛이 생겨라." 하시자 빛이 생겼다. 창세 1,3

한 처음에 말씀이 계셨다. 말씀은 하느님과 함께 계셨는데 말씀은 하느님이셨다. 요한 1,1

내가 진실로 너희에게 말한다. 누구든지 이 산더러 "들려서 저 바다에 빠져라." 하면서, 마음속으로 의심하지 않고 자기가 말하는 대로 이루어진다고 믿으면, 그대로 될 것이다. 그러므로 내가 너희에게 말한다. 너희가 기도하며 청하는 것이 무엇이든 그것을 이미 받은 줄로 믿어라. 마르 11,23-24

우리들이 하는 말에도 이와 똑같은 능력이 있습니다, 특히 이때 성경의 말씀을 인용하면 더욱 그렇습니다. 이는 마치 광야에서 마귀의 유혹을 물리치기 위하여 예수님께서 하신 말씀과 같은 것입니다.

주님을 찬송하여라, 선하신 분이시다. 주님의 자애는 영원하시다. 이렇게 말하여라, 주님께 구원받은 이들 그분께서 원수의 손에서 구원하신 이들. 시편 107,1-2

우리들의 죄, 가난과 질병으로부터 구원받았습니다.

예수님께서 건너편 가다라인들의 지방에 이르셨을 때, 마귀 들린 사람 둘이 무덤에서 나와 그분께 마주 왔다. 그들은 너무나 사나워 아무도 그 길로 다닐 수가 없었다. 그런데 그들이 "하느님의 아드님, 당신께서 저희와 무슨 상관이 있습니까? 때가 되기도 전에 저희를 괴롭히시려고 여기에 오셨습니까?" 하고 외쳤다. 마침 그들에게서 멀리 떨어진 곳에 놓아기르는 많은 돼지 떼가 있었다. 마귀들이 예수님께, "저희를 쫓아내시려거든 저 돼지 떼 속으로나 들여보내 주십시오." 하고 청하였다. 예수님께서 "가라." 하고 말씀하시자, 마귀들이 나와서 돼지들 속으로 들어갔다. 그러자 돼지 떼가 모두 호수를 향해 비탈을 내리 달려 물속에 빠져 죽고 말았다. 돼지를 치던 이들이 달아나 그 고을로 가서는, 이 모든 일과 마귀 들렸던 이들의 일을 알렸다. 그러자 온 고을 주민들이 예수님을 만나러 나왔다. 그들은 그분을 보고 저희 고장에서 떠나가 주십사고 청하였다. 마태 8,28-34

예수님께서는 마귀에게 가서 다른 곳에서 살라고 하시면서 침착성과 신뢰를 갖고 있는 사람에게서 떠나라 하셨습니다. 마귀들은 훼방꾼이며 하느님 자녀들에게는 아무런 권한도 갖고 있지 않습니다. 따라서 우리는 구마 할 권리를 갖고 있습니다.

너희가 내 안에 머무르고 내 말이 너희 안에 머무르면, 너희가 원하는 것은 무엇이든지 청하여라. 너희에게 그대로 이루어질 것이다. 너희가

많은 열매를 맺고 내 제자가 되면, 그것으로 내 아버지께서 영광스럽게 되실 것이다. 요한 15,7-8

먼저 힘센 자를 묶어 놓지 않고서, 어떻게 그 힘센 자의 집에 들어가 재물을 빼앗을 수 있겠느냐? 묶어 놓은 뒤에야 그 집을 털 수 있다. 마태 12,29

나는 너에게 하늘나라의 열쇠를 주겠다. 그러니 네가 무엇이든지 땅에서 매면 하늘에서도 매일 것이고, 네가 무엇이든지 땅에서 풀면 하늘에서도 풀릴 것이다. 마태 16,19

곧 마음으로 믿어 의로움을 얻고, 입으로 고백하여 구원을 얻습니다. 로마 10,10

믿음은 들음에서 오고 들음은 그리스도의 말씀으로 이루어집니다. 로마 10,17

저는 꿋꿋이 걷고 당신 길에서 제 발걸음 비틀거리지 않았습니다. 시편 17,5

예수님께서 그에게 대답하셨다. 누구든지 나를 사랑하면 내 말을 지킬 것이다. 그러면 내 아버지께서 그를 사랑하시고, 우리가 그에게 가서 그와 함께 살 것이다. 요한 14,23

　　바로 이것이 모든 악의 힘을 지배하고 사는 비밀입니다. "구하는 것이 모두 이루어지리다." 하셨으니, 그렇다면 무엇이든 소원을 말하십시오. 그대로 될 것입니다. 바로 이렇게 해서 우리는 하느님 아버지의 사도로서 열매를 맺고 당신께 영광을 돌리는 것입니다.

　하느님의 권능은 우리들의 순종을 통해서 얼마든지 사용할 수 있습니다. 당신께서는 언제나 당신의 말씀을 이행하시기에 바쁘십니다.

구원-가족을 위하여

다음을 기도하며 구하십시오.

제1단계 : 믿음

주 예수님을 믿으시오. 그러면 그대와 그대의 집안이 구원을 받을 것이오. 사도 16,31

제2단계 : 주님의 말씀을 가슴에 심기 위한 말문

말씀을 전할 수 있는 문을 하느님께서 열어주시어 우리가 그리스도의 신비를 말할 수 있도록, 우리를 위해서도 기도해 주십시오. 나는 그 신비를 위하여 지금 갇혀 있습니다. 콜로 4,3

제3단계 : 정의를 따르고자 하는 굶주림과 목마름

행복하여라, 의로움에 주리고 목마른 사람들! 그들은 흡족해질 것이다.
마태 5,6

제4단계 : 아버지께 매어 달림

나를 보내신 아버지께서 이끌어 주지 않으시면 아무도 나에게 올 수 없다. 요한 6,44ㄱ

제5단계 : 아버지께 위탁함

주님 안에서 즐거워하여라. 그분께서 네 마음이 청하는 바를 주시리라. 네 길을 주님께 맡기고 그분을 신뢰하여라. 시편 37,4-5

기도하면서 기억하십시오.

흠 없이 살아가는 이들에게 복을 거절하지 않으십니다. 시편 84,12ㄴ

주님을 찾는 이들에게는 좋은 것 하나도 모자라지 않으리라. 시편 34,11ㄴ

의인에게는 바라는 일이 이루어진다. 잠언 10,24ㄴ

당신의 친 아드님마저 아끼지 않으시고 우리 모두를 위하여 내어주신 분께서, 어찌 그 아드님과 함께 모든 것을 우리에게 베풀어 주지 않으시 겠습니까? 로마 8,32

결코 의심하는 일 없이 믿음을 가지고 청해야 합니다. 의심하는 사람은 바람에 밀려 출렁이는 바다 물결과 같습니다. 야고 1,6-7

어떤 이들은 미루신다고 생각하지만 주님께서는 약속을 미루지 않으십니다. 오히려 여러분을 위하여 참고 기다리시는 것입니다. 아무도 멸망하지 않고 모두 회개하기를 바라시기 때문입니다. 2베드 3,9

하느님은 우리에게 구원을 베푸시는 하느님. 주 하느님께는 죽음에서 벗어나는 길이 있네. 시편 68,21

하느님께서는 부수시리라, 당신 원수들의 머리를, 죄 속에 걸어가는 자의 더부룩한 정수리를. 시편 68,22

내가 진실로 진실로 너에게 말한다. 누구든지 위로부터 태어나지 않으면 하느님의 나라를 볼 수 없다. 요한 3,3

하느님께서 아들을 세상에 보내신 것은, 세상을 심판하시려는 것이 아니라 세상이 아들을 통하여 구원을 받게 하시려는 것이다. 요한 3,17

그분 말고는 다른 누구에게도 구원이 없습니다. 사실 사람들에게 주어진 이름 가운데에서 우리가 구원받는 데에 필요한 이름은 이 이름밖에 없습니다. 사도 4,12

나는 복음을 부끄러워하지 않습니다. 복음은 먼저 유다인에게 그리고 그리스인에게까지, 믿는 사람이면 누구에게나 구원을 가져다주는 하느님의 힘이기 때문입니다. 로마 1,16

그대가 예수님은 주님이시라고 입으로 고백하고 하느님께서 예수님을 죽은 이들 가운데에서 일으키셨다고 마음으로 믿으면 구원을 받을 것입니다. 곧 마음으로 믿어 의로움을 얻고, 입으로 고백하여 구원을 얻습니다. 로마 10,9-10

주님의 이름을 받들어 부르는 이는 모두 구원을 받을 것입니다. 로마 10,13

모든 사람에게 구원을 가져다주는 하느님의 은총이 나타났습니다. 티토 2,11

천사들은 모두 하느님을 시중드는 영으로서, 구원을 상속받게 될 이들에게 봉사하도록 파견되는 이들이 아닙니까? 히브 1,14

기도

주님께서는 당신께 충실한 이에게 기적을 베푸심을 알아라. 내가 부르짖으면 주님께서는 들어 주신다. 시편 4,4

저녁에도 아침에도 한낮에도 나는 탄식하며 신음하네. 그러면 그분께서 내 목소리를 들으신다. 시편 55,18

주님, 제 말씀에 귀를 기울이소서. 제 탄식을 살펴 들어 주소서. 저의 임금님, 저의 하느님 제가 외치는 소리를 귀여겨들으소서. 당신께 기도드립니다. 주님, 아침에 제 목소리 들어 주시겠기에 아침부터 당신께 청을 올리고 애틋이 기다립니다. 시편 5,2-4

만나 뵐 수 있을 때에 주님을 찾아라. 가까이 계실 때에 그분을 불러라. 이사 55,6

주님께서는 악인들을 멀리하시고 의인들의 기도는 들어 주신다. 잠언 15,29

율법을 듣지 않고 귀를 돌리는 자는 그 기도마저 역겹다. 잠언 28,9

저희 영혼이 밤에 당신을 열망하며 저의 넋이 제 속에서 당신을 갈망합니다. 당신의 판결들이 이 땅에 미치면 누리의 주민들이 정의를 배우겠기 때문입니다. 이사 26,9

그들이 부르기도 전에 내가 대답하고 그들이 말을 마치기도 전에 내가 들어 주리라. 이사 65,24

희망 속에 기뻐하고 환난 중에 인내하며 기도에 전념하십시오. 로마 12,12

여러분은 늘 성령 안에서 온갖 기도와 간구를 올려 간청하십시오. 그렇게 할 수 있도록 인내를 다하고 모든 성도들을 위하여 간구하며 깨어 있으십시오. 에페 6,18

사랑하는 여러분, 여러분은 지극히 거룩한 믿음을 바탕으로 성장해 나아가십시오. 성령 안에서 기도하십시오. 유다 20

기도의 응답을 저해하는 장애물

"자기가 믿음 안에 살고 있는지 여러분 스스로 따져 보십시오." 2코린 13,5ㄱ

"우리가 자신을 잘 분별하면 심판을 받지 않을 것입니다." 1코린 11,31

용서 못 함

용서 못 함은 자신을 포함해서, 적대감과 괴로움을 초래합니다.

* 만일 당신이 죄의식의 열등감을 가지고 있다면, 속박(포박)과 자유의 구절을 외우십시오.

또 나는 너에게 하늘나라의 열쇠를 주겠다. 그러니 네가 무엇이든지 땅에서 매면 하늘에서도 매일 것이고, 네가 무엇이든지 땅에서 풀면 하늘에서도 풀릴 것이다. 마태 16,19

내가 진실로 너희에게 말한다. 너희가 무엇이든지 땅에서 매면 하늘에서도 매일 것이고, 너희가 무엇이든지 땅에서 풀면 하늘에서도 풀릴 것이다. 마태 18,18

* 봉헌하십시오

사무엘이 말하였다. 주님의 말씀을 듣는 것보다 번제물이나 희생 제물 바치는 것을 주님께서 더 좋아하실 것 같습니까? 진정 말씀을 듣는 것이 제사 드리는 것보다 낫고 말씀을 명심하는 것이 숫양의 굳기름보다 낫습니다. 1사무 15,22

네가 제단에 예물을 바치려고 하다가 거기에서 형제가 너에게 원망을 품고 있는 것이 생각나거든, 예물을 거기 제단 앞에 놓아두고 물러가 먼저 그 형제와 화해하여라. 그런 다음에 돌아와서 예물을 바쳐라. 마태 5,23-24

* 형제애를 가지십시오

너는 마음을 다하고 목숨을 다하고 정신을 다하고 힘을 다하여 주 너의 하느님을 사랑해야 한다. 둘째는 이것이다. 네 이웃을 너 자신처럼 사랑해야 한다. 이보다 더 큰 계명은 없다. 마르 12,30-31

예수님을 시험하려고 물었다. "스승님, 율법에서 가장 큰 계명은 무엇입니까?" 예수님께서 그에게 말씀하셨다. "네 마음을 다하고 네 목숨을 다하고 네 정신을 다하여 주 너의 하느님을 사랑해야 한다. 이것이 가장 크고 첫째가는 계명이다. 둘째도 이와 같다. 네 이웃을 너 자신처럼 사랑해야 한다는 것이다. 온 율법과 예언서의 정신이 이 두 계명에 달려있다." 마태 22,36-40

* 씻음

마침내 빌라도는 그들의 요구를 들어주기로 결정하였다. 예수님은 그들의 뜻대로 하라고 넘겨주었다. 루카 23,24-25

너희가 누구의 죄든지 용서해주면 그가 용서를 받을 것이고 그대로 두면 그대로 남아있을 것이다. 요한 20,23

    ＊ 우리들의 용서받음은 우리가 남을 용서하는 것과 비례합니다.

여러분이 무엇인가 용서해 준 사람을 나도 용서합니다. 사실 내가 무엇을 용서하였다면 그리스도 앞에서 여러분을 위하여 용서한 것입니다. 2코린 2,10-11

    ＊ 용서함으로써 받는 건강

행복하여라, 죄를 용서받고 잘못이 덮인 이! 행복하여라, 주님께서 허물을 헤아리지 않으시고 그 얼에 거짓이 없는 사람! 제가 입 밖에 내지 않으려 하였더니 나날이 신음 속에 저의 뼈들이 말라 들었습니다. 낮이고 밤이고 당신 손이 저를 짓누르신 까닭입니다. 저의 기운은 여름날 한더위에 다 빠져 버렸습니다. 제 잘못을 당신께 자백하며 제 허물을 감추지 않고 말씀드렸습니다. "주님께 저의 죄를 고백합니다." 그러자 제 허물과 잘못을 당신께서 용서하여 주셨습니다. 시편 32,1-5

순종

그대가 자기의 것으로 지니고 있는 신념을 하느님 앞에서도 그대로 지

니십시오. 자기가 옳다고 여기는 일을 하면서 자신을 단죄하지 않는 사람은 행복합니다. 로마 14,22

* 주님의 계명

너는 마음을 다하고 목숨을 다하고 정신을 다 하고 힘을 다하여 주 너의 하느님을 사랑해야 한다. 마르 12,30

율법에서 가장 큰 계명은 무엇입니까? 예수님께서 그에게 말씀하셨다. 네 마음을 다하고 네 목숨을 다하고 네 정신을 다 하여 주 너의 하느님을 사랑해야 한다. 이것이 가장 크고 첫째가는 계명이다. 둘째도 이와 같다. 네 이웃을 너 자신처럼 사랑해야 한다는 것이다. 온 율법과 예언서의 정신이 이 두 계명에 달려있다. 마태 22,36-40

* 우상, 저주받은 물건

너희는 그들의 신상들을 불에 태워 버려야 한다. 그리고 너희는 그것들 위에 입혀진 은이나 금을 탐내어 너희 것으로 삼지 마라. 그러면 너희가 덫에 걸릴 것이다. 정녕 그런 짓은 주 너희 하느님께 역겨운 짓이다. 신명 7,25

* 게으름(부모 공경, 시대 어른의 억압을 없앰)

좋은 일을 할 줄 알면서도 하지 않으면 곧 죄가 됩니다. 야고 4,17

주 너의 하느님이 너에게 명령하는 대로, 아버지와 어머니를 공경하여

라. 그러면 너는 주 너의 하느님이 너에게 주는 땅에서 오래 살고 잘될 것이다. 신명 5,16

증오심(파괴적인 힘) ↔ 사랑(창조적인 힘)

　＊ 증오의 결과

앙심을 품은 자는 입술로는 시치미를 떼면서 속으로는 속임수를 품는다. 목소리를 다정하게 해도 그를 믿지 마라. 마음속에는 역겨운 것이 일곱 가지나 들어있다. 미움을 기만으로 덮는다 해도 그 악의는 회중에게 드러나고야 만다. 구렁을 파는 자는 제가 그곳에 빠지고 돌을 굴리는 자는 제가 그것에 치인다. 거짓된 혀는 자기가 희생시킨 자들을 미워하고 아첨하는 입은 파멸을 만들어 낸다. 잠언 26,24-28

　＊ 오만

빛 속에 있다고 말하면서 자기 형제를 미워하는 사람은 아직도 어둠 속에 있는 자입니다. 자기 형제를 사랑하는 사람은 빛 속에 머무르고, 그에게는 걸림돌이 없습니다. 그러나 자기 형제를 미워하는 자는 어둠 속에 있습니다. 그는 어둠 속에서 살아가면서 자기가 어디로 가는지 모릅니다. 어둠이 그의 눈을 멀게 하였기 때문입니다. 1요한 2,9-11

　＊ 응답

자기 형제를 미워하는 자는 모두 살인자입니다. 그리고 여러분도 알다시피, 살인자는 아무도 자기 안에 영원한 생명을 지니고 있지 않습니다. 그분께서 우리를 위하여 당신 목숨을 내놓으신 그 사실로 우리는 사랑을 알게 되었습니다. 그러므로 우리도 형제들을 위하여 목숨을 내놓아야 합니다. 누구든지 세상 재물을 가지고 있으면서도 자기 형제가 궁핍한 것을 보고 그에게 마음을 늘 닫아 버리면, 하느님 사랑이 어떻게 그 사람 안에 머무를 수 있겠습니까? 자녀 여러분, 말과 혀로 사랑하지 말고 행동으로 진리 안에서 사랑합시다. 이로써 우리가 진리에 속해 있음을 알게 되고, 또 그분 앞에서 마음을 편히 가질 수 있을 것입니다. 마음이 우리를 단죄하더라도 그렇습니다. 하느님께서는 우리의 마음보다 크시고 또 모든 것을 아시기 때문입니다. 1요한 3,15-20

* 저주

하느님께서 아들을 세상에 보내신 것은 세상을 심판하시려는 것이 아니라 세상이 아들을 통하여 구원을 받게 하시려는 것이다. 요한 3,17

이제 그리스도 예수님 안에 있는 이들은 단죄를 받을 일이 없습니다. 로마 8,1

* 불안정

여러분 가운데에서 좋은 일을 시작하신 분께서 그리스도 예수님의 날까지 그 일을 완성하시리라고 나는 확신합니다. 필리 1,6

여러분의 모든 걱정을 그분께 내맡기십시오. 그분께서 여러분을 돌보고 계십니다. 1베드 5,7

의심·불신, 걱정 ↔ 믿음

　* 의심에 찬 기도는 믿음의 기도와 대치됩니다.

믿음의 기도가 그 아픈 사람을 구원하고, 주님께서는 그를 일으켜 주실 것입니다. 또 그가 죄를 지었으면 용서를 받을 것입니다. 야고 5,15

　* 믿는 이들

믿고 세례를 받는 이는 구원을 받고 믿지 않는 자는 단죄를 받을 것이다. 믿는 이들에게는 이러한 표징들이 따를 것이다. 곧 내 이름으로 마귀들을 쫓아내고 새로운 언어들을 말하며, 손으로 뱀을 집어 들고 독을 마셔도 아무런 해도 입지 않으며, 또 병자들에게 손을 얹으면 병이 나을 것이다. 마르 16,16-18

축제의 가장 중요한 날인 마지막 날에 예수님께서는 일어서시어 큰소리로 말씀하셨다. "목마른 사람은 다 나에게 와서 마셔라. 나를 믿는 사람은 성경 말씀대로 그 속에서부터 생수의 강들이 흘러나올 것이다." 이는 당신을 믿는 이들이 받게 될 성령을 가리켜 하신 말씀이었다. 예수님께서 영광스럽게 되지 않으셨기 때문에 성령께서 아직 와 계시지 않았던 것이다. 요한 7,37-39

　* 믿음

네 마음을 다하여 주님을 신뢰하고 너의 예지에는 의지하지 마라. 어떠한 길을 걷든 그분을 알아 모셔라. 그분께서 네 앞길을 곧게 해주시리라. 스스로 지혜롭다 여기지 말고 주님을 경외하며 악을 멀리하여라. 잠언 3,5-7

＊ 아브라함의 믿음

그는 불신으로 하느님의 약속을 의심하지 않았을 뿐만 아니라 오히려 믿음으로 더욱 굳세어져 하느님을 찬양하였습니다. 그리고 하느님께서는 약속하신 것을 능히 이루실 수 있다고 확신하였습니다. 로마 4,20-21

＊ 불신의 악마적인 마음

어떤 이들은 그곳에 들어갈 기회가 아직 있고, 또 예전에 기쁜 소식을 들은 이들은 순종하지 않은 탓으로 그곳에 들어가지 못하였기에, 하느님께서는 다시 오늘이라는 날을 정하셨습니다. 히브 4,6

형제 여러분, 여러분 가운데에는 믿지 않는 악한 마음을 품고서 살아 계신 하느님을 저버리는 사람이 없도록 조심하십시오. 히브 3,12

＊ 가거라. 네가 믿는 대로 될 것이다.

예수님께서는 백인 대장에게 말씀하셨다. "가거라. 네가 믿는 대로 될 것이다." 바로 그 시간에 종이 나았다. 마태 8,13

회개하지 않은 죄

자유 의지로써 의도적으로 한 행동과 나약한 마음 때문에 한 행동에는 차이가 있습니다.

　＊ 나약함이나 우유부단은 극복될 수 있습니다.

너는 인내심이 있어서, 내 이름 때문에 어려움을 겪으면서도 지치는 일이 없었다. 묵시 2,3

　＊ 하느님과 떨어짐

보라, 주님의 손이 짧아 구해 내지 못하시는 것도 아니고 그분의 귀가 어두워 듣지 못하시는 것도 아니다. 오히려 너희 죄악이 너희와 너희 하느님 사이를 갈라놓았고 너희의 죄가 너희에게서 그분의 얼굴을 가리어 그분께서 듣지 않으신 것이다. 이사 59,1-2

만일 내 마음속에 죄악이 들어있었다면 주님께서 들어 주지 않으셨으리라. 시편 66,18

　＊ 다섯 종류의 죄

당신의 종도 이에 주의를 기울이니 이를 지키면 큰 상급을 받으리이다. 뜻 아니 한 허물을 누가 알겠습니까? 숨겨진 잘못에서 저를 깨끗이 해 주소서. 시편 19,12-13

* 죄가 어떻게 들어오는가

제가 전리품 가운데에 신아르에서 만든 좋은 겉옷 한 벌과 은 이백 세켈, 그리고 무게가 쉰 세켈 나가는 금덩어리 하나를 보고는 그만 탐을 내어 그것들을 차지하였습니다. 여호 7,21

여자가 쳐다보니 그 나무 열매는 먹음직하고 소담스러워 보였다. 그뿐만 아니라 그것은 슬기롭게 해 줄 것처럼 탐스러웠다. 그래서 여자가 열매 하나를 따서 먹고 자기와 함께 있는 남편에게도 주자, 그도 그것을 먹었다. 창세 3,6

올바르게 기도하는 법

매우 성스러운 절차가 있습니다.

* 들어감

모든 일에 언제나 우리 주 예수 그리스도의 이름으로 하느님 아버지께 감사를 드리십시오. 그리스도를 경외하는 마음으로 서로 순종하십시오. 에페 5,20-21

감사드리며 그분 문으로 들어가라. 찬양 드리며 그분 앞뜰로 들어가라. 시편 100,4

* 제일 먼저 할 일

나는 무엇보다도 먼저 사람을 위하여 간청과 기도와 전구와 감사를 드리라고 권고합니다. 임금들과 높은 지위에 있는 모든 사람을 위해서도 기도하여, 우리가 아주 신심 깊고 품위 있게, 평온하고 조용한 생활을 할 수 있도록 하십시오. 그렇게 하는 것이 우리의 구원자이신 하느님께서 좋아하시고 마음에 들어 하시는 일입니다. 1티모 2,1-4

모든 일에 감사하십시오. 이것이 그리스도 예수님 안에서 살아가는 여러분에게 바라시는 하느님의 뜻입니다. 1테살 5,18

   * 하느님의 말씀을 이용함

주님께서 나에게 말씀하셨다. "잘 보았다. 사실 나는 내 말이 이루어지는지 지켜보고 있다." 예레 1,12

이처럼 내 입에서 나가는 나의 말도 나에게 헛되이 돌아오지 않고 반드시 내가 뜻하는 바를 이루며 내가 내린 사명을 완수하고야 만다. 이사 55,11

이스라엘아 주 너의 하느님께 돌아와라. 너희는 죄악으로 비틀거리고 있다. 호세 14,2

율법을 듣지 않고 귀를 돌리는 자는 그 기도마저 역겹다. 잠언 28,9

너희가 내 안에 머무르고 내 말이 너희 안에 머무르면, 너희가 원하는 것은 무엇이든지 청하여라. 너희에게 그대로 이루어질 것이다. 요한 15,7

하느님의 성전을 모시는 것

* 원인과 결과의 물질적인 법칙을 무시하는 것을
  하느님은 간과하지 않으십니다.

나 주님은 변하지 않는다. 그러니 야곱의 자손들아, 너희는 아직 끝나지 않았다. 말라 3,6

너희는 스스로 조심하여, 방탕과 만취와 일상의 근심으로 너희 마음이 물러지는 일이 없게 하여라. 그리고 그날이 너희를 덫처럼 갑자기 덮치지 않게 하여라. 루카 21,34

* 비록 하느님께서는 치유하시는 분이시나
  우리들은 성전을 제대로 보존해야 할 의무가 있습니다.

모든 경기자는 모든 일에 절제를 합니다. 그들은 썩어 없어질 화관을 얻으려고 그렇게 하지만 우리는 썩지 않는 화관을 얻으려고 하는 것입니다. 그러므로 나는 목표가 없는 것처럼 달리지 않습니다. 허공을 치는 것처럼 권투를 하지 않습니다. 나는 내 몸을 단련하여 복종시킵니다. 다른 이들에게 복음을 선포하고 나서, 나 자신이 실격자가 되지 않으려는 것입니다. 1코린 9,25-27

형제 여러분, 내가 하느님의 자비에 힘입어 여러분에게 권고합니다. 여러분의 몸을 하느님 마음에 드는 거룩한 산 제물로 바치십시오. 이것이 바로 여러분이 드려야 하는 합당한 예배입니다. 여러분은 현세에 동화되지 말고 정신을 새롭게 하여 여러분 자신이 변화되게 하십시오. 그리하여 무엇이 하느님의 뜻인지, 무엇이 선하고 무엇이 하느님 마음에 들며 무엇이 완전한 것인지 분별할 수 있게 하십시오. 로마 12,1-2

군주와 식사하는 자리에 앉게 되면 네 앞에 무엇이 있는지 잘 살펴라. 배가 몹시 고프면 네 목구멍에 칼을 세워 두어라. 그의 진수성찬을 탐내지 마라. 그것은 사람을 속이는 음식이다. 잠언 23,1-3

눈길 사나운 자의 빵을 먹지 말고 그의 진수성찬을 탐내지 마라. 그는 속으로 계산하는 그런 자이니 말로는 "먹고 마시게!" 하면서도 마음은 너와 함께 있지 않다. 너는 먹은 것을 토해 내야 하고 네가 한 찬사도 소용이 없어진다. 잠언 23,6-8

하느님께서 축복한 것을 만짐

하느님께서 교회 안에 세우신 이들은, 첫째가 사도들이고 둘째가 예언자들이며 셋째가 교사들입니다. 그다음은 기적을 일으키는 사람들, 그다음은 병을 고치는 은사, 도와주는 은사, 지도하는 은사, 여러 가지 신령한 언어를 말하는 은사를 받은 사람들입니다. 1코린 12,28

그분께서 어떤 이들은 사도로, 어떤 이들은 예언자로, 어떤 이들은 복음 선포자로, 어떤 이들은 목자나 교사로 세워 주셨습니다. 에페 4,11

일어나 사울이 진을 친 곳으로 갔다. 그는 사울과, 네르의 아들인 군대의 장수 아브네르가 자고 있는 곳을 보아 두었다. 사울은 진지 한가운데에서 자고, 그의 주변에는 군사들이 야영하고 있었다. 다윗은 헷 사람 아히멜렉과 요압의 동기며 츠루야의 아들인 아비사이에게, "누가 나와 함께 사울의 진영으로 내려가겠느냐?" 하고 물었다. "제가 장군님을 따라 내려가겠습니다." 하고 아비사이가 대답하였다. 다윗은 아비사이를 데리고 밤을 타서 군대가 있는 곳으로 다가갔다. 그때 사울은 진지 안에서 머리맡 땅바닥에 창을 꽂아 놓고 잠들어 있었다. 아브네르와 그의 군사들도 사울을 둘러싸고 잠들어 있었다. 아비사이가 다윗에게 말하였다. "하느님께서 오늘 원수를 장군님 손에 넘기셨으니, 이 창으로 그를 단번에 땅에 박아 놓겠습니다. 두 번 찌를 것도 없습니다." 그러나 다윗이 아비사이를 타일렀다. "그분을 해쳐서는 안 된다. 누가 감히 주님의 기름부음 받은 이에게 손을 대고도 벌 받지 않을 수 있겠느냐?" 다윗은 다시 말을 이었다. "살아 계신 주님을 두고 맹세하는데, 주님께서 그분을 치실 것이다. 그래서 그분은 자기 때가 되어서 돌아가시거나 싸움터에 내려가 사라지실 것이다." 1사무 26,5-10

형제 여러분, 여러분에게 당부합니다. 여러분 가운데에서 애쓰며 주님 안에서 여러분을 이끌고 타이르는 이들을 존중하고, 그들이 하는 일을 생각하여 사랑으로 극진히 존경하십시오. 그리고 서로 평화롭게 지내십시오. 무질서하게 지내는 이들을 타이르고 소심한 이들을 격려하십시다. 1테살 5,12-14

하느님은 불의한 분이 아니시므로, 여러분이 성도들에게 봉사하였고 지금도 봉사하면서 당신의 이름을 위하여 보여 준 행위와 사랑을 잊지 않으십니다. 히브 6,10

두려움-기도의 효과를 없앱니다.

인간의 두려움은 신에 대한 경외감이 아닙니다.

내 말을 들어라, 의로움을 아는 이들아 내 가르침을 마음속에 간직한 백성아. 사람들의 모욕을 두려워하지 말고 그들의 악담에 낙심하지 마라. 이사 51,7-12

지혜의 근원은 주님을 경외함이니 그것들을 행하는 이들은 빼어난 슬기를 얻으리라. 그분에 대한 찬양은 영원히 존속한다. 시편 111,10

사람을 무서워하면 그것이 올가미가 되지만 주님을 신뢰하면 안전해진다. 잠언 29,25

내 아들아, 네가 만일 내 말을 받아들이고 내 계명을 네 안에 간직한다면 지혜에 네 귀를 기울이고 슬기에 네 마음을 모은다면 그래, 네가 예지를 부르고 슬기를 향해 네 목소리를 높인다면 네가 은을 구하듯 그것을 구하고 보물을 찾듯 그것을 찾는다면 그때에 너는 주님 경외함을 깨닫고 하느님을 아는 지식을 찾아 얻으리라. 잠언 2,1-5

제가 무서워 떠는 날 저는 당신께 의지합니다. 하느님 안에서 내가 그분의 말씀을 찬양하고 하느님께 의지하여 두려워하지 않으니 살덩이가 나에게 무엇을 할 수 있으랴? 그들은 온종일 제 말에 트집을 잡으며 그들의 모든 생각은 저를 해치려는 것뿐입니다. 함께 모여 엿봅니다. 저의 목숨을 노리면서 그들이 제 발자국을 살핍니다. 이런 죄악에도 그들에게 구원이 있겠습니까? 하느님, 진노로 저 무리를 쓰러뜨리소서. 저는 뜨내기, 당신께서 적어두셨습니다. 제 눈물을 당신 부대에 담으소서. 당신 책에 적혀 있지 않습니까? 그때, 제가 부르짖는 그 날 제 원수들이 뒤로 물러 가리이다. 하느님께서 제 편 이심을 저는 압니다. 하느님 안에서 나는 말씀을 찬양하네. 주님 안에서 내가 말씀을 찬양하네. 시편 56,4-11

그때에 주님을 경외하는 이들이 서로 말하였다. 주님이 주의를 기울여 들었다. 그리고 주님을 경외하며 그의 이름을 존중하는 이들이 주님 앞에서 비망록에 쓰였다. 그들은 나의 것이 되리라. 만군의 주님께서 말씀하신다. 내가 나서는 날에 그들은 나의 소유가 되리라. 부모가 자신들을 섬기는 자식을 아끼듯 나도 그들을 아끼리라. 그러면 너희는 다시 의인과 악인을 가리고 하느님을 섬기는 이와 섬기지 않는 자를 가릴 수 있으리라. 말라 3,16-18

자연적인 두려움은 스스로의 보호를 위해서입니다.

* 종교적인 두려움

주님께서 말씀하셨다. "이 백성이 입으로는 나에게 다가오고 입술로는 나를 공경하지만, 그 마음은 내게서 멀리 떠나 있고 나에 대한 그들의 경외심은 사람들에게서 배울 계명일 뿐이니 나는 이 백성에게 놀라운 일을, 놀랍고 기이한 일을 계속 보이리라. 그리하여 지혜롭다는 자들의 지혜는 사라지고 슬기롭다는 자들의 슬기는 자취를 감추리라." 이사 29,13-14

* 악마적인 두려움 : 우리를 노예로 만들고 괴롭힙니다.

하느님께서는 우리에게 비겁함의 영을 주신 것이 아니라, 힘과 사랑과

절제의 영을 주셨습니다. 2티모 1,7

사랑에는 두려움이 없습니다. 완전한 사랑은 두려움을 쫓아냅니다. 두려움은 벌과 관련되기 때문입니다. 두려워하는 이는 아직 자기의 사랑을 완성하지 못한 사람입니다. 1요한 4,18

　암이 생겼는데 그 사실을 모르고 있는 것이 아닌가 하는 두려움과 치유를 위한 하느님의 사랑이 충분한가 하는 두려움 같은 것.

우리 형제들은 어린양의 피와 자기들이 증언하는 말씀으로 그자를 이겨 냈다. 묵시 12,11

십일조를 하느님으로부터 훔치는 것

　이것은 하느님의 것입니다. 성스럽고 또한 그분을 위해 따로 정해진 것입니다.

땅의 십 분의 일은, 땅의 곡식이든 나무의 열매든 모두 주님의 것이다. 주님에게 바쳐진 거룩한 것이다. 누가 그 십 분의 일을 되사고자 하면 그것에 오분의 일을 더 보태야 한다. 큰 가축과 작은 가축의 십 분의 일, 곧 지팡이 밑으로 지나가게 하여 골라낸 모든 가축의 십 분의 일은 주님의 일은 주님에게 바쳐진 거룩한 것이 된다. 레위 27,30-32

　* 불순종은 하느님의 진노를 삽니다.

은과 금, 청동 기물과 철 기물은 모두 주님께 성별된 것이므로, 주님의 창고로 들어가야 한다. 여호 6,19

* 주님을 경배합니다.

적게 뿌리는 이는 적게 거두어들이고 많이 뿌리는 이는 많이 거두어들입니다. 저마다 마음에 작정한대로 해야지, 마지못해 하거나 억지로 해서는 안 됩니다. 하느님께서는 기쁘게 주는 이를 사랑하십니다. 하느님께서는 여러분에게 모든 은총을 넘치게 주실 수 있습니다. 그리하여 여러분은 언제나 모든 면에서 모든 것을 넉넉히 가져 온갖 선행을 넘치도록 할 수 있게 됩니다. 이는 성경에 기록된 그대로입니다. "그가 가난한 이들에게 아낌없이 내주니 그의 의로움이 영원히 존속하리라." 씨 뿌리는 사람에게 씨앗과 먹을 양식을 마련해 주시는 분께서 여러분에게도 씨앗을 마련해 주실 뿐만 아니라 그것을 여러 갑절로 늘려 주시고, 또 여러분이 실천하는 의로움의 열매도 늘려 주실 것입니다. 2코린 9,6-10

네 재물과 네 모든 소출의 맏물로 주님께 영광을 드려라. 그러면 네 곳간은 그득 차고 네 술통은 포도즙으로 넘치리라. 잠언 3,9-10

주어라. 그러면 너희도 받을 것이다. 누르고 흔들어서 넘치도록 후하게 되어 너희 품에 담아 주실 것이다. 너희가 되질하는 바로 그 되로 너희도 되받을 것이다. 루카 6,38

* 하느님께서는 이렇게 당신의 종들을 돌보아 주시는가

궁핍한 성도들과 함께 나누고 손님 접대에 힘쓰십시오. 로마 12,13

성전에 봉직하는 이들은 성전에서 양식을 얻고, 제단 일을 맡은 이들은 제단 제물을 나누어 가진다는 것을 여러분은 모릅니까? 1코린 9,13

영성체 전에 자신을 돌아보는 것

부당하게 주님의 빵을 먹거나 그분의 잔을 마시는 자는 주님의 몸과 피에 죄를 짓게 됩니다. 1코린 11,27-31

그리스도 안에서 한 형제인 다른 사람을 비난할 때에, 그 사람은 주님의 성체, 즉 교회 자체에 합당하지 못합니다.

여러분의 입에서는 어떠한 나쁜 말도 나와서는 안 됩니다. 필요할 때에 다른 이의 성장에 좋은 말을 하여, 그 말이 듣는 이들에게 은총을 가져다줄 수 있도록 하십시오. 하느님의 성령을 슬프게 하지 마십시오. 여러분은 속량의 날을 위하여 성령의 인장을 받았습니다. 모든 원한과 격분과 분노와 폭언과 증상을 온갖 악의와 함께 내버리십시오. 서로 너그럽고 자비롭게 대하고, 하느님께서 그리스도 안에서 여러분을 용서하신 것처럼 여러분도 서로를 용서하십시오. 에페 4,29-32

이것은 가장 난해한 죄입니다. 교회 안의 그 어떤 것보다도 더 많은 질병과 불행을 초래합니다.

믿음이 강한 우리는 믿음이 나약한 이들의 약점을 그대로 받아 주어야 하고, 자기 좋을 대로 해서는 안 됩니다. 우리는 좋은 일이 생기도록, 교회의 성장이 이루어지도록, 저마다 이웃이 좋을 대로 해야 합니다. 그리스도께서도 당신 좋으실 대로 하지 않으시고, "당신을 모욕하는 자들의 모욕이 제 위로 떨어졌습니다."라고 성경에 기록된 대로 하셨기 때문입니다. 성경에 미리 기록된 것은 우리를 가르치려고 기록된 것입니다. 그래서 우리는 성경에서 인내를 배우고 위로를 받아 희망을 간직하게 됩니다. 인내와 위로의 하느님께서 여러분이 그리스도 예수님의 뜻에 따라 서로 뜻을 같이하게 하시어, 한마음 한목소리로 우리 주 예수그리스도의 아버지 하느님을 찬양하게 되기를 빕니다. 그러므로 그리스도께서 여러분을 기꺼이 받아들이신 것처럼, 여러분도 하느님의 영광을 위하여 서로 기꺼이 받아들이십시오. 로마 15,1-7

형제 여러분, 서로 헐뜯지 마십시오. 형제를 헐뜯거나 자기 형제를 심판하는 자는 법을 헐뜯고 법을 심판하는 것입니다. 그대가 법을 심판하면, 법을 실행하는 사람이 아니라 법의 심판자가 됩니다. 야고 4,11

서로 자극을 주어 사랑과 선행을 하도록 주의를 기울입시다. 히브 10,24

믿음의 종류

이는 하느님의 말씀을 듣는 데에서 생겨납니다.

그러므로 믿음은 들음에서 오고 들음은 그리스도의 말씀으로 이루어집니다. 로마 10,17

예수님께서는 믿음은 말씀으로 이루어진다고 하셨습니다.

예수님께서 그곳을 떠나 길을 가시는데 눈먼 사람 둘이 따라오면서, "다윗의 자손이시여, 저희에게 자비를 베풀어 주십시오." 하고 외쳤다. 예수님께서 집 안으로 들어가시자 그 눈먼 이들이 그분께 다가왔다. 예수님께서 그들에게 "내가 그런 일을 할 수 있다고 너희는 믿느냐?" 하고 물으시자, 그들이 "예, 주님!" 하고 대답하였다. 그때 예수님께서 그들의 눈에 손을 대시며 이르셨다. "너희가 믿는 대로 되어라." 마태 9,27-29

많은 군중이 그분을 따르며 밀쳐 댔다. 그 가운데에 열두 해 동안이나 하혈하는 여자가 있었다. 그 여자는 숱한 고생을 하며 많은 의사의 손에 가진 것을 모두 쏟아부었지만, 아무 효험도 없이 상태만 더 나빠졌다. 그가 예수님의 소문을 듣고, 군중에 섞여 예수님 뒤로 가서 그분의 옷에 손을 대었다. "내가 저분의 옷에 손을 대기만 하여도 구원을 받겠지." 하고 생각하였던 것이다. 과연 곧 출혈이 멈추고 병이 나은 것을 몸으로 느낄 수 있었다. 예수님께서는 곧 당신에게서 힘이 나간 것을 아시고 군중에게 돌아서시어, "누가 내 옷에 손을 대었느냐?" 하고 물으셨다. 그러자 제자들이 예수님께 반문하였다. "보시다시피 군중이 스승님을 밀쳐 대는데 '누가 나에게 손을 대었느냐' 하고 물으십니까?" 그러자 예수님께서는 누가 그렇게 하였는지 보시려고 사방을 살피셨다. 그 부인은 자기에게 일어난 일을 알았기에, 두려워 떨며 나와서 예수님 앞에 엎드려 사실대로 다 아뢰었다. 그러자 예수님께서 그 여자에게 이르셨다. "딸아, 네 믿음이 너를 구원하였다. 평안히 가거라. 그리고 병에서 벗어나 건강해져라." 마르 5,25-34

아버지, 아버지께서 원하시면 이 잔을 저에게서 거두어 주십시오. 그러나 제 뜻이 아니라 아버지의 뜻이 이루어지게 하십시오. 루카 22,42

기도하시며 이렇게 말씀하셨다. "아빠! 아버지! 아버지께서는 무엇이든 하실 수 있으시니, 이 잔을 저에게서 거두어 주십시오. 그러나 제가 원하는 것을 하지 마시고 아버지께서 원하시는 것을 하십시오." 마르 14,36

악으로부터 빼앗아 옴

의인이 사라져 가도 마음에 두는 자 하나 없다. 알아보는 자 하나 없이 성실한 사람들이 죽어간다. 그러나 의인은 재앙을 벗어나 죽어가는 것이니 그는 평화 속으로 들어가고 올바로 걷는 이는 자기 잠자리에서 편히 쉬리라. 이사 57,1-2

죽음의 순간

　＊ 인간에게 허용된 시간 -인생 칠십

사람은 단 한 번 죽게 마련이고 그 뒤에 심판이 이어진다. 히브 9,27

　＊ 여분의 시간

내 생각은 너희 생각과 같지 않고 너희 길은 내 길과 같지 않다. 주님의 말씀이다. 하늘이 땅 위에 드높이 있듯이 내 길은 너희 길 위에, 내 생각은 너희 생각 위에 드높이 있다. 이사 55,8-9

* 엘리사는 병으로 죽은 후 두 배로 하느님의 성령을 받았습니다.

강을 건넌 다음 엘리야가 엘리사에게 물었다. "주님께서 나를 너에게서 데려가시기 전에 내가 너에게 해주어야 할 것을 청하여라." 그러자 엘리사가 말하였다. "스승님의 영의 두 몫을 받게 해주십시오" 엘리야가 말하였다. "너는 어려운 청을 하는구나. 주님께서 나를 데려가시는 것을 네가 보면 그대로 되겠지만, 보지 못하면 그렇게 되지 않을 것이다." 2열왕 2,9-10

과일도 익으면 나무에서 떨어집니다.

조건

하느님은 인간을 존경하지는 않으시나 조건은 들어 주십니다. 그저 몇 가지만 제시하십시오. 치유를 받아들이거나 거절하거나, 병으로 인하여 남에게서 받은 관심, 잘못된 고백을 이야기하십시오.

두려워 떨던 것이 나에게 닥치고 무서워하던 것이 나에게 들이친다. 욥 3,25

사람들이 내리눌리면 자네는 "일어서게." 하고 그분께서는 기가 꺾인 이들을 구해 주신다네. 그분께서는 무죄하지 않은 이도 구원하시리니 자네 손의 결백함 덕분에 그는 구원될 것이네. 욥 22,29

낙담과 실망

너희는 힘과 용기를 내어라. 그들을 두려워해서도 겁내서도 안 된다. 주 너희 하느님께서 너희와 함께 가시면서, 너희를 떠나지도 버리지도 않으실 것이다. 신명 31,6-8

이 곤경 속에서 그들이 주님께 소리치자 난관에서 그들을 구하셨다. 시편 107,19

나 너와 함께 있으니 두려워하지 마라. 내가 너의 하느님이니 겁내지 마라. 내가 너의 힘을 북돋우고 너를 도와주리라. 내 의로운 오른팔로 너를 붙들어 주리라. 이사 41,10

나 주님이 너의 하느님. 내가 네 오른손을 붙잡아 주고 있다. 나는 너에게 말한다. "두려워하지 마라. 내가 너를 도와주리라." 이사 41,13

너희는 먼저 하느님의 나라와 그분의 의로움을 찾아라. 그러면 이 모든 것도 곁들여 받게 될 것이다. 마태 6,33

고생하며 무거운 짐을 진 너희는 모두 나에게 오너라. 내가 너희에게 안식을 주겠다. 마태 11,28

어떠한 눈도 본 적이 없고 어떠한 귀도 들은 적이 없으며 사람의 마음에도 떠오른 적이 없는 것들을 하느님께서는 당신을 사랑하는 이들을 위

하여 마련해 두셨다. 1코린 2,9

여러분 가운데에서 좋은 일을 시작하신 분께서 그리스도 예수님의 날까지 그 일을 완성하시리라고 나는 확신합니다. 필리 1,6

돈 욕심에 얽매여 살지 말고 지금 가진 것으로 만족하십시오. 그분께서 "나는 결코 너를 떠나지도 않고 버리지도 않겠다." 하고 말씀하셨기 때문입니다. 히브 13,5

세상을 이긴 그 승리는 바로 우리 믿음의 승리입니다. 1요한 5,4ㄴ

농부의 준비

너는 그것이 돌아오리라고, 네 곡식을 타작마당으로 모아들이리라고 믿느냐? 욥 39,12

하느님, 민족들이 당신을 찬송하게 하소서. 민족들이 모두 당신을 찬송하게 하소서. 땅이 제 소출을 내주었으니 하느님, 우리 하느님께서 우리에게 강복하셨네. 하느님께서는 우리에게 강복하시리라. 시편 67,6-8ㄱ

네 재물과 네 모든 소출의 만물로 주님께 영광을 드려라. 그러면 네 곳간은 그득 차고 네 술통은 포도즙으로 넘치리라. 잠언 3,9-10

너 게으름뱅이야, 개미에게 가서 그 사는 모습을 보고 지혜로워져라. 잠언 6,6

여름에 모아들이는 이는 사려 깊은 아들이고 수확 철에 잠만 자는 자는 수치스러운 아들이다. 잠언 10,5

제 땅을 가꾸는 이는 양식이 넉넉하지만 헛것을 뒤쫓는 자는 지각이 없다. 잠언 12,11

게으름뱅이는 제철에 밭을 갈지 않고 수확 철에 소출을 찾지만 아무것도 없다. 잠언 20,4

바깥일을 정리하고 밭일을 준비한 다음 집을 지어라. 잠언 24,27

네 양 떼가 어떤지를 잘 살피고 가축 떼에게 관심을 기울여라. 잠언 27,23

이렇게 그의 하느님께서 그에게 법칙을 일러 주시고 그를 가르쳐 주신다. 이사 28,26

그리스도께서는 우리를 위하여 스스로 저주받은 몸이 되시어, 우리를 율법의 저주에서 속량해 주셨습니다. 그리하여 아브라함에게 약속된 복이 그리스도 예수님 안에서 다른 민족들에게 이르러, 우리가 약속된 성령을 믿음으로 받게 되었습니다. 갈라 3,13ㄱ-14ㄱ

단식

모세는 그곳에서 주님과 함께 밤낮으로 사십 일을 지내면서, 빵도 먹지 않고 물도 마시지 않았다. 그는 계약의 말씀, 곧 십계명을 판에 기록하였다. 탈출 34,28

이런 일이 해마다 되풀이되었다. 주님의 집에 올라갈 때마다 프닌나가 이렇게 한나의 화를 돋우면, 한나는 울기만 하고 아무것도 먹지 않았다. 남편 엘카나가 한나에게 말하였다. "한나, 왜 울기만 하오? 왜 먹지도 않고 그렇게 슬퍼만 하오? 당신에게는 내가 아들 열보다 더 낫지 않소?" 1사무 1,7-8

다윗은 그 어린아이를 위하여 하느님께 호소하였다. 다윗은 단식하며 방에 와서도 바닥에 누워 밤을 지냈다. 그의 궁 원로들이 그의 곁에 서서 그를 바닥에서 일으키려 하였으나, 그는 마다하고 그들과 함께 음식을 먹으려고도 하지 않았다. 이레째 되는 날 아이가 죽었다. 다윗의 신하들은 아이가 죽었다고 그에게 알리기를 두려워하며 이렇게 말하였다. "왕자님이 살아 계실 때에도 우리가 그분께 말씀드리면 우리 소리에 귀를 기울이지 않으셨는데, 지금 우리가 어떻게 왕자님이 돌아가셨다고 말씀드릴 수 있겠소? 그분께서 해로운 일을 하실지도 모르오." 다윗은 신하들이 서로 수군거리는 것을 보고, 아이가 죽었다는 사실을 알아차렸다. 다윗은 신하들에게 "아이가 죽었소?" 하고 물었다. "예, 돌아가셨습니다." 하고 그들이 대답하였다. 그러자 다윗은 바닥에서 일어나 목욕하고 몸에 기름을 바른 다음, 옷을 갈아입고 나서 주님의 집에 들어가 경배하였다. 그리고 자기 궁으로 돌아와 음식을 가져오게 하였다. 그들이 그에게 음식을 차려오자 그것을 먹었다. 신하들이 그에게 여쭈었다. "임금님께서 어찌 이런 행동을 하십니까? 왕자님이 살아 계실 때에는 단식하고 우시더니, 이제 왕자님이 돌아가시자 일어나시어 음식을 드시니 말입니다." 다윗이 말하였다. "아이가 살아 있는 동안에 내가 단식하고 운 것은, '주님께서 나에게 자비를 베푸시어, 그 아이가 살게 될지 누가 알겠는가?' 하고 생각하였기 때문이오. 그러나 지금 아이가 죽었는데 무엇 때문에 내가 단식하겠소? 아이를 다시 데려올 수라도 있다는 말이오? 내가 아이에게 갈 수는 있지만 아이가 나에게 돌아올 수는 없지 않소?" 2사무 12,16-23

하느님의 사람이 임금에게 대답하였다. "임금님 궁전의 절반을 저에게 주신다 하여도 임금님과 함께 가지 않겠습니다. 그리고 이곳에서는 빵도 먹지 않고 물도 마시지 않겠습니다. 주님의 말씀에 따라 이런 명령이 저에게 내렸습니다. 빵도 먹지 말고 물도 마시지 마라. 그리고 온 길로 돌아가지도 마라." 그러고 나서 하느님의 사람은 그가 베텔에 왔던 길로 돌아가지 않고 다른 길로 갔다. 1열왕 13,8-10

엘리야는 일어나서 먹고 마셨다. 그 음식으로 힘을 얻은 그는 밤낮으로 사십 일을 걸어, 하느님의 산 호렙에 이르렀다. 1열왕 19,8

아합은 이 말을 듣자, 제 옷을 찢고 맨몸에 자루 옷을 걸치고 단식에 들어갔다. 그는 자루 옷을 입은 채 자리에 누웠고, 풀이 죽은 채 돌아다녔다. 1열왕 21,27

여호사팟은 두려워서 주님께 문의하기로 작정한 다음, 온 유다에 단식을 선포하였다. 2역대 20,3

나는 그곳 아하와 강 가에서, 아이들과 모든 재산을 거느리고 떠나는 우리에게 안전한 여행을 허락해 주시도록 우리의 하느님 앞에서 고행하며 단식하자고 말하였다. 우리가 임금에게, "우리 하느님의 너그러우신 손길은 그분을 찾는 모든 이를 보살펴 주십니다. 그러나 하느님을 저버리는 모든 이에게는 그분께서 호된 분노를 내리십니다." 하고 말한 바가 있어서, 여행하는 동안 우리를 원수들에게서 보호해 줄 보병과 기병을 그에게 청하기가 부끄러웠던 것이다. 그래서 우리는 단식하며 이 일 때문에 우리 하느님께 탄원하였다. 그러자 그분께서 우리의 기도를 들어주셨다. 에즈 8,21-23

나는 이 말을 듣고 주저앉아 울며 여러 날을 슬퍼하였다. 그리고 단식하면서 하늘의 하느님 앞에서 기도하였다. 느헤 1,4

그달 스무 나흗날, 이스라엘 자손들은 자루 옷을 입고 흙을 뒤집어쓴 채, 단식하러 모여들었다. 느헤 9,1

가서 수사에 살고 있는 모든 유다인들을 모아 저를 위하여 함께 단식해 주십시오. 사흘 동안 밤이고 낮이고 먹지도 마시지도 마십시오. 저도 마찬가지로 저의 시녀들과 함께 단식하겠습니다. 그러고는 법을 거스르는 것이긴 하지만, 임금님께 나아가렵니다. 그러다 죽게 되면 기꺼이 죽겠습니다. 에스 4,16

그는 잠자리에서 고통을 당하고 뼈마디가 끊임없이 쑤시는 형벌을 받아 그의 생명은 음식을 지겨워하고 그의 목숨을 바라던 요리도 싫어하게 된답니다. 욥 33,19-20

목청껏 소리쳐라, 망설이지 마라. 나팔처럼 네 목소리를 높여라. 네 백성에게 그들의 악행을, 야곱 집안에 그들의 죄악을 알려라. 그들은 마치 정의를 실천하고 자기 하느님의 공정을 저버리지 않는 민족인 양 날마다 나를 찾으며 나의 길 알기를 갈망한다. 그들은 나에게 의로운 법규들을 물으며 하느님께 가까이 있기를 갈망한다. 저희가 단식하는데 왜 보아 주지 않으십니까? 저희가 고행하는데 왜 알아주지 않으십니까? 보라, 너희는 너희 단식 일에 제 일만 찾고 너희 일꾼들을 다그친다. 보라, 너희는 단식한다면서 다투고 싸우며 못된 주먹질이나 하고 있다. 저 높은 곳에 너희 목소리를 들리게 하려거든 지금처럼 단식하여서는 안 된다. 이것이 내가 좋아하는 단식이냐? 사람이 고행한다는 날이 이러하냐? 제 머리를 골풀처럼 숙이고 자루 옷과 먼지를 깔고 눕는 것이냐 너는 이것을 단식이라고, 주님이 반기는 날이라고 말하느냐? 내가 좋아하는 단식은 이런 것이 아니겠느냐? 불의한 결박을 풀어주고, 멍에 줄을 끌러 주는 것, 억압받는 이들을 자유롭게 내보내고 모든 멍에를 부수어 버리는 것이다. 네 양식을 굶주린 이와 함께 나누고 가련하게 떠도는 이들을 네 집에 맞아들이는 것, 헐벗은 사람을 보면 덮어 주고 네 혈육을 피하여 숨지 않는 것이 아니겠느냐? 그리하면 너의 빛이 새벽빛처럼 터져 나오고 너의 상처가 곧바로 아물리라. 너의 의로움이 네 앞에 서서 가고 주님의 영광이 네 뒤를 지켜 주리라. 그때 네가 부르면 주님께서 대답해 주시고 네가 부르짖으면 "나 여기 있다." 하고 말씀해 주시리라. 네가 네 가운데에서 멍에와 삿대질과 나쁜 말을 치워버린다면 굶주린 이에게 네 양식을 내어주고 고생하는 이의 넋을 흡족하게 해준다면 네 빛이 어둠 속에서 솟아오르고 암흑이 너에게는 대낮처럼 되리라. 주님께서 늘 너를 이끌어 주시고 메마른 곳에서도 네 넋을 흡족하게 하시며 네 뼈마디를 튼튼하게 하시리라. 그러면 너는 물이 풍부한 정원처럼,

물이 끊이지 않는 샘터처럼 되리라. 너는 오래된 폐허를 재건하고 대대로 버려졌던 기초를 세워 일으키리라. 너는 갈라진 성벽을 고쳐 쌓는 이, 사람이 살도록 거리를 복구하는 이라 일컬어지리라. 네가 삼가 안식일을 짓밟지 않고 나의 거룩한 날에 네 일을 벌이지 않는다면 네가 안식일을 기쁨이라 부르고 주님의 거룩한 날을 존귀한 날이라 부른다면 네가 길을 떠나는 것과 네 일만 찾는 것을 삼가며 말하는 것을 삼가고 안식일을 존중한다면 너는 주님 안에서 기쁨을 얻고 나는 네가 세상 높은 곳 위를 달리게 하며 네 조상 야곱의 상속 재산으로 먹게 해 주리라. 주님께서 친히 말씀하셨다. 이사 58,1-14

그들이 단식하여도 내가 그들의 호소를 듣지 않고, 번제물과 곡식 제물을 바쳐도 받지 않겠다. 오히려 칼과 굶주림과 흑사병으로 나는 그들을 전멸시키겠다. 예레 14,12

이제라도 너희는 단식하고 울고 슬퍼하면서 마음을 다하여 나에게 돌아오너라. 요엘 2,12

너희는 단식할 때에 위선자들처럼 침통한 표정을 짓지 마라. 그들은 단식한다는 것을 사람들에게 드러내 보이려고 얼굴을 찌푸린다. 내가 진실로 너희에게 말한다. 그들은 자기들이 받을 상을 이미 받았다. 너는 단식할 때 머리에 기름을 바르고 얼굴을 씻어라. 그리하여 네가 단식한다는 것을 사람들에게 드러내 보이지 말고, 숨어 계신 네 아버지께 보여라. 그러면 숨은 일도 보시는 네 아버지께서 너에게 갚아 주실 것이다. 마태 6,16-18

고기를 먹든 술을 마시든, 그 밖에 무엇을 하든, 그대의 형제에게 장애물이 되는 일은 하지 않는 것이 좋습니다. 로마 14,21

매질과 옥살이와 폭동을 겪으면서도 그렇게 합니다. 또 수고와 밤샘과 단식으로, 순수와 지식과 인내와 호의와 성령과 거짓 없는 사랑으로, 진리의 말씀과 하느님의 힘으로 그렇게 합니다. 2코린 6,5-7

서로 상대방의 요구를 물리치지 마십시오. 다만 기도에 전념하려고 얼마 동안 합의한 경우는 예외입니다. 그 뒤에 다시 합치십시오. 여러분이 절제하지 못하는 틈을 타 사탄이 여러분을 유혹할 수 있기 때문입니다. 1코린 7,5

사십 일 동안 악마에게 유혹을 받으셨다. 그동안 아무것도 잡수시지 않아 그 기간이 끝났을 때에 시장하셨다. 루카 4,2

여든네 살이 되도록 과부로 지냈다. 그리고 성전을 떠나는 일 없이 단식하고 기도하며 밤낮으로 하느님을 섬겼다. 루카 2,37

저는 일주일에 두 번 단식하고 모든 소득의 십일조를 바칩니다. 루카 18,12

사울은 사흘 동안 앞을 보지 못하였는데, 그동안 그는 먹지도 않고 마시지도 않았다. 사도 9,9

그들이 주님께 예배를 드리며 단식하고 있을 때에 성령께서 이르셨다. "내가 일을 맡기려고 바르나바와 사울을 불렀으니, 나를 위하여 그 일을 하게 그 사람들을 따로 세워라." 사도 13,2-3

교회마다 제자들을 위하여 원로들을 임명하고, 단식하며 기도한 뒤에, 그들이 믿게 된 주님께 그들을 의탁하였다. 사도 14,23

두려움, 무서움

두려움이야말로 우리 인간을 조정하는 데에 사탄이 이용하는 매우 큰 요소 중의 하나입니다. 말로 나오는 성령의 칼을 자주 이용하면 악의 요소를 쓰러뜨릴 수가 있습니다. 단 한 번으로는 부족합니다. 지속적인 행동, 지속적인 말이 필요합니다.

주님께서 친히 네 앞에 서서 가시고, 너와 함께 계시며, 너를 버려두지도 저버리지도 않으실 것이니, 너는 두려워해서도 낙심해서도 안 된다. 신명 31,8

제가 비록 어둠의 골짜기를 간다 하여도 재앙을 두려워하지 않으리니 당신께서 저와 함께 계시기 때문입니다. 당신의 막대와 지팡이가 저에게 위안을 줍니다. 시편 23,4

주님은 나의 빛, 나의 구원. 나 누구를 두려워하랴? 주님은 내 생명의 요새. 나 누구를 무서워하랴? 시편 27,1

주님을 찾았더니 내게 응답하시고 온갖 두려움에서 나를 구하셨네. 시편 34,5

너는 무서워하지 않으리라, 밤의 공포도 낮에 날아드는 화살도. 시편 91,5

주님의 이름은 견고한 성탑 의인은 그곳으로 달려가 안전하게 된다. 잠언 18,10

나 너와 함께 있으니 두려워하지 마라. 내가 너의 하느님이니 겁내지 마라. 내가 너의 힘을 북돋우고 너를 도와주리라. 내 의로운 오른팔로 너를 붙들어 주리라. 이사 41,10

보라, 내가 세상 끝날까지 언제나 너희와 함께 있겠다. 마태 28,20ㄴ

더구나 하느님께서는 너희의 머리카락까지 다 세어 두셨다. 두려워하지 마라. 너희는 수많은 참새보다 더 귀하다. 루카 12,7

사랑에는 두려움이 없습니다. 완전한 사랑은 두려움을 쫓아냅니다. 1요한 4,18ㄱ

여러분은 사람을 다시 두려움에 빠뜨리는 종살이의 영을 받은 것이 아니라, 여러분을 자녀로 삼도록 해주시는 영을 받았습니다. 로마 8,15ㄱ

승리하는 사람은 이것들을 받을 것이며, 나는 그의 하느님이 되고 그는 나의 아들이 될 것이다. 그러나 비겁한 자들과 불충한 자들, 역겨운 것으로 자신을 더럽히는 자들과 살인자들과 불륜을 저지르는 자들, 마술쟁이들과 우상 숭배자들, 그리고 모든 거짓말쟁이들이 차지할 몫은 불과 유황이 타오르는 못뿐이다. 이것이 두 번째 죽음이다. 묵시 21,7-8

주님은 성실하신 분이시므로, 여러분의 힘을 북돋우시고 여러분을 악에서 지켜 주실 것입니다. 2테살 3,3

하느님께서는 우리에게 비겁함의 영을 주신 것이 아니라, 힘과 사랑과 절제의 영을 주셨습니다. 2티모 1,7

마음의 상처

주님은 나의 힘, 나의 방패. 내 마음 그분께 의지하여 도움을 받았으니 내 마음 기뻐 뛰놀며 나의 노래로 그분을 찬송하리라. 시편 28,7

주님께서는 마음이 부서진 이들에게 가까이 계시고 넋이 짓밟힌 이들을 구원해 주신다. 시편 34,19

마음이 부서진 이들을 고치시고 그들의 상처를 싸매 주신다. 시편 147,3

나는 그들의 슬픔을 기쁨으로 바꾸고 그들을 위로하며 근심 대신 즐거움을 주리라. 예레 31,13ㄴ

회개와 안정으로 너희가 구원을 받고 평온과 신뢰 속에 너희의 힘이 있다. 이사 30,15ㄴ

마음이 즐거우면 얼굴이 밝아지고 마음이 괴로우면 기가 꺾인다. 잠언 15,13

무엇보다도 네 마음을 지켜라. 거기에서 생명의 샘이 흘러나온다. 잠언 4,23

말씀

하느님은 사람이 아니시어 거짓말하지 않으시고 인간이 아니시어 생각을 바꾸지 않으신다. 그러니 말씀만 하시고 실천하지 않으실 리 있으랴? 이야기만 하시고 실행하지 않으실 리 있으랴? 민수 23,19

사실 그 말씀은 너희에게 아주 가까이 있다. 너희의 입과 너희의 마음에 있기 때문에, 너희가 그 말씀을 실천할 수 있는 것이다. 신명 30,14

사람들이 하는 것처럼 하지 않고 저는 당신 입술에서 나온 말씀에 주의를 기울였습니다. 시편 17,4

당신 말씀을 보내시어 그들을 낫게 하시고 구렁에서 구해 내셨다. 시편 107,20

주님께서는 영원하시고 당신 말씀은 하늘에 든든히 세워졌습니다. 시편 119,89

당신 말씀은 제 발에 등불, 저의 길에 빛입니다. 제가 맹세하고 실천하니 당신의 의로운 법규를 지키기 위함입니다. 시편 119,105-106

주님, 당신 말씀대로 저를 살려 주소서. 주님, 제 입의 찬미 제물이 당신 마음에 들게 하소서. 시편 119,107

하느님의 말씀은 모두 순수하고 그분께서는 당신께 피신하는 이들에게

방패가 되신다. 잠언 30,5

당신의 말씀이 열리면 빛이 비치어 우둔한 이들을 깨우쳐 줍니다. 시편 119,130

당신 말씀으로 제 발걸음을 굳건히 하시고 어떠한 불의도 저를 다스리지 못하게 하소서. 시편 119,133

너는 네가 한 말에 말려들고 네가 한 말에 붙잡힌 것이다. 잠언 6,2

사람 입에서 나오는 말은 깊은 물이고 지혜의 원천은 쏟아져 흐르는 시냇물이다. 잠언 18,4ㄱ

혀에 죽음과 삶이 달려있으니 혀를 사랑하는 자는 그 열매를 먹는다. 잠언 18,21ㄱ

풀은 마르고 꽃은 시들지만 하느님의 말씀은 영원히 서 있으리라. 이사 40,8

내 기억을 되살려 보아라. 우리 함께 시비를 가려보자. 이사 43,26ㄱ

너희는 말씀을 받아들이고 주님께 돌아와 아뢰어라. 호세 14,3

사람은 빵만으로 살지 않고 하느님의 입에서 나오는 모든 말씀으로 산다. 마태 4,4

네가 한 말에 따라 너는 의롭다고 선고받기도 하고, 네가 한 말에 따라 너는 단죄받기도 할 것이다. 마태 12,37

하늘과 땅은 사라질지라도 내 말은 결코 사라지지 않는다. 마태 24,35

한 처음에 말씀이 계셨다. 말씀은 하느님과 함께 계셨는데 말씀은 하느님이셨다. 요한 1,1

말씀이 사람이 되시어 우리 가운데 사셨다. 우리는 그분의 영광을 보았다. 요한 1,14ㄱ

너희가 내 안에 머무르고 내 말이 너희 안에 머무르면, 너희가 원하는 것은 무엇이든지 청하여라. 너희에게 그대로 이루어질 것이다. 요한 15,7

이들을 진리로 거룩하게 해주십시오. 아버지의 말씀이 진리입니다. 요한 17,17

그 말씀은 너희에게 가까이 있다. 너희 입과 너희 마음에 있다. 로마 10,8ㄴ

아드님은 하느님 영광의 광채이시며 하느님 본질의 모상으로서, 만물을 당신의 강력한 말씀으로 지탱하십니다. 히브 1,3ㄱ

사실 하느님의 말씀은 살아 있고 힘이 있으며 어떤 쌍날칼보다도 날카롭습니다. 그래서 사람 속을 꿰 찔러 혼과 영을 가르고 관절과 골수를 갈라, 마음의 생각과 속셈을 가려냅니다. 히브 4,12

주님의 말씀이 여러분에게서처럼 빠르게 퍼져 나가 찬양을 받고 우리가 고약하고 악한 사람들에게서 구출되도록 기도해 주십시오. 2테살 3,1

여러분은 썩어 없어지는 씨앗이 아니라 썩어 없어지지 않는 씨앗, 곧 살아 계시며 영원히 머물러 계시는 하느님의 말씀을 통하여 새로 태어났습니다. 1베드 1,23

주님의 말씀은 영원히 머물러 계시다. 1베드 1,25ㄱ

젊은이 여러분, 내가 여러분에게 이 글을 쓴 까닭은 여러분이 강하고 하느님의 말씀이 여러분 안에 머무르며 여러분이 악한 자를 이겼기 때문입니다. 1요한 2,14ㄴ

우리 형제들은 어린양의 피와 자기들이 증언하는 말씀으로 그자를 이겨 냈다. 그들은 죽기까지 목숨을 아끼지 않았다. 묵시 12,11ㄱ

그분의 이름은 "하느님의 말씀"이라고 하였습니다. 묵시 19,13ㄱ

모든 어려움을 극복하기 위한 치유의 말씀

자네가 일을 결정하면 이루어지고 자네의 길에 광명이 비칠 것이네. 욥 22,28

주, 저의 하느님 제가 당신께 애원하자 저를 낫게 하셨습니다. 시편 30,3

주님을 찾는 이들에게는 좋은 것 하나도 모자라지 않으리라. 시편 34,11ㄴ

의인의 불행이 많을지라도 주님께서는 그 모든 것에서 그를 구하시리라. 시편 34,20

나를 거슬러 일어난 싸움에서 나를 평화로 이끌어 구하시리니 많은 사람들이 나를 대적하여 늘어섰기 때문이네. 시편 55,19

그분께서 당신께 충실한 이들의 목숨을 지키시고 악인들의 손에서 그들을 구출해 주신다. 시편 97,10ㄴ

네 모든 잘못을 용서하시고 네 모든 아픔을 낫게 하시는 분. 시편 103,3

그가 찔린 것은 우리의 악행 때문이고 그가 으스러진 것은 우리의 죄악 때문이다. 우리의 평화를 위하여 그가 징벌을 받았고 그의 상처로 우리는 나았다. 이사 53,5

영원토록 당신 규정을 잊지 않으리니 당신께서 그것으로 저를 살리셨

기 때문입니다. 시편 119,93

그는 우리의 병고를 메고 갔으며 우리의 고통을 짊어졌다. 이사 53,4ㄱ

아들이 너희를 자유롭게 하면 너희는 정녕 자유롭게 될 것이다. 요한 8,36

그리스도 예수님 안에서 생명을 주시는 성령의 법이 그대를 죄와 죽음의 법에서 해방시켜 주었기 때문입니다. 로마 8,2

당신의 친 아드님마저 아끼지 않으시고 우리 모두를 위하여 내어주신 분께서, 어찌 그 아드님과 함께 모든 것을 우리에게 베풀어 주지 않으시겠습니까? 로마 8,32

우리는 하느님께 감사드립니다. 그분께서는 늘 그리스도의 개선 행진에 우리를 데리고 다니시면서 그리스도를 아는 지식의 향내가 우리를 통하여 곳곳에 퍼지게 하십니다. 2코린 2,14ㄱ

악마가 한 일을 없애 버리시려고 하느님의 아드님께서 나타나셨던 것입니다. 1요한 3,8ㄴ

사랑하는 이여, 그대의 영혼이 평안하듯이 그대가 모든 면에서 평안하고 또 건강하기를 빕니다. 3요한 2

몸무게 조절

누구든지 내 뒤를 따르려면 자신을 버리고 제 십자가를 지고 나를 따라야 한다. 마르 8,34ㄴ

의인은 배불리 먹지만 악인의 배는 허기가 진다. 잠언 13,25

   위의 두 구절을 찬장과 냉장고 앞에 붙여 언제나 당신의 기억을 상기시키도록 하십시오.

서로 죄를 고백하고 서로 남을 위하여 기도하십시오. 그러면 여러분의 병이 낫게 될 것입니다. 의인의 간절한 기도는 큰 힘을 냅니다. 야고 5,16

   당신이 살찌는 음식을 먹고 싶은 유혹을 느꼈을 때에는 당신 배우자를 위해서 기도하십시오. 배우자에게도 여기에 쓰여 있는 그대로 당신을 위해 기도해 달라고 하십시오. 불필요한 것을 먹고 싶은 유혹을 느꼈을 때는 항상 기도하십시오. 계속 서로를 위해 기도하는 동안 당신과 배우자 모두 구원될 것이고 당신이 예수님을 믿고 있는 동안에 당신의 적인 악마가 이러한 감당하지 못할 욕구를 주는 것으로부터 자유로워질 수 있을 것입니다. 또한 지속적으로 기도하면 분명히 체중이 감소될 것입니다.

기도하는 동안에는 다음과 같이 하십시오.

① 탐욕과 과식, 과욕의 영을 예수 그리스도의 이름으로 속박(포박)하십시오.(마태 16,19; 18,18)

② 자제와 의지력, 침착성의 영을 예수 그리스도의 이름으로 풀어주십시오.

③ 언제나 기억하십시오. 주님께 찬미 드리고 마귀의 힘을 이길 수 있는 능력을 주심에 대하여 매일 감사드리십시오. 그리고 이 부분에서 강조되어 있는 성경 구절을 외우면서 주님의 말씀이 오셔서 당신의 몸에 살이 되어 주심에 감사드리십시오. 마귀는 바로 당신의 몸이 살아 계신 하느님의 성전이기 때문에 그것을 무너뜨리고 싶어 할 것입니다.(2코린 6,16 참조)

따라서 당신의 몸을 약하게 만드는 음식물을 먹고 싶도록 만드는 범인이 바로 악마입니다. 당신이 지쳐 있거나, 병을 앓거나, 건강하지 못할 때에, 당신은 하느님이 사용하시기에 적합하지 못하게 되고 사용할 수 없는 상황이 되어버릴 수도 있습니다. 많은 신자가 이러한 악마의 유혹을 받기 때문에 체중이 늘어나고 있습니다. 비만으로 인한 몸의 취약성은 현재 비난의 대상이 되고 있지는 않지만, 또한 치유될 수도 있는 것입니다.

당신이 이 충고를 귀담아듣는다면, 당신은 당신의 성령으로 하여금 당신의 영혼을 지배할 수 있게 하는 것입니다. 육신의 욕망은 살아계신 하느님의 성전을 파괴하려고 악마의 몸이 들어와 일하고 있는 영혼 부근에서 일어납니다. 주님께서 이 전투에 이용하도록 우리에게 주신 도구는 "구속과 자유" 또는 "구마"에 나와 있습니다. 당신이 욕심스럽게 음식을 먹고 싶은 유혹을 물리칠 수 없다고 하여 꼭 악마에게 억압당해 있는 것은 아닙니다. 당신은 다만 육체의 욕망을 이기지 못하는 것일 뿐입니다. 그러나 이것은 당신이 극복해야만 하는 전투입니다. 당신이 유혹을 극복 했을 때에 주님의 기쁨은 진정으로 당신의 힘이 될 것입니다. 당신은 적을 물리쳤으며, 따라서 당신의 적은 달아날 수밖에 없습니다. 그 이유는 당신이 하느님의 말씀에 순종했으며 하느님께 복종했기 때문입니다. 주님께서는 언제나 당신과 함께 계시며 큰 힘을 떨쳐 주시어 당신이 해야 할 모든 일에서 극복할 수 있는 힘을 주실 것입니다.

몸무게 조절을 위한 성경 말씀

사자들도 궁색해져 굶주리게 되지만 주님을 찾는 이들에게는 좋은 것 하나도 모자라지 않으리라. 시편 34,11

내 영혼아, 어찌하여 녹아내리며 어찌하여 내 안에서 신음하느냐? 하느님께 바라라. 나 그분을 다시 찬송하게 되리라, 나의 구원, 나의 하느님

을. 시편 42,12

나를 거슬러 일어난 싸움에서 나를 평화로 이끌어 구하시리니 많은 사람이 나를 대적하여 늘어섰기 때문이네. 시편 55,19

그분께서 네 한평생을 복으로 채워 주시어 네 젊음이 독수리처럼 새로워지는구나. 시편 103,5

주님께서는 당신을 부르는 모든 이에게, 당신을 진실하게 부르는 모든 이에게 가까이 계시다. 시편 145,18

사람은 제 입이 맺는 열매로 배를 채우고 제 입술이 내는 소출로 배부르게 된다. 잠언 18,20

군주와 식사하는 자리에 앉게 되면 네 앞에 무엇이 있는지 잘 살펴라. 배가 몹시 고프면 네 목구멍에 칼을 세워 두어라. 그의 진수성찬을 탐내지 마라. 그것은 사람을 속이는 음식이다. 잠언 23,1-3

꿀을 너무 많이 먹는 것이 좋지 않듯 명예에 명예를 추구하는 것도 좋지 않다. 정신에 자제력이 없는 사람은 파괴되어 성벽이 없는 성읍과 같다. 잠언 25,27-28

허위와 거짓말을 제게서 멀리하여 주십시오. 저를 가난하게도 부유하게도 하지 마시고 저에게 정해진 양식만 허락해 주십시오. 잠언 30,8

한결같은 심성을 지닌 그들에게 당신께서 평화를, 평화를 베푸시니 그들이 당신을 신뢰하기 때문입니다. 이사 26,3

그분께서는 피곤한 이에게 힘을 주시고 기운이 없는 이에게 기력을 북

돋아 주신다. 이사 40,29

사람의 모든 이해를 뛰어넘는 하느님의 평화가 여러분의 마음과 생각을 그리스도 예수님 안에서 지켜 줄 것입니다. 필리 4,7

물건을 잃은 사람들

숨겨진 것은 드러나기 마련이고 감추어진 것은 알려지기 마련이다. 마태 10,26ㄱ

하느님께서는 성령을 통하여 그것들을 바로 우리에게 계시해 주셨습니다. 1코린 2,10ㄱ

숨겨진 것은 드러나고 감추어진 것은 알려져 훤히 나타나기 마련이다. 루카 8,17

미신 행위, 마약이나 마술에 위한 도취
하느님께서 싫어하는 모든 행위를 물리치기 위하여

너희는 죽은 이를 위하여 너희 몸에 상처를 내서는 안 된다. 너희 몸에 문신을 새겨서도 안 된다. 레위 19,28

너희는 영매들과 점쟁이들에게 가지 마라. 너희가 그들을 찾아다녀 그들이 너희를 부정하게 만드는 일이 없게 하여라. 레위 19,31

너희는 그들의 신상들을 불에 태워 버려야 한다. 그리고 너희는 그것들 위에 입혀진 은이나 금을 탐내어 너희 것으로 삼지 마라. 그러면 너희가 덫에 걸릴 것이다. 정녕 그런 짓은 주 너희 하느님께 역겨운 짓이다. 역겨운 것을 너희 집에 들여놓아서는 안 된다. 그러면 너희도 그것처럼 전멸할 것이다. 그것은 전멸하게 되어있는 물건이므로, 너희는 그것을 철저히 혐오하고 역겨워해야 한다. 신명 7,25-26

너희에게는 제 아들이나 딸을 불 가운데로 지나가게 하는 자와, 점쟁이와 복술가와 요술사와 주술사, 그리고 주문을 외우는 자와 혼령이나 혼백을 불러 물어보는 자와 죽은 자들에게 문의하는 자가 있어서는 안 된다. 그런 짓을 하는 자는 주구나 주님께서 역겨워하신다. 신명 18,10-12ㄱ

사람들이 너희에게 말한다. "속살거리며 중얼대는 영매들과 점쟁이들에게 물어보아라. 백성마다 자기네 신들에게 물어보고, 산 자들에 대하여 죽은 자들에게 물어보아야 하지 않느냐?" 그러나 가르침과 증언을 살펴보아라! 그렇게 말하는 자들에게는 정녕코 서광이 없다. 이사 8,19-20

너는 너의 그 많은 의견들 때문에 지쳤구나. 자, 하늘을 연구하는 자들 별들을 관찰하는 자들, 너에게 무슨 일이 닥칠지 매달 초에 알려주는 자들, 그들에게 나서서 너를 구해 보라고 하여라. 보라. 그들은 지푸라기처럼 되어 불이 그들을 살라 버리리라. 이사 47,13-14

나는 또 네 손에서 마술을 없애 버리니 너에게 다시는 마술사들이 없으리라. 너의 우상들을 없애고 네 가운데에서 기념 기둥들을 없애 버리리니 너는 네 손으로 만든 것에 더 이상 절하지 않으리라. 미카 5,11-12

그분께서는 만물에 앞서 계시고 만물은 그분 안에서 존속합니다. 그분은 또한 당신 몸인 교회의 머리이십니다. 그분은 시작이시며 죽은 이들 가운데에서 맏이이십니다. 콜로 1,17-18

등불의 빛도 다시는 네 안에서 비치지 않고 신랑과 신부의 목소리도 다시는 네 안에서 들리지 않을 것이다. 너의 상인들이 땅의 세력가였기 때문이며 모든 민족들이 마술에 속아 넘어갔기 때문이다. 묵시 18,23-24

승리하는 사람은 이것들을 받을 것이며, 나는 그의 하느님이 되고 그는 나의 아들이 될 것이다. 그러나 비겁한 자들과 불충한 자들, 역겨운 것으로 자신을 더럽히는 자들과 살인자들과 불륜을 저지르는 자들, 마술쟁이들과 우상 숭배자들, 그리고 모든 거짓말쟁이들이 차지할 몫은 불과 유황이 타오르는 못뿐이다. 이것이 두 번째 죽음이다. 묵시 21,7-8

믿음

예수님께서 그들의 눈에 손을 대시며 이르셨다. "너희가 믿는 대로 되어라." 마태 9,29

예수님께서 그 여자에게 말씀하셨다. "아, 여인아! 네 믿음이 참으로 크구나. 네가 바라는 대로 될 것이다." 바로 그 시간에 그 여자의 딸이 나았다. 마태 15,28

예수님께서 그들에게 대답하셨다. "내가 진실로 너희에게 말한다. 너희가 믿음을 가지고 의심하지 않으면, 이 무화과나무에 일어난 일을 할 수 있을 뿐만 아니라, 이 산더러 '들려서 저 바다에 빠져라.' 하여도 그대로 이루어질 것이다." 마태 21,21

복음 안에서 하느님의 의로움이 믿음에서 믿음으로 계시됩니다. 이는 성경에 "의로운 이는 믿음으로 살 것이다."라고 기록된 그대로입니다. 로마 1,17

믿음으로 의롭게 된 우리는 우리 주 예수 그리스도를 통하여 하느님과 더불어 평화를 누립니다. 로마 5,1

의로움은 또 무엇이라고 말합니까? "그 말씀은 너희에게 가까이 있다. 너희 입과 너희 마음에 있다." 이것이 우리가 선포하는 믿음의 말씀입니다. 로마 10,8

믿음은 들음에서 오고 들음은 그리스도의 말씀으로 이루어집니다. 로마 10,17

자신에 관하여 마땅히 생각해야 하는 것 이상으로 분수에 넘치는 생각을 하지 마십시오. 저마다 하느님께서 나누어 주신 믿음의 정도에 따라 건전하게 생각하십시오. 로마 12,3ㄴ

여러분의 믿음이 인간의 지혜가 아니라 하느님의 힘에 바탕을 두게 하려는 것이었습니다. 1코린 2,5

여러분은 믿음을 통하여 은총으로 구원을 받았습니다. 이는 여러분에게서 나온 것이 아니라 하느님의 선물입니다. 에페 2,8

우리 안에 있으면서 우리를 그리스도께 이끌어 주는 모든 선을 깨달아, 그대가 더욱 활발히 믿음에 동참할 수 있기를 빕니다. 필레 6

나의 의인은 믿음으로 살리라. 그러나 뒤로 물러서는 자는 내 마음이 기꺼워하지 않는다. 히브 10,38

믿음은 우리가 바라는 것들의 보증이며 보이지 않는 실체들의 확증입니다. 히브 11,1

믿음이 없이는 하느님 마음에 들 수 없습니다. 하느님께 나아가는 사람은 그분께서 계시다는 것과 그분께서 당신을 찾는 이들에게 상을 주신다는 것을 믿어야 합니다. 히브 11,6

믿음의 흔들림

그래서 주님께서는 그들에게 "차우 라차우 차우 라차우 카우 라카우 카우 라카우 즈에르 삼 즈에르 삼"이라고 말씀하시리니 그들이 가다가 뒤로 넘어져 다치고 덫에 걸려 포로로 잡히게 하시려는 것이다. 이사 28,13

예수님께서 그에게 이르셨다. "쟁기에 손을 대고 뒤를 돌아보는 자는 하느님 나라에 합당하지 않다." 루카 9,62

이 일이 일어난 뒤로, 제자들 가운데에서 많은 사람이 되돌아가고 더 이상 예수님과 함께 다니지 않았다. 요한 6,66

우리에게는 하늘 위로 올라가신 위대한 대사제가 계십니다. 하느님의 아들 예수님이십니다. 그러니 우리가 고백하는 신앙을 굳게 지켜 나아갑시다. 히브 4,14

우리가 고백하는 희망을 굳게 간직합시다. 약속해주신 분은 성실하신 분이십니다. 히브 10,23

나의 의인은 믿음으로 살리라. 그러나 뒤로 물러서는 자는 내 마음이 기꺼워하지 않는다. 히브 10,38

말씀하시는 분을 거부하지 않도록 조심하십시오. 땅에서 지시하시는 분을 거부할 때에 저들이 벌을 피할 수 없었는데, 하물며 하늘에서 지시하

시는 분께 등을 돌릴 때에야 우리는 더더욱 그 벌을 피할 수 없지 않겠습니까? 히브 12,25

번성

오히려 주님의 가르침을 좋아하고 그분의 가르침을 밤낮으로 되새기는 사람. 그는 시냇가에 심겨 제때에 열매를 내며 잎이 시들지 않는 나무와 같아 하는 일마다 잘되리라. 시편 1,2-3

그들이 순종하여 그분을 섬기면 자기의 나날을 행복 속에서, 자기의 해들을 즐거움 속에서 마칩니다. 욥 36,11

이 율법서의 말씀이 네 입에서 떠나지 않도록 그것을 밤낮으로 되뇌어, 거기에 쓰인 것을 모두 명심하여 실천해야 한다. 그러면 네 길이 번창하고 네가 성공할 것이다. 여호 1,8

당신 종의 평화를 좋아하시는 주님께서는 위대하시다. 시편 35,27ㄴ

흠 없이 살아가는 이들에게 복을 거절하지 않으십니다. 시편 84,12ㄴ

의인은 야자나무처럼 돋아나고 레바논의 향백나무처럼 자라리라. 시편 92,13

예루살렘을 위하여 평화를 빌어라. 너를 사랑하는 이들은 평안하여라. 시편 122,6

나는 나를 사랑하는 이들에게 재산을 물려주고 그들의 보물 곳간을 채워 준다. 잠언 8,21

자기 잘못을 감추는 자는 성공하지 못하지만 그것을 고백하고 끊어 버리는 이는 자비를 얻는다. 잠언 28,13

나는 주 너의 하느님 너에게 유익하도록 너를 가르치고 네가 가야 할 길을 너를 인도하는 이다. 이사 48,17ㄴ

이처럼 내 입에서 나가는 나의 말도 나에게 헛되이 돌아오지 않고 반드시 내가 뜻하는 바를 이루며 내가 내린 사명을 완수하고야 만다. 이사 55,11

보호

예로부터 계시는 하느님은 피난처이시고 처음부터 계시는 그 팔은 지주이시다. 그분께서는 네 앞에서 원수를 쫓아내시며 "멸망시켜라" 하고 말씀하셨다. 신명 33,27

주님, 당신께서는 의인에게 복을 내리시고 큰 방패 같은 호의로 그를 덮어 주십니다. 시편 5,13

사람들이 하는 것처럼 하지 않고 저는 당신 입술에서 나온 말씀에 주의를 기울였습니다. 계명의 길을 저는 꿋꿋이 걷고 당신 길에서 제 발걸음 비틀거리지 않았습니다. 시편 17,4-5ㄱ

얼마나 크십니까! 당신을 경외하는 이들 위해 간직하신 그 선하심이. 당신께 피신하는 이들에게 사람들 보는 앞에서 이를 베푸십니다. 당신 앞의 피신처에 그들을 감추시어 사람들의 음모에서 구해 내시고 당신 거처 안에 숨기시어 사나운 입술들의 공격에서 구해 내십니다. 시편 31,20-21

하느님께서 우리의 피신처와 힘이 되시어 어려울 때마다 늘 도우신다. 시편 46,2

이는 네가 주님을 너의 피난처로, 지극히 높으신 분을 너의 안식처로 삼았기 때문이다. 너에게는 불행이 닥치지 않고 재앙도 네 천막에는 다가

오지 않으리라. 그분께서 당신 천사들에게 명령하시어 네 모든 길에서 너를 지키게 하시리라. 시편 91,9-11

당신 말씀대로 저를 붙들어 주소서. 제가 살리이다. 제 희망 때문에 제가 부끄러운 일을 당하지 않게 하소서. 저를 붙드소서. 제가 구원되어 당신의 법령을 늘 살피리이다. 시편 119,116-117

주님을 사랑하는 이들아, 악을 미워하여라. 그분께서 당신께 충실한 이들의 목숨을 지키시고 악인들의 손에서 그들을 구출해 주신다. 시편 97,10

주님의 천사가 그분을 경외하는 이들 둘레에 진을 치고 그들을 구출해 준다. 시편 34,8

당신 말씀을 보내시어 그들을 낫게 하시고 구렁에서 구해 내셨다. 시편 107,20

나거나 들거나 주님께서 너를 지키신다. 이제부터 영원까지. 시편 121,8

주님께서는 당신을 부르는 모든 이에게, 당신을 진실하게 부르는 모든 이에게 가까이 계시다. 당신을 경외하는 이들의 뜻을 채우시고 그들의 애원을 들으시어 구해 주신다. 주님께서는 당신을 사랑하는 이들을 모두 보호하시고 죄인들을 모두 멸하신다. 시편 145,18-20

내 말을 듣는 이는 편안히 살고 불행해질 걱정 없이 평온히 지내리라. 잠언 1,33

그분께서는 공정의 길을 지켜 주시고 당신께 충실한 이들의 앞길을 보

살피신다. 잠언 2,8

갑작스러운 공포 앞에서도, 악인들에게 닥치는 파멸에도 두려워하지 마라. 주님께서 너의 의지가 되시어 네 발이 덫에 걸리지 않게 지켜 주시리라. 잠언 2,8

하느님의 말씀은 모두 순수하고 그분께서는 당신께 피신하는 이들에게 방패가 되신다. 잠언 30,5

나의 백성은 평화로운 거처에, 안전한 거주지와 걱정 없는 안식처에 살게 되리라. 이사 32,18

주님의 바람으로 휘몰아치는 급류처럼 그분께서 오시기 때문이다. 이사 59,19ㄴ

아들이 너희를 자유롭게 하면 너희는 정녕 자유롭게 될 것이다. 요한 8,36

그리스도 예수님 안에서 생명을 주시는 성령의 법이 그대를 죄와 죽음의 법에서 해방시켜 주었기 때문입니다. 로마 8,2

우리는 우리를 사랑해 주신 분의 도움에 힘입어 이 모든 것을 이겨 내고도 남습니다. 로마 8,37

주님은 성실하신 분이시므로, 여러분의 힘을 북돋우시고 여러분을 악에서 지켜 주실 것입니다. 2테살 3,3

이제 우리 하느님의 구원과 권능과 나라와 그분께서 세우신 그리스도의 권세가 나타났다. 우리 형제들을 고발하던 자, 하느님 앞에서 밤낮으로 그들을 고발하던 그자가 내쫓겼다. 우리 형제들은 어린양의 피와 자기들이 증언하는 말씀으로 그자를 이겨 냈다. 묵시 12,10-11ㄱ

계명의 길을 저는 꿋꿋이 걷고 당신 길에서 제 발걸음 비틀거리지 않았습니다. 시편 17,4ㄴ-5

제가 비록 어둠의 골짜기를 간다 하여도 재앙을 두려워하지 않으리니 당신께서 저와 함께 계시기 때문입니다. 당신의 막대와 지팡이가 저에게 위안을 줍니다. 시편 23,4

여기 가련한 이가 부르짖자 주님께서 들으시어 모든 곤경에서 그를 구원하셨네. 시편 34,7

하느님께서 그 안에 계시니 흔들리지 않네. 하느님께서 동틀 녘에 구해 주시네. 시편 46,6

주님은 성실하신 분이시므로, 여러분의 힘을 북돋우시고 여러분을 악에서 지켜 주실 것입니다. 2테살 3,3

너는 무서워하지 않으리라. 밤의 공포도, 낮에 날아드는 화살도. 시편 91,5

당신 법령의 길을 저에게 가르치소서. 제가 이를 끝까지 따르오리다. 시편 119,33

내 말을 듣는 이는 편안히 살고 불행해질 걱정 없이 평온히 지내리라. 잠언 1,33

해 뜨는 곳에서 그분의 영광을 경외하리니 주님의 바람으로 휘몰아치

는 급류처럼 그분께서 오시기 때문이다. 이사 59,19ㄴ

우리는 우리를 사랑해 주신 분의 도움에 힘입어 이 모든 것을 이겨 내고도 남습니다. 로마 8,37

분노, 화가 날 때

정녕 미련한 자는 역정 내다가 죽고 우둔한 자는 흥분하다가 숨진다네.
욥 5,2

하느님께서 내 원수를 갚아 주시고 백성들을 내 발아래 굴복시키셨다.
시편 18,48

하느님은 외로운 이들에게 집을 마련해 주시고 사로잡힌 이들을 행복으로 이끌어 내시는 분이시다. 그러나 반항자들은 불모지에 머무른다.
시편 68,7

분노에 더딘 이는 용사보다 낫고 자신을 다스리는 이는 성을 정복한 자보다 낫다. 잠언 16,32

사람을 관대하게 만드는 것은 사람의 식견이고 남의 허물을 너그럽게 보아주는 것은 그의 영광이다. 잠언 19,11

다투기 좋아하고 성 잘 내는 아내와 사는 것보다 황량한 땅에서 사는 것이 낫다. 잠언 21,19

정신에 자제력이 없는 사람은 파괴되어 성벽이 없는 성읍과 같다. 잠언 25,28

화를 잘 내는 사람은 싸움을 일으키고 성을 잘 내는 자는 죄를 많이 짓

는다. 잠언 29,22

일의 끝이 그 시작보다 낫고 인내가 자만보다 낫다. 코헬 7,8

마음속으로 성급하게 화내지 마라. 화는 어리석은 자들의 품에 자리 잡는다. 코헬 7,9

화가 나더라도 죄는 짓지 마십시오. 해가 질 때까지 노여움을 품고 있지 마십시오. 에페 4,26

모든 원한과 격분과 분노와 폭언과 중상을 온갖 악의와 함께 내버리십시오. 에페 4,31

서로 너그럽고 자비롭게 대하고, 하느님께서 그리스도 안에서 여러분을 용서하신 것처럼 여러분도 서로 용서하십시오. 에페 4,32

악마에게 틈을 주지 마십시오. 에페 4,27

나의 사랑하는 형제 여러분, 이것을 알아 두십시오. 모든 사람이 듣기는 빨리하되, 말하기는 더디 하고 분노하기도 더디 해야 합니다. 야고 1,19

사람의 분노는 하느님의 의로움을 실현하지 못합니다. 야고 1,20

비난 받을 때

한 번의 범죄 뒤에 이루어진 심판은 유죄 판결을 가져 왔지만, 많은 범죄 뒤에 이루어진 은사는 무죄 선언을 가져왔습니다. 로마 5,16

이제 그리스도 예수님 안에 있는 이들은 단죄를 받을 일이 없습니다. 그리스도 예수님 안에서 생명을 주시는 성령의 법이 그대를 죄와 죽음의 법에서 해방시켜 주었기 때문입니다. 로마 8,1-2

그대가 자기의 것으로 지니고 있는 신념을 하느님 앞에서도 그대로 지니십시오. 자기가 옳다고 여기는 일을 하면서 자신을 단죄하지 않는 사람은 행복합니다. 로마 14,22

마음이 우리를 단죄하더라도 그렇습니다. 하느님께서는 우리의 마음보다 크시고 또 모든 것을 아시기 때문입니다. 사랑하는 여러분, 마음이 우리를 단죄하지 않으면 우리는 하느님 앞에서 확신을 가지게 됩니다. 1요한 3,20-21

하늘에서 큰 목소리가 이렇게 말하는 것을 들었습니다. "이제 우리 하느님의 구원과 권능과 나라와 그분께서 세우신 그리스도의 권세가 나타났다. 우리 형제들을 고발하던 자, 하느님 앞에서 밤낮으로 그들을 고발하던 그자가 내쫓겼다." 묵시 12,10

하느님께서 아들을 세상에 보내신 것은, 세상을 심판하시려는 것이 아

니라 세상이 아들을 통하여 구원을 받게 하시려는 것이다. 요한 3,17

여기서 우리는 마귀들이 밤낮으로 그리스도 신자들을 비난하고 모든 세상 사람들을 기만하는 행위를 봅니다. 당신이 느끼는 모든 비난은 악으로부터 오는 것입니다.

사람에 대한 두려움

하느님 안에서 나는 말씀을 찬양하네. 주님 안에서 내가 말씀을 찬양하네. 하느님께 의지하여 두려워하지 않으니 사람이 나에게 무엇을 할 수 있으랴? 시편 56,12

사람을 무서워하면 그것이 올가미가 되지만 주님을 신뢰하면 안전해진다. 많은 이가 통치자의 환심을 사려 하지만 사람의 권리는 주님에게서 온다. 잠언 29,25-26

내 말을 들어라, 의로움을 아는 이들아 내 가르침을 마음속에 간직한 백성아. 사람들의 모욕을 두려워하지 말고 그들의 악담에 낙심하지 마라. 이사 51,7

우리는 확신을 가지고 이렇게 말할 수 있습니다. "주님께서 나를 도와주는 분이시니 나는 두려워하지 않으리라. 사람이 나에게 무엇을 할 수 있으랴?" 히브 13,6

제가 부르짖는 그 날, 제 원수들이 뒤로 물러가리이다. 하느님께서 제 편이심을 저는 압니다. 시편 56,10

사업상 문제들

너희는 힘과 용기를 내어라. 그들을 두려워해서도 겁내서도 안 된다. 주 너희 하느님께서 너희와 함께 가시면서, 너희를 떠나지도 버리지도 않으실 것이다. 신명 31,6

이 율법서의 말씀이 네 입에서 떠나지 않도록 그것을 밤낮으로 되뇌어, 거기에 쓰인 것을 모두 명심하여 실천해야 한다. 그러면 네 길이 번창하고 네가 성공할 것이다. 여호 1,8

자, 이제 그분과 화해하여 평화를 되찾게. 그러면 자네에게 행복이 찾아올 것일세. 욥 22,21

나는 주님이며 모든 인간의 하느님이다. 무엇이 나에게 어려운 일이냐? 예레 32,27

당신 종의 평화를 좋아하시는 주님께서는 위대하시다! 시편 35,27ㄱ

하느님께서 우리의 피신처와 힘이 되시어 어려울 때마다 늘 도우신다. 시편 46,2

하느님께서 그 안에 계시니 흔들리지 않네. 하느님께서 동틀 녘에 구해 주시네. 시편 46,6

네 근심을 주님께 맡겨라. 그분께서 너를 붙들어 주시리라. 의인이 흔들

림을 결코 내버려 두지 않으시리라. 시편 55,23

주님께서는 나날이 찬미 받으소서. 우리 위하여 짐을 지시는 하느님은 우리의 구원이시다. 시편 68,20

주어라. 그러면 너희도 받을 것이다. 누르고 흔들어서 넘치도록 후하게 되어 너희 품에 담아 주실 것이다. 너희가 되질하는 바로 그 되로 너희도 되받을 것이다. 루카 6,38

배를 타고 항해하던 이들, 큰물에서 장사하던 이들. 그들이 주님의 일을 보았다, 깊은 바다에서 그분의 기적들을. 시편 107,23-24

네 마음을 다하여 주님을 신뢰하고 너의 예지에는 의지하지 마라. 잠언 3,5

나는 나를 사랑하는 이들에게 재산을 물려주고 그들의 보물 곳간을 채워 준다. 잠언 8,21

네가 하는 일을 주님께 맡겨라. 계획하는 일이 이루어질 것이다. 잠언 16,3

너는 제 일에 능숙한 사람을 보았느냐? 그런 이는 임금들을 섬기고 하찮은 이들은 섬기지 않는다. 잠언 22,29

나 주님이 너의 하느님 내가 네 오른손을 붙잡아 주고 있다. 나는 너에게 말한다. "두려워하지 마라. 내가 너를 도와주리라." 이사 41,13

너희가 내 안에 머무르고 내 말이 너희 안에 머무르면, 너희가 원하는 것은 무엇이든지 청하여라. 너희에게 그대로 이루어질 것이다. 요한 15,7

나의 하느님께서는 그리스도 예수님 안에서 영광스럽게 베푸시는 당신의 그 풍요로움으로, 여러분에게 필요한 모든 것을 채워 주실 것입니다. 필리 4,19

사랑하는 이여, 그대의 영혼이 평안하듯이 그대가 모든 면에서 평안하고 또 건강하기를 빕니다. 3요한 2

상담

* 성스럽지 못하거나 하느님께서 듣지 않으시는 상담

당신의 백성을 거슬러 음모를 꾸미고 당신께 보호받는 이들을 거슬러 모의합니다. 그들은 말합니다. "자, 저들 민족을 없애 버려 이스라엘의 이름이 다시는 기억되지 못하게 하자!" 그들은 한마음으로 흉계를 꾸미고 당신을 거슬러 동맹을 맺습니다. 시편 83,4-6

의인들의 생각은 올바름뿐이고 악인들의 의향은 속임수 뿐이다. 잠언 12,5

어떤 지혜도 어떤 슬기도 어떤 조언도 주님 앞에서는 가치가 없다. 잠언 21,30

악한 사람들은 바른 것을 깨닫지 못하지만 주님을 찾는 이들은 모든 것을 깨닫는다. 잠언 28,5

* 성스러운 상담(탈출 18,19 참조)

주님께서 민족들의 결의를 꺾으시고 백성들의 계획을 좌절시킨다. 시편 33,10

주님의 결의는 영원히, 그분 마음의 계획들은 대대로 이어진다. 시편 33,11

행복하여라, 주님을 하느님으로 모시는 민족 그분께서 당신 소유로 뽑으신 백성! 시편 33,12

행복합니다. 축제의 환호를 아는 백성! 주님, 그들은 당신 얼굴의 빛 속을 걷습니다. 시편 89,16

지혜로운 이는 이것을 들어 견문을 더하고 슬기로운 이는 지도력을 얻으라. 잠언 1,5

주님을 경외함은 지식의 근원이다. 그러나 미련한 자들은 지혜와 교훈을 업신여긴다. 잠언 1,7

지도력이 없으면 백성이 쓰러지고 조언자가 많으면 안전하다. 잠언 11,14

미련한 자는 제 길이 바르다고 여기지만 지혜로운 이는 충고에 귀를 기울인다. 잠언 12,15

악을 꾸미는 자들의 마음에는 속임수가 들어 있지만 평화를 권유하는 이들에게는 기쁨이 있다. 잠언 12,20

충고를 듣는 이들에게는 지혜가 있다. 잠언 13,10ㄴ

의논이 없으면 계획이 실패하고 조언자가 많으면 계획이 성공한다. 잠언 15,22

사람 마음속의 뜻은 깊은 물과 같지만 슬기로운 사람은 그것을 길어 올

린다. 잠언 20,5

계획은 협의로 이루어진다. 잠언 20,18ㄱ

향유와 향이 마음을 기쁘게 하듯 친구의 다정함은 기운을 돋우어 준다. 잠언 27,9

현인들의 말은 몰이 막대기와 같고 잠언집의 금언들은 잘 박힌 못과 같은 것. 코헬 12,11

주님께서 오실 때까지 미리 심판하지 마십시오. 그분께서 어둠 속에서 숨겨진 것을 밝히시고 마음속 생각을 드러내실 것입니다. 1코린 4,5

성령의 세례

① 어떠한 미신 행위도 다 끊어버려야 합니다.

② 누구든 위로부터 태어나지 않으면 하느님 나라를 볼 수 없습니다.

예수님께서 그에게 이르셨다. "내가 진실로 진실로 너에게 말한다. 누구든지 위로부터 태어나지 않으면 하느님의 나라를 볼 수 없다." 니코데모가 예수님께 말하였다. "이미 늙은 사람이 어떻게 또 태어날 수 있겠습니까? 어머니 배 속에 다시 들어갔다가 태어날 수야 없지 않습니까?" 예수님께서 대답하셨다. "내가 진실로 진실로 너에게 말한다. 누구든지 물과 성령으로 태어나지 않으면, 하느님 나라에 들어갈 수 없다. 육에서 태어난 것은 육이고 영에서 태어난 것은 영이다. '너희는 위로부터 태어나야 한다.'고 내가 말하였다고 놀라지 마라." 요한 3,3-7

③ 예언에 대한 말씀

저자가 누구에게 가르침을 베풀며 누구에게 계시를 설명하려는가? 겨우 젖 뗀 아이들에게나, 고작 어미젖에서 떨어진 것들에게나 하려는가? 정말 저자는 "차우 라차우 차우 라차우 카우 라카우 카우 라카우 즈에르 삼 즈에르 삼"이라고 말해 댄다. 과연 그분께서는 이렇게 더듬거리는 말씨와 다른 나라 말로 이 백성에게 말씀하시리라. 그분께서는 예전에 이들에게 말씀하셨다. "이곳은 안식처이니 고달픈 이들을 편히 쉬게 하여라. 이곳은 쉼터이다." 이사 28,9-12

너희의 아들딸들은 예언을 하고 노인들을 꿈을 꾸며 젊은이들은 환시를 보리라. 그날에 남종들과 여종들에게도 내 영을 부어 주리라. 내가 하늘과 땅에 징조를 보여 주리니 곧 피와 불과 연기 기둥이다. 요엘 3,1-3

④ 두 가지 세례에 대한 말씀

나는 너희를 회개시키려고 물로 세례를 준다. 마태 3,11

나 보다 더 큰 능력을 지니신 분이 오신다. 나는 그분의 신발 끈을 풀어 드릴 자격조차 없다. 그분께서는 너희에게 성령과 불로 세례를 주실 것이다. 루카 3,16

예수님께서는 사도들과 함께 계실 때에 그들에게 명령하셨습니다. "예루살렘을 떠나지 말고, 나에게서 들은 대로 아버지께서 약속하신 분을 기다려라. 요한은 물로 세례를 주었지만 너희는 며칠 뒤에 성령으로 세례를 받을 것이다." 사도 1,4-5

⑤ 아버지께 예배드리는 방법에 대한 예수님의 말씀

진실한 예배자들이 영과 진리 안에서 아버지께 예배를 드릴 때가 온다. 지금이 바로 그때다. 사실 아버지께서는 이렇게 예배를 드리는 이들을 찾으신다. 하느님은 영이시다. 그러므로 그분께 예배를 드리는 이는 영

과 진리 안에서 예배를 드려야 한다. 요한 4,23-24

축제의 가장 중요한 날인 마지막 날에 예수님께서는 일어서시어 큰소리로 말씀하셨다. "목마른 사람은 다 나에게 와서 마셔라. 나를 믿는 사람은 성경 말씀대로 '그 속에서부터 생수의 강들이 흘러나올 것이다.'" 이는 당신을 믿는 이들이 받게 될 성령을 가리켜 하신 말씀이었다. 예수님께서 영광스럽게 되지 않으셨기 때문에, 성령께서 아직 와 계시지 않았던 것이다. 요한 7,37-39

⑥ 영적 생명의 말씀

영은 생명을 준다. 그러나 육은 아무 쓸모가 없다. 내가 너희에게 한 말은 영이며 생명이다. 요한 6,63

⑦ 하느님께서 너에게 나쁜 것을 주겠느냐?

내가 너희에게 말한다. 청하여라, 너희에게 주실 것이다. 찾아라, 너희가 얻을 것이다. 문을 두드려라, 너희에게 열릴 것이다. 누구든지 청하는 이는 받고, 찾는 이는 얻고, 문을 두드리는 이에게는 열릴 것이다. 너희 가운데 어느 아버지가 아들이 생선을 청하는데, 생선 대신에 뱀을 주겠느냐? 달걀을 청하는데 전갈을 주겠느냐? 너희가 악해도 자녀들에게는 좋은 것을 줄 줄 알거든, 하늘에 계신 아버지께서야 당신께 청하는 이들에게 성령을 얼마나 더 잘 주시겠느냐? 루카 11,9-13

⑧ 믿는 아들에게 나타나는 징표

믿는 이들에게는 이러한 표징들이 따를 것이다. 곧 내 이름으로 마귀들을 쫓아내고 새로운 언어들을 말한다. 마르 16,17

신령한 언어는 믿는 이들이 아니라 믿지 않는 이들을 위한 표징입니다. 그러나 예언은 믿지 않는 이들이 아니라 믿는 이들을 위한 표징입니다. 1코린 14,22

⑨ 인간이 아닌 하느님께 순종하라.

사람에게 순종하는 것보다 하느님께 순종하는 것이 더욱 마땅합니다. 사도 5,29ㄴ

나의 형제 여러분, 예언할 수 있는 은사를 열심히 구하십시오. 1코린 14,39

⑩ 사도행전에서 말씀하신 약속

하느님의 오른쪽으로 들어 올려지신 그분께서는 약속된 성령을 아버지에게서 받으신 다음, 여러분이 지금 보고 듣는 것처럼 그 성령을 부어 주셨습니다. 사도 2,33

이 약속은 여러분과 여러분의 자손들과 또 멀리 있는 모든 이들, 곧 주 우리 하느님께서 부르시는 모든 이에게 해당됩니다. 사도 2,39

예수님께서는 사도들과 함께 계실 때에 그들에게 명령하셨습니다. "예루살렘을 떠나지 말고, 나에게서 들은 대로 아버지께서 약속하신 분을

기다려라. 요한은 물로 세례를 주었지만 너희는 며칠 뒤에 성령으로 세례를 받을 것이다." 사도 1,4-5

내가 말하기 시작하자, 성령께서 처음에 우리에게 내리셨던 것처럼 그들에게도 내리셨습니다. 사도 11,15

⑪ 이상한 언어

그들은 모두 성령으로 가득 차, 성령께서 표현의 능력을 주시는 대로 다른 언어들로 말하기 시작하였다. 사도 2,4

바오로가 그들에게 안수하자 성령께서 그들에게 내리시어, 그들이 신령한 언어로 말하고 예언을 하였다. 사도 19,6

베드로와 함께 왔던 할례 받은 신자들은 다른 민족들에게도 성령의 선물이 쏟아져 내리는 것을 보고 깜짝 놀랐다. 이 다른 민족 사람들이 신령한 언어로 말하면서 하느님을 찬송하는 것을 들었기 때문이다. 사도 10,45-46

신령한 언어로 말하는 이는 사람들이 아니라 하느님께 말씀드립니다. 사람은 아무도 알아듣지 못하기 때문입니다. 그는 성령으로 신비를 말하는 것입니다. 1코린 14,2

⑫ 사울의 개종과 성령을 받음

사울이 길을 떠나 다마스쿠스에 가까이 이르렀을 때, 갑자기 하늘에서 빛이 번쩍이며 그의 둘레를 비추었다. 그는 땅에 엎어졌다. 그리고 "사울아, 사울아, 왜 나를 박해하느냐?" 하고 자기에게 말하는 소리를 들었다. 사울이 "주님, 주님은 누구십니까?" 하고 묻자 그분께서 대답하셨다. "나는 네가 박해하는 예수다." 사도 9,3-6

그대가 예수님은 주님이시라고 입으로 고백하고 하느님께서 예수님을 죽은 이들 가운데에서 일으키셨다고 마음으로 믿으면 구원을 받을 것입니다. 곧 마음으로 믿어 의로움을 얻고, 입으로 고백하여 구원을 얻습니다. 로마 10,9-10

⑬ 사마리아 사람들이 하느님의 말씀을 받아들이고 물과 성령의 세례를 받았다.

그들은 하느님의 나라와 예수 그리스도의 이름에 관한 복음을 전하는 필리포스를 믿게 되면서, 남자 여자 할 것 없이 세례를 받았다. 시몬도 믿게 되었다. 그는 세례를 받고 필리포스 곁을 떠나지 않으면서 여러 표징과 큰 기적이 일어나는 것을 보고 놀라워하였다. 예루살렘에 있는 사도들은 사마리아 사람들이 하느님의 말씀을 받아들였다는 소식을 듣고, 베드로와 요한을 그들에게 보냈다. 베드로와 요한은 내려가서 그들이 성령을 받도록 기도하였다. 그들이 주 예수님의 이름으로 세례를 받았을 뿐, 그들 가운데 아직 아무에게도 성령께서 내리지 않으셨기 때문이다. 그때에 사도들이 그들에게 안수하자 그들이 성령을 받았다. 사도 8,12-17

성령에 의한 세례는 신자들에게 물에 의한 세례 전·후 아무 때에나 일어날 수 있습니다. 이것은 하느님의 말씀이 성령의 힘과 은사를 가지고 우리에게로 올 때 이 말씀을 들으면서 일어날 수도 있을 것이며 이때 안수 기도는 그 사람에게 모든 것을 받아들일 수 있게 해주며 곧 이상한 언어의 은사가 뒤따릅니다.

속박(포박)과 자유

* 하느님 왕국에로의 열쇠

"우리의 전투 무기는 속된 것이 아닙니다. 그것은 하느님 덕분에 어떠한 요새라도 무너뜨릴 수 있을 만큼 강력합니다. 우리는 잘못된 이론을 무너뜨리고, 하느님을 아는 지식을 가로막고 일어서는 모든 오만을 무너뜨리며, 모든 생각을 포로로 잡아 그리스도께 순종시킵니다." 2코린 10,4-5

모든 악령은 예수의 이름으로 묶어 놓을 수 있습니다. 그러나 우리는 반드시 기억하여야 합니다. 하느님의 선하신 뜻으로 악령을 쳐부수는 예수님의 이름을 통해서만 하느님의 능력을 우리가 사용할 수 있습니다. 그러므로 우리는 기도 중에 고통과 평화, 공포와 믿음, 혼란과 확신 같은 상반 개념을 생각하여야 합니다.

너희는 먼저 하느님의 나라와 그분의 의로움을 찾아라. 그러면 이 모든 것도 곁들여 받게 될 것이다. 마태 6,33

하느님의 나라는 먹고 마시는 일이 아니라, 성령 안에서 누리는 의로움과 평화와 기쁨입니다. 로마 14,17

「주님의 기도」

"하늘에 계신 저희 아버지 아버지의 이름을 거룩히 드러내시며 아버지의 나라가 오게 하시며 아버지의 뜻이 하늘에서와같이 땅에서도 이루어지게 하소서. 오늘 저희에게 일용할 양식을 주시고 저희에게 잘못한 이를 저희도 용서하였듯이 저희 잘못을 용서하시고 저희를 유혹에 빠지지 않게 하시고 저희를 악에서 구하소서." 마태 6,9-13

이 말씀은 언제나 지금 이 자리에 필요한 말씀입니다.

우리가 한 나라를 이루어 당신의 아버지 하느님을 섬기는 사제가 되게 하신 그분께 영광과 권능이 영원무궁하기를 빕니다. 묵시 1,6

왕은 왕국의 일을 처리합니다. 왕은 그러한 일을 집행하는 대표입니다.

하느님께서는 그리스도 예수님 안에서 우리를 그분과 함께 일으키시고 그분과 함께 하늘에 앉히셨습니다. 에페 2,6

모든 만물이 우리들의 발밑에 있습니다. 우리들의 발은 바로 우리들의 머리와 떨어져 존재하지 않습니다.

주님께 피신함이 더 낫네, 사람을 믿기보다 주님께 피신함이 더 낫네, 제후들을 믿기보다 온갖 만족들이 나를 에워쌌어도 나는 주님의 이름으로 그들을 무찔렀네, 나를 에우고 또 에워쌌어도 나는 주님의 이름으로 그들을 무찔렀네. 시편 118,8-11

그분은 하늘과 땅을, 바다와 그 안의 모든 것을 만드신 분이시다. 영원히 신의를 지키시고 억눌린 이들에게 올바른 일을 하시며 굶주린 이들에게 빵을 주시는 분이시다. 주님께서는 붙잡힌 이들을 풀어주시고 주님께서는 눈먼 이들의 눈을 열어주시며 주님께서는 꺾인 이들을 일으켜 세우신다. 주님께서는 의인들을 사랑하시고 주님께서는 이방인들을 보호하시며 고아와 과부를 돌보신다. 그러나 악인들의 길은 꺾어 버리신다. 시편 146,6-9

보라, 내가 너희에게 뱀과 전갈을 밟고 원수의 모든 힘을 억누르는 권한을 주었다. 이제 아무것도 너희를 해치지 못할 것이다. 루카 10,19

너희가 내 이름으로 청하는 것은 무엇이든지 내가 다 이루어 주겠다. 그리하여 아버지께서 아들을 통하여 영광스럽게 되시도록 하겠다. 너희가 내 이름으로 청하면 내가 다 이루어 주겠다. 요한 14,13-14

또한 만물을 그리스도의 발아래 굴복시키시고, 만물 위에 계신 그분을 교회에 머리로 주셨습니다. 교회는 그리스도의 몸으로서, 모든 면에서 만물을 충만케 하시는 그리스도로 충만해 있습니다. 에페 1,22-23

내가 하느님의 영으로 마귀들을 쫓아내는 것이면, 하느님의 나라가 이미 너희에게 와 있는 것이다. 마태 12,28

사탄도 자신을 거슬러 일어나 갈라서면 버티어 내지 못하고 끝장이 난다. 먼저 힘센 자를 묶어 놓지 않고서는, 아무도 그 힘센 자의 집에 들어가 재물을 털 수 없다, 묶어 놓은 뒤에야 그 집을 털 수 있다. 마르 3,26-27

여러분은 하느님께 속한 사람으로서 거짓 예언자들을 이미 이겼습니다. 여러분 안에 계시는 그분께서 세상에 있는 그자보다 더 위대하시기 때

문입니다. 1요한 4,4

폭력을 쓰는 자들이 하늘나라를 빼앗으려고 한다. 마태 11,12ㄴ

내가 이 반석 위에서 내 교회를 세울 터인즉, 저승의 세력도 그것을 이기지 못할 것이다. 또 나는 너에게 하늘나라의 열쇠를 주겠다. 그러니 네가 무엇이든지 땅에서 매면 하늘에서도 매일 것이고, 네가 무엇이든지 땅에서 풀면 하늘에서도 풀릴 것이다. 마태 16,18-19

이는 이 땅 위에서 일어나는 왕국의 사무 처리자의 권한입니다. 그 열쇠는 과연 무엇입니까?

내가 진실로 너희에게 말한다. 너희가 무엇이든지 땅에서 매면 하늘에서도 매일 것이고, 너희가 무엇이든지 땅에서 풀면 하늘에서도 풀릴 것이다. 마태 18,18-20

이 똑같은 말이 한 복음에 두 번이나 되풀이되어 쓰여 있습니다. 주님이 무슨 의미를 전달하고자 한 것입니까?

너희들 작은 양 떼야, 두려워하지 마라. 너희 아버지께서는 그 나라를 너희에게 기꺼이 주기로 하셨다. 루카 12,32

그곳 병자들을 고쳐 주며, "하느님의 나라가 여러분에게 가까이 왔습니다." 하고 말하여라. 루카 10,9

너희가 나를 사랑하면 내 계명을 지킬 것이다. 내 계명을 받아 지키는 이야말로 나를 사랑하는 사람이다. 나를 사랑하는 사람은 내 아버지께 사랑을 받을 것이다. 예수님께서 그에게 대답하셨다. 누구든지 나를 사랑하면 내 말을 지킬 것이다. 그러면 내 아버지께서 그를 사랑하시고, 우리가 그에게 가서 그와 함께 살 것이다. 요한 14,15-23

속박(포박)과 자유는 하나의 명령입니다. 이는 마치 마귀의 영역으로 들어가 전능하신 하느님의 교회를 세우는 것과 같습니다. 이러한 영혼들은 어디로부터 왔다고 생각하십니까? 이들은 어둠의 힘에 의하여 포로가 되었습니다. 주님께서 돌아가신 후, 임보로 내려가셔서 죽음에 의해 포로가 된 이들에게 말씀을 들려주시고 악마에게서 열쇠를 빼앗아 그 곳에 갇혀 있던 포로들을 당신의 영광 안에서 함께 하늘에 오르도록 풀어주셨습니다. 주님께서는 우리에게 이 열쇠를 남겨 놓으시어 지옥의 문을 열게 하셨고 당신의 이름이 갖는 권위도 또한 남기시어 당신의 교회를 세우는 작업을 계속하도록 하셨습니다. 우리는 날마다 일어나는 일상의 경험에서 주님이 남기신 도구, 즉 당신의 계명들을 실천할 때에 바로 이 교회의 반석이 됩니다. 그렇게 되면 우리는 날마다 이 명령들을 수령하면서 교회를 계속 키워나가는 것이 됩니다.

하느님의 나라는 먹고 마시는 일이 아니라, 성령 안에서 누리는 의로움과 평화와 기쁨입니다. 로마 14,17

당신에게 다가오는 오는 모든 어둠의 권력들은 묶어 움직이지 못하게 하고 주님의 이름으로 당신이 사용할 수 있는 모든 천상의 능력들을 자유롭게 풀어내 주십시오. 주님의 말씀대로 속박(포박)과 자유는 동반합니다. 속박(포박)한다함은 무엇이 움직이지 못하도록 묶어 놓는 것이고 자유라는 것은 마음대로 활동하게 풀어준다는 뜻입니다. 그러니 악은 속박(포박)하고 그 반대되는 것은 자유롭게 하십시오.

여러분은 하느님께 속한 사람으로서 거짓 예언자들을 이미 이겼습니다. 여러분 안에 계시는 그분께서 세상에 있는 그자보다 더 위대하시기 때문입니다. 1요한 4,4

이 위대한 힘은 당신 안에 살아 계시는 성령을 통해 역사하시는 전능하신 하느님의 것입니다. 하느님 성령의 위대한 힘이 어둠의 힘을 쫓아 주십니다.

속죄

주님께서는 나날이 찬미 받으소서. 우리 위하여 짐을 지시는 하느님은 우리의 구원이시다. 시편 68,20

네 모든 잘못을 용서하시고 네 모든 아픔을 낫게 하시는 분. 시편 103,3

주님을 찬송하여라, 선하신 분이시다. 주님의 자애는 영원하시다. 이렇게 말하여라, 주님께 구원받는 이들, 그분께서 원수의 손에서 구원하신 이들. 시편 107,2

죄인은 제 길을, 불의한 사람은 제 생각을 버리고 주님께 돌아오너라. 그분께서 그를 가엾이 여기시리라. 우리 하느님께 돌아오너라. 그분께서는 너그러이 용서하신다. 이사 55,7

시온에서 슬퍼하는 이들에게 재 대신 화관을, 슬픔 대신 기쁨의 기름을 맥 풀린 넋 대신 축제의 옷을 주게 하셨다. 그래서 사람들이 그들을 '정의의 참나무' '당신 영광을 위하여 주님께서 심으신 나무'라 부르도록 하셨다. 이사 61,3

그가 저지른 죄악은 하나도 기억되지 않는다. 그 대신 공정과 정의를 실천하였으니 반드시 살 것이다. 에제 33,16

마음이 부서진 이들을 고치시고 그들의 상처를 싸매 주신다. 시편 147,3

그분께서는 다시 우리를 가엾이 여기시고 우리의 허물들을 모르는 체해 주시리라. 당신께서 저희의 모든 죄악을 바다 깊은 곳으로 던져 주십시오. 미카 7,19

이사 예언자를 통하여 "그는 우리의 병고를 떠맡고 우리의 질병을 짊어졌다." 하신 말씀이 이루어지려고 그리된 것이다. 마태 8,17ㄴ

이제 그리스도 예수님 안에 있는 이들은 단죄를 받을 일이 없습니다. 로마 8,1

그리스도 예수님 안에서 생명을 주시는 성령의 법이 그대를 죄와 죽음의 법에서 해방시켜 주었기 때문입니다. 로마 8,2

여러분에게 닥친 시련은 인간으로서 이겨 내지 못할 시련이 아닙니다. 하느님은 성실하십니다. 그분께서는 여러분에게 능력 이상으로 시련을 겪게 하지 않으십니다. 그리고 시련과 함께 그것을 벗어날 길도 마련해 주십니다. 1코린 10,13

나는 그들의 죄와 그들의 불의를 더 이상 기억하지 않으리라. 히브 10,17

시련

정신에 자제력이 없는 사람은 파괴되어 성벽이 없는 성읍과 같다. 잠언 25,28

여러분에게 닥친 시련은 인간으로서 이겨 내지 못할 시련이 아닙니다. 하느님은 성실하십니다. 그분께서는 여러분에게 능력 이상으로 시련을 겪게 하지 않으십니다. 그리고 시련과 함께 그것을 벗어날 길도 마련해 주십니다. 1코린 10,13

그분께서는 고난을 겪으시면서 유혹을 받으셨기 때문에, 유혹을 받는 이들을 도와주실 수가 있습니다. 히브 2,18

우리에게는 우리의 연약함을 동정하지 못하는 대사제가 아니라, 모든 면에서 우리와 똑같이 유혹을 받으신, 그러나 죄는 짓지 않으신 대사제가 계십니다. 히브 4,15

나의 형제 여러분, 갖가지 시련에 빠지게 되면 그것을 다시없는 기쁨으로 여기십시오. 여러분도 알고 있듯이, 여러분의 믿음이 시험을 받으면 인내가 생겨납니다. 야고 1,2-3

시련을 견디어 내는 사람은 행복합니다. 그렇게 시험을 통과하면, 그는 하느님께서 당신을 사랑하는 이들에게 약속하신 생명의 화관을 받을 것입니다. 유혹을 받을 때에 "나는 하느님께 유혹을 받고 있다." 하고 말해서는 안 됩니다. 하느님께서는 악의 유혹을 받으실 분도 아니시고, 또 아무도 유혹하지 않으십니다. 사람은 저마다 자기 욕망에 사로잡혀 꼬임에 넘어가는 바람에 유혹을 받는 것입니다. 야고 1,12-14

주님께서는 어떻게 신심 깊은 이들을 시련에서 구하시고, 불의한 자들을 벌하시어 심판 날까지 가두어 두어야 하는지 알고 계십니다. 2베드 2,9

분노에 더딘 이는 용사보다 낫고 자신을 다스리는 이는 성을 정복한 자보다 낫다. 잠언 16,32

시험의 목소리

행복하여라! 악인들의 뜻에 따라 걷지 않고 죄인들의 길에 들지 않으며 오만한 자들의 자리에 앉지 않는 사람. 시편 1,1

   * 성스럽지 않은 것은 죄인에게로 이끄는 목소리를 지녔습니다. 그것은 인간의 영혼인즉 육신으로부터 온 영혼이거나 악마로부터 온 영혼입니다.

여러분은 사람을 다시 두려움에 빠뜨리는 종살이의 영을 받은 것이 아니라, 여러분을 자녀로 삼도록 해주시는 영을 받았습니다. 이 성령의 힘으로 우리가 "아빠! 아버지!" 하고 외치는 것입니다. 로마 8,15

   * 두려움을 일으키는 것은 오직 악의 마귀뿐이다.

마찬가지로 피리나 수금처럼 생명 없는 것들도 소리를 내지만 분명한 가락을 내지 않으면, 피리로 불거나 수금으로 뜯는 곡을 사람들이 어떻게 알아들을 수 있겠습니까? 1코린 14,7

세상에는 물론 수많은 종류의 언어가 있지만 의미가 없는 언어는 하나도 없습니다. 1코린 14,10

* 모든 목소리는 뜻이 있습니다.

내가 어떤 언어의 뜻을 알지 못하면, 나는 그 언어를 말하는 이에게 외국인이 되고 그 언어를 말하는 이는 나에게 외국인이 됩니다. 1코린 14,11

* 하느님께서 당신을 바른길로 인도하실 때에는 성경에 쓰인 말씀을 한 자 한 획도 고치지 않으시고 음성을 꾸미지도 않으신다는 것을 명심하십시오.

나는 그들의 생각 속에 내 법을 넣어 주고, 그들의 마음에 그 법을 새겨 주리라. 히브 8,10

여러분은 거룩하신 분에게서 기름부음을 받았습니다. 그래서 여러분은 모두 알고 있습니다. 1요한 2,20

여러분은 그분에게서 기름부음을 받았고 지금도 그 상태를 보존하고 있으므로, 누가 여러분을 가르칠 필요가 없습니다. 그분께서 기름부으심으로 여러분에게 모든 것을 가르치십니다. 기름부음은 진실하고 거짓이 없습니다. 여러분은 그 가르침대로 그분 안에 머무르십시오. 1요한 2,27

내 양들은 내 목소리를 알아듣는다. 나는 그들을 알고 그들은 나를 따른다. 나는 그들에게 영원한 생명을 준다. 그리하여 그들은 영원토록 멸망하지 않을 것이고 또 아무도 그들을 내 손에서 빼앗아 가지 못할 것이다. 요한 10,27

신뢰

하느님의 길은 결백하고 주님의 말씀은 순수하며 그분께서는 당신께 피신하는 모든 이에게 방패가 되신다. 2사무 22,31

그분께서 나를 죽이려 하신다면 나는 가망이 없네. 다만 그분 앞에서 내 길을 변호하고 싶을 뿐. 욥 13,15

이들은 병거를, 저들은 기마를 믿지만 우리는 우리 하느님이신 주님의 이름을 부르네. 시편 20,8

저의 하느님 당신께 의지하니 제가 수치를 당하지 않게 하소서. 제 원수들이 저를 두고 기뻐 날뛰지 못하게 하소서. 시편 25,2

주님을 신뢰하며 선을 행하고 이 땅에 살며 신의를 지켜라. 주님 안에서 즐거워하여라. 그분께서 네 마음이 청하는 바를 주시리라. 네 길을 주님께 맡기고 그분을 신뢰하여라. 그분께서 몸소 해주시리라. 시편 37,3-5

행복하여라! 주님께 신뢰를 두며 오만한 자들과 거짓된 변절자들에게 돌아서지 않는 사람! 시편 40,5

당신 깃으로 너를 덮으시어 네가 그분 날개 밑으로 피신하리라. 그분의 진실은 큰 방패와 갑옷이라네. 시편 91,4

주님을 경외하는 이들아, 주님을 신뢰하여라! 주님은 도움이며 방패이시다. 주님께서 우리를 기억하시어 복을 내리시리라. 이스라엘 집안에 복을 내리시고, 아론 집안에 복을 내리시리라. 시편 115,11-12

주님, 당신의 말씀대로 당신 구원이, 당신 자애가 저에게 다다르게 하소서. 그러면 저를 모욕하는 자에게 대답할 말이 있으리니 제가 당신 말씀을 신뢰하기 때문입니다. 시편 119,41-42

네 마음을 다하여 주님을 신뢰하고 너의 예지에는 의지하지 마라. 어떠한 길을 걷든 그분을 알아 모셔라. 그분께서 네 앞길을 곧게 해주시리라. 잠언 3,5-6

보라, 하느님은 나의 구원. 신뢰하기에 나는 두려워하지 않는다. 이사 12,2ㄱ

너희는 길이길이 주님을 신뢰하여라. 주 하느님은 영원한 반석이시다. 이사 26,4

우리는 하느님께서 우리를 인정하여 맡기신 복음을 그대로 전합니다. 사람들의 비위를 맞추려는 것이 아니라 우리 마음을 시험하시는 하느님을 기쁘게 해 드리려는 것입니다. 1테살 2,4

신앙과 불신

주 여러분의 하느님을 믿으시오. 그러면 굳건해질 것이오. 그분의 예언자들을 믿으시오. 그러면 성공할 것이오. 2역대 20,20ㄴ

너희가 믿지 않으면 정녕 서 있지 못하리라. 이사 7,9ㄴ

가거라. 네가 믿은 대로 될 것이다. 마태 8,13

너희가 기도할 때에 믿고 청하는 것은 무엇이든지 다 받을 것이다. 마태 21,22

이는 당신을 믿는 이들이 받게 될 성령을 가리켜 하신 말씀이었다. 예수님께서 영광스럽게 되지 않으셨기 때문에, 성령께서 아직 와 계시지 않았던 것이다. 요한 7,39

내가 너희에게 말한다. 너희가 기도하며 청하는 것이 무엇이든 그것을 이미 받은 줄로 믿어라. 그러면 너희에게 그대로 이루어질 것이다. 마르 11,24

믿는 이에게는 모든 것이 가능하다. 마르 9,23ㄴ

믿고 세례를 받는 이는 구원을 받고 믿지 않는 자는 단죄를 받을 것이다. 마르 16,16

보라, 때가 되면 이루어질 내 말을 믿지 않았으니, 이 일이 일어나는 날까지 너는 벙어리가 되어 말을 못 하게 될 것이다. 루카 1,20

행복하십니다, 주님께서 하신 말씀이 이루어지리라고 믿으신 분! 루카 1,45

너희는 무엇을 먹을까, 무엇을 마실까 하고 찾지 마라. 염려하지 마라. 루카 12,29

그분께서는 당신을 받아들이는 이들, 당신의 이름을 믿는 모든 이에게 하느님의 자녀가 되는 권한을 주셨다. 요한 1,12

내가 생명의 빵이다. 나에게 오는 사람은 결코 배고프지 않을 것이며, 나를 믿는 사람은 결코 목마르지 않을 것이다. 그러나 내가 이미 말한 대로 너희는 나를 보고도 믿지 않는다. 요한 6,35-36

신앙이 약화되었을 때

무엇보다도 네 마음을 지켜라. 거기에서 생명의 샘이 흘러나온다. 잠언 4,23

회개와 안정으로 너희가 구원을 받고 평온과 신뢰 속에 너희의 힘이 있다. 이사 30,15ㄴ

배반한 자식들아, 돌아오너라. 내가 너희 배반을 바로잡아 주리라. 예레 3,22

우리의 길을 성찰하고 반성하여 주님께 돌아가세. 애가 3,40

그들에게 품었던 나의 분노가 풀렸으니 이제 내가 반역만 꾀하는 그들의 마음을 고쳐 주고 기꺼이 그들을 사랑해 주리라. 호세 14,5

실망했을 때의 위로

주님의 눈은 의인들을 굽어보시고 그분의 귀는 그들의 부르짖음을 들으신다. 시편 34,16

주님께서는 마음이 부서진 이들에게 가까이 계시고 넋이 짓밟힌 이들을 구원해 주신다. 시편 34,19

의인의 불행이 많을지라도 주님께서는 그 모든 것에서 그를 구하시리라. 시편 34,20

그분께서 너를 붙들어 주시리라. 의인이 흔들림을 결코 내버려 두지 않으시리라. 시편 55,23

제 속에 수많은 걱정들이 쌓여 갈 제 당신의 위로가 제 영혼을 기쁘게 하였습니다. 시편 94,19

나는 그들의 길을 보았다. 그러나 나는 그들의 병을 고쳐 주고 그들을 인도하며 그들에게 위로로 갚아 주리라. 이사 57,18ㄱ

나는 입술의 열매를 맺어 주리라. 멀리 있는 이들에게도 가까이 있는 이들에게도 평화, 평화! 주님께서 말씀하신다. 나는 그들의 병을 고쳐 주리라. 이사 57,19

어머니가 제 자식을 위로하듯 내가 너희를 위로하리라. 너희가 예루살

렘에서 위로를 받으리라. 이사 66,13

그때에는 처녀가 춤추며 기뻐하고 젊은이들과 노인들이 함께 즐거워하리라. 나는 그들의 슬픔을 기쁨으로 바꾸고 그들을 위로하며 근심 대신 즐거움을 주리라. 예레 31,13

하느님께서는 우리가 환난을 겪을 때마다 위로해 주시어, 우리도 그분에게서 받은 위로로, 온갖 환난을 겪는 사람들을 위로할 수 있게 하십니다. 그리하여 그리스도의 고난이 우리에게 넘치듯이, 그리스도를 통하여 내리는 위로도 우리에게 넘칩니다. 2코린 1,4-5

우리가 다른 민족들에게 말씀을 전하여 구원을 받게 하려는 일을 방해합니다. 이렇게 그들은 자기들의 죄를 계속 쌓아 갑니다. 그리하여 마침내 그들에게 진노가 닥쳤습니다. 1테살 2,16

여러분의 마음을 격려하시고 여러분의 힘을 북돋우시어 온갖 좋은 일과 좋은 말을 하게 해주시기를 빕니다. 2테살 2,17

십일조 헌금

하느님에게 찬양 제물을 바치고 지극히 높으신 분에게 네 서원을 채워 드려라. 그리고 불행의 날에 나를 불러라. 나 너를 구하여 주고 너는 나를 공경하리라. 시편 50,14-15

네 재물과 네 모든 소출의 맏물로 주님께 영광을 드려라. 그러면 네 곳간은 그득 차고 네 술통은 포도즙으로 넘치리라. 잠언 3,9-10

게으른 손바닥은 가난을 지어내고 부지런한 이의 손은 부를 가져온다. 잠언 10,4

후하게 나누어 주는데도 더 많이 받는 이가 있고 당연한 것마저 아끼는데도 궁핍해지는 이가 있다. 축복해 주는 이는 자기도 흡족해지고 마실 물을 주는 이는 자신도 흠뻑 마시게 된다. 잠언 11,24-25

가난한 이에게 자비를 베푸는 사람은 주님께 꾸어 드리는 이, 그분께서 그의 선행을 갚아 주신다. 잠언 19,17

어진 눈길을 지닌 이는 복을 받으리니 제 양식을 가난한 이에게 나누어 주기 때문이다. 잠언 22,9

서원을 하고 채우지 않는 것보다 서원을 하지 않는 것이 낫다. 너의 입으로 네 몸을 죄짓게 하지 말고 하느님의 사자 앞에서 그것이 실수였다고 말하지 마라. 네 말 때문에 하느님께서 진노하시어 네 손이 이룬 바를 파멸시키셔야 되겠느냐? 코헬 5,4-5

궁핍한 성도들과 함께 나누고 손님 접대에 힘쓰십시오. 로마 12,13

너희는 십일조를 모두 창고에 들여놓아 내 집에 양식이 넉넉하게 하여라. 그러고 나서 나를 시험해 보아라. 만군의 주님께서 말씀하신다. 내가 하늘의 창문을 열어 너희에게 복을 넘치도록 쏟아붓지 않나 보아라. 내가 너희를 위하여 메뚜기 떼를 꾸짖으리라. 그래서 그것들이 너희 땅의 소출을 망치지 않고 너희 밭의 포도나무가 열매를 맺지 못하는 일이 없게 하리라. 말라 3,10-11

임금이 대답할 것이다. "내가 진실로 너희에게 말한다. 너희가 내 형제들인 이 가장 작은 이들 가운데 한 사람에게 해준 것이 바로 나에게 해준 것이다." 마태 25,40

주어라. 그러면 너희도 받을 것이다. 누르고 흔들어서 넘치도록 후하게 되어 너희 품에 담아 주실 것이다. 너희가 되질하는 바로 그 되로 너희도 되받을 것이다. 루카 6,38

악령에서 벗어나 구출될 때

주님, 권능으로 영광을 드러내신 당신의 오른손이 주님, 당신의 오른손이 원수를 짓부수셨습니다. 탈출 15,6

그분께서는 가련한 이를 그 고통으로 구하시고 재앙으로 그 귀를 열어 주십니다. 욥 36,15

사람들이 하는 것처럼 하지 않고 저는 당신 입술에서 나온 말씀에 주의를 기울였습니다. 시편 17,4

주님께서는 마음이 부서진 이들에게 가까이 계시고 넋이 짓밟힌 이들을 구원해 주신다. 시편 34,19

주님의 이름을 받들어 부르는 이는 모두 구원을 받으리라. 요엘 3,5

내가 하느님께 부르짖으면 주님께서 나를 구하여 주시리라. 저녁에도 아침에도 한낮에도 나는 탄식하며 신음하네. 그러면 그분께서 내 목소리 들으시고 나를 거슬러 일어난 싸움에서 나를 평화로 이끌어 구하시리니 많은 사람들이 나를 대적하여 늘어섰기 때문이네. 시편 55,17-19

그분께서 새잡이의 그물에서 위험한 흑사병에서 너를 구하여 주시리라. 시편 91,3

이 곤경 속에서 그들이 주님께 부르짖자 난관에서 그들을 구해 주셨다. 시편 107,6

당신 말씀을 보내시어 그들을 낫게 하시고 구렁에서 구해 내셨다. 시편 107,20

주님, 당신 이름을 보시어 저를 살리소서. 당신의 의로움으로 제 영혼을 곤경에서 이끌어 내소서. 시편 143,11

높은 데에서 당신 손을 내뻗으시어 큰물에서, 이방인들의 손에서 저를 구하소서, 저를 구출하소서. 시편 144,7

의인은 곤경에서 구출되고 그 대신 악인이 빠져든다. 잠언 11,8

주님, 저희에게 자비를 베푸소서. 저희가 당신만을 바랍니다. 아침마다 저희의 팔이 되어 주소서. 곤경의 때에 저희 구원이 되어 주소서. 이사 33,2

내가 너를 악한 자들의 손에서 건져 내고 무도한 자들의 손아귀에서 구출해 내리라. 예레 15,21

너희가 진리를 깨닫게 될 것이다. 그리고 진리가 너희를 자유롭게 할 것이다. 요한 8,32

아들이 너희를 자유롭게 하면 너희는 정녕 자유롭게 될 것이다. 요한 8,36

안수(15가지 이용 방법)

① 가족의 축복을 위하여

이스라엘은 손을 엇갈리게 내밀어, 에프라임이 작은아들인데도 오른손을 에프라임의 머리에 얹고, 므나쎄가 맏아들인데도 왼손을 므나쎄의 머리에 얹었다. 창세 48,14

② 효과적인 기도를 위하여

모세가 손을 들면 이스라엘이 우세하고, 손을 내리면 아말렉이 우세하였다. 탈출 17,11

③ 축복을 내리기 위하여

모세가 눈의 아들 여호수아에게 안수하였으므로, 여호수아는 지혜의 영으로 가득 찼다. 이스라엘 자손들은 그의 말을 들으며, 주님께서 모세에게 명령하신 대로 실천하였다. 신명 34,9

④ 하느님을 경배하기 위하여

성소를 향하여 손을 들고 주님을 찬미하여라. 시편 134,2

저의 기도 당신 면전의 분향으로 여기시고 저의 손 들어 올리니 저녁 제물로 여겨 주소서. 시편 141,2

솔로몬은 이스라엘 온 회중이 보는 가운데 주님의 제단 앞에 서서, 하늘을 향하여 두 손을 펼치고 기도하였다. 1열왕 8,22

⑤ 예수님께서 어린이에게 안수하심

사람들이 어린이들을 예수님께 데리고 와서 그들에게 손을 얹고 기도해 달라고 하였다. 그러자 제자들이 사람들을 꾸짖었다. 그러나 예수님께서는 이렇게 이르셨다. "어린이들을 그냥 놓아두어라." 마태 19,13

⑥ 치유를 위하여

손으로 뱀을 집어 들고 독을 마셔도 아무런 해도 입지 않으며, 또 병자들에게 손을 얹으면 병이 나을 것이다. 마르 16,18

⑦ 서품식에

하나니아스는 길을 나섰다. 그리고 그 집에 들어가 사울에게 안수하고 나서 말하였다. "사울 형제, 당신이 다시 보고 성령으로 충만해지도록 주님께서, 곧 당신이 이리 오는 길에 나타나신 예수님께서 나를 보내셨습니다." 사도 9,17

사도들은 기도하고 그들에게 안수하였다. 사도 6,6

⑧ 사도를 파견할 때

그들은 단식하며 기도한 뒤 그 두 사람에게 안수하고 나서 떠나보냈다. 사도 13,3

⑨ 성령을 받을 때

그때에 사도들이 그들에게 안수하자 그들이 성령을 받았다. 사도 8,17

바오로가 그들에게 안수하자 성령께서 그들에게 내리시어, 그들이 신령한 언어로 말하고 예언을 하였다. 사도 19,6

⑩ 기적

바오로와 바르나바는 그곳에 오랫동안 머무르면서 주님을 의지하며 담대히 설교하였다. 주님께서는 그들의 손을 통하여 표징과 이적들이 일어나게 해주시어, 당신 은총에 관한 그들의 말을 확인해 주셨다. 사도 14,3

하느님께서는 바오로를 통하여 비범한 기적들을 일으키셨다. 사도 19,11

⑪ 친교의 오른손

교회의 기둥으로 여겨지는 야고보와 케파와 요한은 하느님께서 나에게 베푸신 은총을 인정하고, 친교의 표시로 나와 바르나바에게 오른손을 내밀어 악수하였습니다. 그리하여 우리는 다른 민족들에게 가고 그들은 할례받은 이들에게 가기로 하였습니다. 갈라 2,9

⑫ 찬양과 예배

나는 남자들이 성을 내거나 말다툼을 하는 일 없이, 어디에서나 거룩한 손을 들어 기도하기를 바랍니다. 1티모 2,8

⑬ 은사를 받음

그대가 지닌 은사, 곧 원로단의 안수와 예언을 통하여 그대가 받은 은사를 소홀히 여기지 마십시오. 1티모 4,14

⑭ 서두르지 않음

아무에게나 선뜻 안수하지 말고, 남의 죄에 연루되지 마십시오. 자신을 결백하게 지켜 가십시오. 1티모 5,22

⑮ 은사를 활용함

나는 그대에게 상기시킵니다. 내 안수로 그대가 받은 하느님의 은사를 다시 불태우십시오. 2티모 1,6

알콜 중독으로부터 구출될 때

내 발을 그물에서 빼내 주시리니 내 눈은 언제나 주님을 향해 있네. 시편 25,15

주님은 나의 힘, 나의 방패. 내 마음 그분께 의지하여 도움을 받았으니 내 마음 기뻐 뛰놀며 나의 노래로 그분을 찬송하리라. 시편 28,7

저를 돌아보시어 자비를 베푸소서. 외롭고 가련한 몸입니다. 시편 25,16

제 마음의 곤경을 풀어주시고 저를 고난에서 빼내 주소서. 시편 25,17

제 영혼을 지키시고 저를 구원하소서. 당신께 피신하니 수치를 당하지 않게 하소서. 시편 25,20

내가 하느님께 부르짖으면 주님께서 나를 구하여 주시리라. 시편 55,17

나를 거슬러 일어난 싸움에서 나를 평화로 이끌어 구하시니 많은 사람들이 나를 대적하여 늘어섰기 때문이네. 시편 55,19

이 곤경 속에서 그들이 주님께 부르짖자 난관에서 그들을 구해 주셨다. 시편 107,6

당신 말씀을 보내시어 그들을 낫게 하시고 구렁에서 구해 내셨다. 시편 107,20

그들이 하늘로 솟았다가 해심으로 떨어지니 그들 마음이 괴로움으로 녹아내렸다. 술 취한 사람처럼 비틀거리고 흔들거리니 그들의 온갖 재주도 엉클어져 버렸다. 이 곤경 속에서 그들이 주님께 부르짖자 난관에서 그들을 빼내 주셨다. 광풍을 순풍으로 가라앉히시니 파도가 잔잔해졌다. 시편 107,26-29

나 주님이 너의 하느님, 내가 네 오른손을 붙잡아 주고 있다. 나는 너에게 말한다. "두려워하지 마라. 내가 너를 도와주리라." 이사 41,13

주님의 이름을 받들어 부르는 이는 모두 구원을 받으리라. 요엘 3,5

아들이 너희를 자유롭게 하면 너희는 정녕 자유롭게 될 것이다. 요한 8,36

그리스도 예수님 안에서 생명을 주시는 성령의 법이 그대를 죄와 죽음의 법에서 해방시켜 주었기 때문입니다. 로마 8,2

우리는 하느님께 감사드립니다. 그분께서는 늘 그리스도의 개선 행진에 우리를 데리고 다니시면서 그리스도를 아는 지식의 향내가 우리를 통하여 곳곳에 퍼지게 하십니다. 2코린 2,14ㄱ

죄를 저지르는 자는 악마에게 속한 사람입니다. 악마는 처음부터 죄를 지었기 때문입니다. 그래서 악마가 한 일을 없애 버리시려고 하느님의 아드님께서 나타나셨던 것입니다. 1요한 3,8

애도하는 사람을 위한 위로

주님께서는 마음이 부서진 이들에게 가까이 계시고 넋이 짓밟힌 이들을 구원해 주신다. 시편 34,19

마음이 부서진 이들을 고치시고 그들의 상처를 싸매 주신다. 시편 147,3

의인이 사라져 가도 마음에 두는 자 하나 없다. 알아보는 자 하나 없이 성실한 사람들이 죽어간다. 그러나 의인은 재앙을 벗어나 죽어가는 것이니 그는 평화 속으로 들어가고 올바로 걷는 이는 자기 잠자리에서 편히 쉬리라. 이사 57,1-2ㄱ

형제 여러분, 죽은 이들의 문제를 여러분도 알기를 바랍니다. 그리하여 희망을 가지지 못하는 다른 사람들처럼 슬퍼하지 말라는 것입니다. 예수님께서 돌아가셨다가 다시 살아나셨음을 우리는 믿습니다. 이와 같이 하느님께서는 예수님을 통하여 죽은 이들을 그분과 함께 데려가실 것입니다. 1테살 4,13-14

시온에서 슬퍼하는 이들에게 재 대신 화관을, 슬픔 대신 기쁨의 기름을, 맥 풀린 넋 대신 축제의 옷을 주게 하셨다. 그래서 사람들이 그들을 '정의의 참나무' '당신 영광을 위하여 주님께서 심으신 나무'라 부르도록 하셨다. 이사 61,3

그들을 위로하며 근심 대신 즐거움을 주리라. 예레 31,13ㄴ

어둠의 힘을 극복하기 위하여

우리 형제들은 어린양의 피와 자기들이 증언하는 말씀으로 그자를 이겨 냈다. 그들은 죽기까지 목숨을 아끼지 않았다. 묵시 12,11

나는 어린 양의 피와 내 말의 증언으로써 마귀를 극복합니다.

우리는 그리스도 안에서, 그리스도의 피를 통하여 속량을, 곧 죄의 용서를 받았습니다. 에페 1,7

주님의 자애는 영원하시다. 이렇게 말하여라, 주님께 구원받은 이들 그분께서 원수의 손에서 구원하신 이들. 시편 107,2

예수님의 성혈을 통하여 나는 마귀의 손으로부터 해방되었습니다.

그분께서 빛 속에 계신 것처럼 우리도 빛 속에서 살아가면, 우리는 서로 친교를 나누게 되고, 그분의 아드님이신 예수님의 피가 우리를 모든 죄에서 깨끗하게 해줍니다. 1요한 1,7

예수님의 성혈을 통하여 나의 죄는 모두 씻겼고 계속해서 씻겨질 것입니다.

이제 그분의 피로 의롭게 된 우리가 그분을 통하여 하느님의 진노에서 구원을 받게 되리라는 것은 더욱 분명합니다. 로마 5,9

하느님께서는 죄를 모르시는 그리스도를 우리를 위하여 죄로 만드시어, 우리가 그리스도 안에서 하느님의 의로움이 되게 하셨습니다. 2코린 5,21

예수님께서도 당신의 피로 백성을 거룩하게 하시려고 성문 밖에서 고난을 받으셨습니다. 히브 13,12

　　예수님의 성혈로 말미암아 이 몸은 매일같이 씻겨지고, 정의롭게 되고 성화됩니다.

여러분이 하느님의 성전이고 하느님의 영께서 여러분 안에 계시다는 사실을 여러분은 모릅니까? 1코린 3,16

불신자들과 상종하지 마십시오. 의로움과 불법이 어떻게 짝을 이룰 수 있겠습니까? 빛이 어떻게 어둠과 사귈 수 있겠습니까? 2코린 6,14

내 구원의 하느님께서는 드높으시다. 하느님께서 내 원수를 갚아 주시고 백성들을 내 발아래 굴복시키셨다. 시편 18,47-48

　　하느님의 외아들이신 예수님의 성혈을 통하여 내 안에는 마귀가 들어앉을 자리가 있을 수 없습니다. 마귀는 나를 지배할 수 없습니다. 예수님께서는 십자가 위에서 죽으심으로써 나를 이 모든 것으로부터 벗어나게 해 주셨기 때문입니다.

III 주제별 성경 분류　261

어린이 길들이기

내 아들아, 주님의 교훈을 물리치지 말고 그분의 훈계를 언짢게 여기지 마라. 아버지가 아끼는 아들을 꾸짖듯 주님께서는 사랑하시는 이를 꾸짖으신다. 잠언 3,11-12

매를 아끼는 이는 자식을 미워하는 자, 자식을 사랑하는 이는 벌로 다스린다. 잠언 13,24

아직 희망이 있을 때 자식을 벌하여라. 그러나 죽일 생각까지는 품지 마라. 잠언 19,18

마땅히 걸어야 할 길을 아이에게 가르쳐라. 그러면 늙어서도 그 길에서 벗어나지 않는다. 잠언 22,6

아이의 마음에 자리 잡은 미련함은 교훈의 매가 치워 준다. 잠언 22,15

아이를 훈육하는 데에 주저하지 마라. 매로 때려도 죽지는 않는다. 아이를 매로 때리는 것은 그의 목숨을 저승에서 구해 내는 일이다. 잠언 23,13-14

회초리와 꾸짖음은 지혜를 가져오지만 내 버려진 아이는 제 어머니를 욕되게 한다. 잠언 29,15

자식을 징계하여라. 그가 너를 평안하게 하고 네 영혼에 기쁨을 가져다

속죄, 우리 삶에 대한 계약은 완전히 화해되었습니다. 온전하게 죄와 죽음의 힘으로부터 벗어났습니다.

이렇게 말하여라, 주님께 구원받은 이들 그분께서 원수의 손에서 구하신 이들 뭇 나라에서, 해 뜨는 곳과 해지는 곳에서, 북녘과 남녘에서 모아들이신 이들은 말하여라. 시편 107,2-3

우리는 그리스도 안에서, 그리스도의 피를 통하여 속량을, 곧 죄의 용서를 받았습니다. 에페 1,7

주님께서는 두루마리를 받아 봉인을 뜯기에 합당하십니다. 주님께서 살해되시고 또 주님의 피로 모든 종족과 언어와 백성과 민족 가운데에서 사람들을 속량하시어 하느님께 바치셨기 때문입니다. 묵시 5,9

의로움, 우리들의 죄의식과 잘못으로부터 벗어나게 되었습니다.

이제 그분의 피로 의롭게 된 우리가 그분을 통하여 하느님의 진노에서 구원을 받게 되리라는 것은 더욱 분명합니다. 로마 5,9

형제 여러분, 여러분은 이것을 알아야 합니다. 바로 그분을 통하여 여러분에게 죄의 용서가 선포됩니다. 사도 13,38ㄱ

모세의 율법으로는 여러분이 죄를 벗어나 의롭게 될 수 없었지만, 믿는 사람은 누구나 그분 안에서 모든 죄를 벗어나 의롭게 됩니다. 사도 13,38ㄴ-39

정의, 우리들은 다시 하느님의 오른쪽에 서도록 되었습니다.

오히려 너희 죄악이 너희와 너희 하느님 사이를 갈라놓았고 너희의 죄가 너희에게서 그분의 얼굴을 가리어 그분께서 듣지 않으신 것이다. 이사 59,2

우리가 우리 죄를 고백하면, 그분은 성실하시고 의로우신 분이시므로 우리의 죄를 용서하시고 우리를 모든 불의에서 깨끗하게 해주십니다. 1요한 1,9

예수 그리스도에 대한 믿음을 통하여 오는 하느님의 의로움은 믿는 모든 이를 위한 것입니다. 로마 3,22ㄱ

모든 사람이 죄를 지어 하느님의 영광을 잃었습니다. 로마 3,23

하느님께서는 예수님을 속죄의 제물로 내세우셨습니다. 예수님의 피로 이루어진 속죄는 믿음으로 얻어집니다. 로마 3,25ㄱ

  성화, 우리들은 예수님의 성혈에 의하여 각자 구원의 날을 위해 매일매일 하느님께로 향하게 되어있습니다.

하느님께서는 여러분을 그리스도 예수님 안에 살게 해 주셨습니다. 그리스도께서는 우리에게 하느님에게서 오는 지혜가 되시고, 의로움과 거룩함과 속량이 되셨습니다. 1코린 1,30

이 "뜻"에 따라, 예수 그리스도의 몸이 단 한 번 바쳐짐으로써 우리가 거룩하게 되었습니다. 그리스도께서는 죄를 없애시려고 한 번 제물을 바치시고 나서, 영구히 하느님의 오른쪽에 앉으셨습니다. 히브 10,10

주리라. 잠언 29,17

내가 쓸데없이 너희 자녀들을 때렸구나. 그들은 훈계를 받아들이지 않았다. 너희 칼이 예언자들을 삼키는데 약탈하는 사자 같았다. 예레 2,30

예수의 피 – 우리에게 풍성하게 주시는 것

구원, 새로 태어나는 것, 즉 영원한 저주로부터 구원받는 것

내가 진실로 진실로 너에게 말한다. 누구든지 위로부터 태어나지 않으면 하느님의 나라를 볼 수 없다. 요한 3,3

하느님께서 아들을 세상에 보내신 것은, 세상을 심판하시려는 것이 아니라 세상이 아들을 통하여 구원을 받게 하시려는 것이다. 요한 3,17

그분 말고는 다른 누구에게도 구원이 없습니다. 사실 사람들에게 주어진 이름 가운데에서 우리가 구원받는 데에 필요한 이름은 이 이름밖에 없습니다. 사도 4,12

보상, 인간의 죄를 없애 주시거나 혹은 가려 보이지 않게 해주는 것

생물의 생명이 그 피에 있기 때문이다. 나는 너희 자신을 위하여 속죄 예식을 거행할 때에 그것을 제단 위에서 쓰라고 너희에게 주었다. 피가 그 생명으로 속죄하기 때문이다. 레위 17,11

그뿐 아니라 우리는 또한 우리 주 예수 그리스도를 통하여 하느님을 자랑합니다. 이 그리스도를 통하여 이제 화해가 이루어진 것입니다. 로마 5,11

한 번의 예물로, 거룩해지는 이들을 영구히 완전하게 해주신 것입니다.
히브 10,14

풀려남, 죄에 의한 빚과 죄의식은 모두 해소되었습니다.

그리스도 예수님 안에서 이루어진 속량을 통하여 그분의 은총으로 거저 의롭게 됩니다. 로마 3,24

사람들이 이전에 지은 죄들을 용서하시어 당신의 의로움을 보여 주시려고 그리하신 것입니다. 로마 3,25ㄴ

화해, 우리들이 태도를 바꾸어 하느님의 양식을 받으면, 우리들은 적개심에서 벗어나 하느님을 따르게 되고 그분을 사랑하게 됩니다.

그분 십자가의 피를 통하여 평화를 이룩하시어 땅에 있는 것이든 하늘에 있는 것이든 그분을 통하여 그분을 향하여 만물을 기꺼이 화해시키셨습니다. 콜로 1,20

우리가 하느님의 원수였을 때에 그분 아드님의 죽음으로 그분과 화해하게 되었다면, 화해가 이루어진 지금 그 아드님의 생명으로 구원을 받게 되리라는 것은 더욱 분명합니다. 로마 5,10

넘치는 힘, 우리에게 부여된 일에 대하여 그 자격을 갖추었을 때 우리들이 받게 되는 능력

나는 사탄이 번개처럼 하늘에서 떨어지는 것을 보았다. 보라, 내가 너희에게 뱀과 전갈을 밟고 원수의 모든 힘을 억누르는 권한을 주었다. 이제 아무것도 너희를 해치지 못할 것이다. 루카 10,18-19

우리 형제들은 어린양의 피와 자기들이 증언하는 말씀으로 그자를 이겨 냈다. 그들은 죽기까지 목숨을 아끼지 않았다. 묵시 12,11

구마, 어둠의 힘에서 풀려나와 포로됨에서 자유롭게 벗어납니다.

그분께서는 과연 그 큰 죽음의 위험에서 우리를 구해 주셨고 앞으로도 구해 주실 것입니다. 이렇게 우리는 하느님께서 또다시 구해 주시리라고 희망합니다. 2코린 1,10

아버지께서는 우리를 어둠의 권세에서 구해 내시어 당신께서 사랑하시는 아드님의 나라로 옮겨주셨습니다. 콜로 1,13

용서, 용서하는 것, 용서받는 것과 잘못에 대하여 잊히는 것.

이 아드님 안에서 우리는 속량을, 곧 죄의 용서를 받습니다. 콜로 1,14

우리가 우리 죄를 고백하면, 그분은 성실하시고 의로우신 분이시므로 우리의 죄를 용서하시고 우리를 모든 불의에서 깨끗하게 해주십니다. 1요한 1,9

왜 예수의 피를 변호하나

아론은 번제물을 잡았다. 아론의 아들들이 그 피를 건네자, 아론은 제단을 돌며 거기에 그것을 뿌렸다. 레위 9,12

죄를 용서받기 위한 피흘림은 하느님의 계획이시며 모세와 이스라엘 백성을 통해 보여 준 하느님 백성의 신앙을 위한 전체 계획 중에서 중요한 일부분입니다. 그것은 인간의 속죄를 위하여 십자가에서 보이신 예수님의 희생을 뜻하는 것이었습니다(레위 17,11 참조).

다음에 아론은 백성을 위한 친교 제물로 바칠 수소와 숫양을 잡았다. 아론의 아들들이 그 피를 건네자, 아론이 제단을 돌며 거기에 그것을 뿌렸다. 레위 9,18

그때 주님 앞에서 불이 나와 제단 위의 번제물과 굳기름을 삼켰다. 온 백성은 그것을 보고 환성을 올리며 땅에 엎드렸다. 레위 9,24

이 피가 사람들에게 어떤 영향을 끼쳤습니까? 인간들 사이에 끼어있었던 모든 악을 쫓아 버렸습니다. 여기서 피는 어떤 악이든 자리를 잡으려고 하는 곳에 뿌려집니다.

엘아자르 사제는 손가락으로 그 피를 찍어, 만남의 천막 앞쪽으로 그 피를 일곱 번 뿌린다. 민수 19,4

일곱이라는 숫자는 완전함을 뜻합니다. 예수님은 마지막 희생자이셨습니다.

모세는 율법에 따라 온 백성에게 모든 계명을 선포하고 나서, 물과 주홍양털과 우슬초와 함께 송아지와 염소의 피를 가져다가 계약의 책과 온 백성에게 뿌렸다. 히브 9,19

믿음으로써, 모세는 파스카 축제를 지내고 피를 뿌려, 맏아들과 맏배의 파괴자가 그들을 건드리지 못하게 하였습니다. 히브 11,28

모든 사람의 심판자 하느님께서 계시고, 완전하게 된 의인들의 영이 있고, 새 계약의 중개자 예수님께서 계시며, 그분께서 뿌리신 피, 곧 아벨의 피보다 더 훌륭한 것을 말하는 그분의 피가 있는 곳입니다. 히브 12,24

하느님 아버지께서 미리 선택하신 여러분은 성령으로 거룩해져 예수 그리스도께 순종하게 되었고, 또 그분의 피가 뿌려져 정결하게 되었습니다. 은총과 평화가 여러분에게 풍성히 내리기를 빕니다. 1베드 1,2

성령과 물과 피인데, 이 셋은 하나로 모아 집니다. 우리가 사람들의 증언을 받아들인다면, 하느님의 증언은 더욱 중대하지 않습니까? 그것이 하느님의 증언이기 때문입니다. 바로 하느님께서 당신 아드님에 관하여 친히 증언해 주셨습니다. 1요한 5,8-9

예언의 은사를 판별함

속살거리며 중얼대는 영매들과 점쟁이들에게 물어보아라. 그러나 가르침과 증언을 살펴보아라! 그렇게 말하는 자들에게는 정녕코 서광이 없다. 이사 8,20

어수룩한 자는 아무 말이나 믿지만 영리한 이는 제 발걸음을 살핀다. 잠언 14,15

너희는 그들이 맺은 열매를 보고 그들을 알아볼 수 있다. 가시나무에서 어떻게 포도를 거두어들이고, 엉겅퀴에서 어떻게 무화과를 거두어들이겠느냐? 이와 같이 좋은 나무는 모두 좋은 열매를 맺고 나쁜 나무는 나쁜 열매를 맺는다. 좋은 나무가 나쁜 열매를 맺을 수 없고 나쁜 나무가 좋은 열매를 맺을 수 없다. 좋은 열매를 맺지 않는 나무는 모두 잘려 불에 던져진다. 그러므로 너희는 그들이 맺은 열매를 보고 그들을 알아볼 수 있다. 마태 7,16-20

여러분은 사람을 다시 두려움에 빠뜨리는 종살이의 영을 받은 것이 아니라, 여러분을 자녀로 삼도록 해주시는 영을 받았습니다. 이 성령의 힘으로 우리가 "아빠! 아버지!"하고 외치는 것입니다. 로마 8,15

내가 여러분에게 일러둡니다. 하느님의 영에 힘입어 말하는 사람은 아무도 "예수는 저주를 받아라." 할 수 없고, 성령에 힘입지 않고서는 아

무도 "예수님은 주님이시다." 할 수 없습니다. 1코린 12,3

형제 여러분, 내가 여러분에게 가서 신령한 언어로 말한다 한들, 계시나 지식이나 예언이나 가르침을 주는 말을 하지 않으면, 내가 여러분에게 무슨 소용이 있겠습니까? 1코린 14,6

무엇보다 먼저 이것을 알아야 합니다. 성경의 어떠한 예언도 임의로 해석해서는 안 됩니다. 예언은 결코 인간의 뜻에서 나온 것이 아니라, 사람들이 성령에 이끌려 하느님에게서 받아 전한 것입니다. 2베드 1,20-21

예수님의 증언을 간직하고 있는 너희 형제들과 같은 종일 따름이다. 묵시 19,10ㄴ

예언자를 판별함

사랑하는 여러분, 아무 영이나 다 믿지 말고 그 영이 하느님께 속한 것인지 시험해 보십시오. 거짓 예언자들이 세상으로 많이 나갔기 때문입니다. 여러분은 하느님의 영을 이렇게 알 수 있습니다. 예수 그리스도께서 사람의 몸으로 오셨다고 고백하는 영은 모두 하느님께 속한 영입니다. 그러나 예수님을 믿는다고 고백하지 않은 영은 모두 하느님께 속하지 않는 영입니다. 그것은 "그리스도의 적"의 영입니다. 그 영이 오리라고 여러분이 전에 들었는데, 이제 이미 세상에 와 있습니다. 1요한 4,1-3

예언자의 영은 예언자에게 복종해야 합니다. 1코린 14,32

너희는 그들이 맺은 열매를 보고 그들을 알아볼 수 있다. 마태 7,20

 예언의 은사와 예언자의 행동은 많은 사람에 의해 혼동되었습니다. 예언자들은 사람들에 의해 분별 되어서는 안 됩니다. 다만 그들의 영혼만이 다른 예언자들에 의해 심판받을 수 있습니다. 만일 그가 가짜라면 인간이 그에게 어떤 일을 하기 전에 하느님께서 그를 엄히 다스릴 것입니다. 하느님께 대한 믿음이 있는 많은 종이 거짓 예언자들의 그릇된 해석으로 인하여 제 할 일을 잘 못하는 경우가 있습니다. 이 영혼들은 심판받기 전에 우선 분별 돼야 합니다. 하느님도 역시 영혼이십니다. 하느님께서는 인간에게 말씀을 하시기 위하여 또한 인간을 사용하십니다. 예언자들은 하느님의 대변인입니다. 예언자의 말이 언제나 평안이나 훈계를 가져다주는 것만은 아닙니다. 오히려 그 반대를 가져올 수도 있습니다. 하지만 우리가 그 말을 귀담아듣는다면 새로운 생명을 가져다줄 것입니다. 예언자가 필요할 때면, 하느님께서는 주님의 말씀을 전달해 줄 당신의 개인적인 심부름꾼을 보내주십니다. 그건 오직 하느님만이 인간의 마음에 들어있는 생각을 아시기 때문입니다(히브 11,32-40, 야고 5,10 참조).

내가 무슨 말을 더 해야 하겠습니까? 기드온, 바락, 삼손, 입타, 다윗과 사무엘, 그리고 예언자들에 대하여 말하려면 시간이 모자랄 것입니다. 그들은 믿음으로 여러 나라를 정복하였고 정의를 실천하였으며, 약속된 것을 얻었고 사자들의 입을 막았으며, 맹렬한 불을 껐고 칼날을 벗어났으며, 약하였지만 강해졌고 전쟁 때에 용맹한 전사가 되었으며 외국 군대를 물리쳤습니다. 어떤 여인들은 죽었다가 부활한 식구들을 다시 맞아들이기도 하였습니다. 어떤 이들은 더 나은 부활을 누리려고, 석방도 받아들이지 않은 채 고문을 받았습니다. 또 어떤 이들은 조롱과 채찍질을 당하고 결박과 투옥을 당하기까지 하였습니다. 또 돌에 맞아 죽기도 하고 톱으로 잘리기도 하고 칼에 맞아 죽기도 하였습니다. 그들은 궁핍과 고난과 학대를 겪으며 양가죽이나 염소 가죽만 두른 채 돌아다녔습니다. 그들에게는 세상이 가치 없는 곳이었습니다. 그래서 광야와 산과 동굴과 땅굴을 헤매고 다녔습니다. 이들은 모두 믿음으로 인정을 받기는 하였지만 약속된 것을 얻지는 못하였습니다. 하느님께서 우리를 위하여 더 좋은 것을 내다보셨기 때문에, 우리 없이 그들만 완전하게 될 수가 없었던 것입니다. 히브 11,32-40

형제 여러분, 주님의 이름으로 말한 예언자들을 고난과 끈기의 본보기로 삼으십시오. 야고 5,10

용감함

주님께서 당신 권능의 왕홀을 시온으로부터 뻗쳐 주시리니 당신께서는 원수들 가운데에서 다스리소서. 시편 110,2ㄱ

의인은 사자처럼 당당하다. 잠언 28,1ㄴ

사람들이 너희를 넘길 때, 어떻게 말할까, 무엇을 말할까 걱정하지 마라. 너희가 무엇을 말해야 할지, 그때에 너희에게 일러 주실 것이다. 사실 말하는 이는 너희가 아니라 너희 안에서 말씀하시는 아버지의 영이시다. 마태 10,19

너희는 명심하여, 변론할 말을 미리부터 준비하지 마라. 어떠한 적대자도 맞서거나 반박할 수 없는 언변과 지혜를 내가 너희에게 주겠다. 루카 21,14

이는 하느님께서 우리 주 그리스도 예수님 안에서 이루신 영원한 계획에 따른 것입니다. 우리는 그리스도 안에서 그분에 대한 믿음으로, 확신을 가지고 하느님께 담대히 나아갈 수 있습니다. 에페 3,11-12

나의 간절한 기대와 희망은, 내가 어떠한 경우에도 부끄러운 일을 당하지 않고, 언제나 그러하였듯이 지금도, 살든지 죽든지 나의 이 몸으로 아주 담대히 그리스도를 찬양하는 것입니다. 필리 1,20

내가 입을 열면 말씀이 주어져 복음의 신비를 담대히 알릴 수 있도록 나를 위해서도 간구해 주십시오. 에페 6,19

확신을 가지고 은총의 어좌로 나아갑시다. 그리하여 자비를 얻고 은총을 받아 필요할 때에 도움이 되게 합시다. 히브 4,16

용서

용서하지 못함은 안에 적대감의 뿌리를 형성합니다.

모든 사람과 평화롭게 지내고 거룩하게 살도록 힘쓰십시오, 거룩해지지 않고는 아무도 주님을 뵙지 못할 것입니다. 여러분은 아무도 하느님의 은총을 놓쳐 버리는 일이 없도록 조심하십시오. 또 쓴 열매를 맺는 뿌리가 하나라도 솟아나 혼란을 일으켜 그것 때문에 많은 사람이 더럽혀지는 일이 없도록 조심하십시오. 히브 12,14-15

죄인은 제 길을, 불의한 사람은 제 생각을 버리고 주님께 돌아오너라. 그분께서 그를 가엾이 여기시리라, 우리 하느님께 돌아오너라. 그분께서는 너그러이 용서하신다. 이사 55,7

너희가 다른 사람들의 허물을 용서하면, 하늘의 너희 아버지께서도 너희를 용서하실 것이다. 그러나 너희가 다른 사람들을 용서하지 않으면, 아버지께서도 너희의 허물을 용서하지 않으실 것이다. 마태 6,14-15

너희가 저마다 자기 형제를 마음으로부터 용서하지 않으면, 하늘의 내 아버지께서도 너희에게 그와 같이하실 것이다. 마태 18,35

너희가 서서 기도할 때에 누군가에게 반감을 품고 있거든 용서하여라. 그래야 하늘에 계신 너희 아버지께서도 너희의 잘못을 용서해 주신다. 마르 11,25-26

너희가 누구의 죄든지 용서해 주면 그가 용서를 받을 것이고, 그대로 두면 그대로 남아 있을 것이다. 요한 20,23

당신을 해치거나 상처를 준 사람들을 용서하십시오. 하느님께 기도하여 아무런 조건 없이 그들을 용서하고 그들을 불쌍히 여겨 달라고 하십시오. 예수님께서 십자가 위에서 우리들을 위해 하신 것처럼 십자가의 중재 권능이 그 순간에 바로 기적을 일으키실 것입니다.

그분 십자가의 피를 통하여 평화를 이룩하시어 땅에 있는 것이든 하늘에 있는 것이든 그분을 통하여 그분을 향하여 만물을 기꺼이 화해시키셨습니다. 콜로 1,20

이 모든 것은 그리스도를 통하여 우리를 당신과 화해하게 하시고 또 우리에게 화해의 직분을 맡기신 하느님에게서 옵니다. 곧 하느님께서는 그리스도 안에서 세상을 당신과 화해하게 하시면서, 사람들에게 그들의 잘못을 따지지 않으시고 우리에게 화해의 말씀을 맡기셨습니다. 그러므로 우리는 그리스도의 사절입니다. 하느님께서 우리를 통하여 권고하십니다. 우리는 그리스도를 대신하여 여러분에게 빕니다. 하느님과 화해하십시오. 하느님께서는 죄를 모르시는 그리스도를 우리를 위하여 죄로 만드시어, 우리가 그리스도 안에서 하느님의 의로움이 되게 하셨습니다. 2코린 5,18-20

그가 찔린 것은 우리의 악행 때문이고 그가 으스러진 것은 우리의 죄악

때문이다. 우리의 평화를 위하여 그가 징벌을 받았고 그의 상처로 우리는 나았다. 이사 53,5

여기서의 평화란 휴식과, 건강과 완전함을 뜻합니다. 왜냐하면 그 관계가 바로 평화 안에 있기 때문입니다.

사실 마음에 가득 찬 것을 입으로 말하는 법입니다. 마태 12,34ㄴ

용서하는 것이 힘들 경우에 당신의 마음에 무엇이 들어있는가는 고백을 통하여 알 수 있습니다. 아직도 당신은 그들이 한 행위를 못마땅하게 생각하고 있지요. 예수님께서는 당신을 대신해서 용서하실 수 있습니다. 루카 23장 34절을 실행한다면 말이지요, 용서하지 못하는 마음은 주님의 모든 축복은 물론 건강과 기도에 대한 응답까지도 빼앗아 버립니다. 왜냐구요? 당신은 바로 당신의 입에서 나온 저주의 말로 그들을 심판대 위에 세웠기 때문입니다 (잠언 18,21; 마태 12,37 참조).

이 저주는 그들이 당신을 애초에 다치게 했거나, 배신했거나, 해쳤거나, 속였을 때 당신이 한 말입니다. 따라서 당신은 그 어느 쪽에서도 성령이 일을 하지 못하도록 해 버렸습니다. 당신이 그들을 용서하고 불쌍히 여길 때에 그들은 자유롭게 됩니다. 이제 당신은 하느님께 용서를 청해, 그들을 심판대에 세운 것은 그들이 얼마나 당신에게 못 할 짓을 했건 간에 자신의 잘못이며 이제 그들을 용서하니 당신 자신도 자유롭게 해 달라고 해야 합니다. 만일 그렇지 않다면 당신은 그들의 죄까지도 당신 자신의 몸과 영혼에 붙들어 두는 것입니다. 요한 20장 23절에서 하는 말이 바로 이것입니다.

여러분을 박해하는 자들을 축복하십시오. 저주하지 말고 축복해 주십시오. 로마 12,14

누가 누구에게 불평할 일이 있더라도 서로 참아주고 서로 용서해 주십시오. 주님께서 여러분을 용서하신 것처럼 여러분도 서로 용서하십시오. 콜로 3,12-13

모든 원한과 격분과 분노와 폭언과 중상을 온갖 악의와 함께 내버리십시오. 서로 너그럽고 자비롭게 대하고, 하느님께서 그리스도 안에서 여러분을 용서하신 것처럼 여러분도 서로 용서하십시오. 에페 4,31-32

위탁된 권위

아버지께서는 우리를 어둠의 권세에서 구해 내시어 당신께서 사랑하시는 아드님의 나라로 옮겨주셨습니다. 콜로 1,13

우리 주 예수 그리스도의 아버지 하느님께서 찬미 받으시기를 빕니다. 하느님께서는 그리스도 안에서 하늘의 온갖 영적인 복을 우리에게 내리셨습니다. 에페 1,3

우리의 전투 상대는 인간이 아니라, 권세와 권력들과 이 어두운 세계의 지배자들과 하늘에 있는 악령들입니다. 에페 6,12

여기에서 "하늘"은 공중을 가리키는 말입니다. 사탄은 공중에 떠 있는 힘의 왕자이고 이 세상의 신입니다(에페 2,2; 2코린 4,4 참조). 그러나 예수님은 당신을 믿는 사람들을 사탄의 세력, 그 어둠의 세력보다 높은 자리에 있게 하셨습니다.

모든 권세와 권력과 권능과 주권 위에, 그리고 현세만이 아니라 내세에서도 불릴 모든 이름 위에 뛰어나게 하신 것입니다. 에페 1,21

만물을 그리스도의 발아래 굴복시키시고 만물 위에 계신 그분을 교회에 머리로 주셨습니다. 교회는 그리스도의 몸으로서, 모든 면에서 만물

을 충만케 하시는 그리스도로 충만해 있습니다. 에페 1,22-23

하느님께서는 그리스도 예수님 안에서 우리를 그분과 함께 일으키시고 그분과 함께 하늘에 앉히셨습니다. 에페 2,6

예수님께서는 어둠의 세계에 앉아 계실까요? 아닙니다. 예수님은 그 위에 계시고 우리와 함께하십니다.

우리 믿는 이들을 위한 그분의 힘이 얼마나 엄청나게 큰지를 그분의 강한 능력의 활동으로 알게 되기를 비는 것입니다. 에페 1,19

하느님께서는 그리스도 안에서 그 능력을 펼치시어, 그분을 죽은 이들 가운데에서 일으키시고 하늘에 올리시어 당신 오른쪽에 앉히셨습니다. 에페 1,20

믿는 이들에게는 이러한 표징들이 따를 것이다. 곧 내 이름으로 마귀들을 쫓아내고 새로운 언어들을 말합니다. 마르 16,17

믿는 이들은 예수님의 이름으로 모든 악령을 다스릴 수 있는 권위를 갖고 있습니다.

보라, 내가 너희에게 뱀과 전갈을 밟고 원수의 모든 힘을 억누르는 권한을 주었다. 이제 아무것도 너희를 해치지 못할 것이다. 루카 10,19

바로 이것이 악령과 마귀들을 우리들 발밑에 놓이게 하는 것이 아닙니까?

예수님께서는 그들에게 다가가 이르셨다. "나는 하늘과 땅의 모든 권한을 받았다." 마태 28,18

이 권한은 모든 사람에게 주어진 것입니다. 단지 신부나 선택된 몇 명에게만 주어진 것이 아닙니다.

하느님께 복종하고 악마에게 대항하십시오. 그러면 악마가 여러분에게서 달아날 것입니다. 야고 4,7

육신의 질병을 치유하기 위한 말씀

* 복부 질환의 환자

주 저의 하느님 제가 당신께 애원하자 저를 낫게 하셨습니다. 시편 30,3

스스로 지혜롭다 여기지 말고 주님을 경외하며 악을 멀리하여라. 그것이 네 몸에 약이 되고 네 뼈에 활력소가 되리라. 잠언 3,7-8

내 아들아, 내 말에 주의를 기울이고 내 이야기에 귀를 기울여라. 그것이 네 눈에서 벗어나지 않도록 네 마음 한가운데에 간직하여라. 내 말은 그것을 찾아 얻는 이에게 생명이 되고 그의 온몸에 활력이 되어 준다. 잠언 4,20-22

* 알레르기-부스럼·종기

큰물이 닥친다 하더라도 그에게는 미치지 못하리이다. 시편 32,6ㄴ

내 영혼아, 어찌하여 녹아내리며 어찌하여 내 안에서 신음하느냐? 하느님께 바라라. 나 그분을 다시 찬송하게 되리라, 나의 구원, 나의 하느님을. 시편 42,12

물살이 저를 짓치지 못하고 깊은 물이 저를 집어삼키지 못하며 심연이 저를 삼켜 그 입을 다물지 못하게 하소서. 시편 69,16

높은 데에서 당신 손을 내뻗으시어 큰물에서, 이방인들의 손에서 저를 구하소서, 저를 구출하소서. 시편 144,7

제 마음의 곤경을 풀어주시고 저를 고난에서 빼내 주소서. 저의 비참과 고생을 보시고 저의 죄악을 모두 없이 하소서. 시편 25,17-18

* 관절염-통풍

그리스도께서는 우리를 위하여 스스로 저주받은 몸이 되시어, 우리를 율법의 저주에서 속량해 주셨습니다. 성경에 "나무에 매달린 사람은 모두 저주받은 자다."라고 기록되어 있기 때문입니다. 그리하여 아브라함에게 약속된 복이 그리스도 예수님 안에서 다른 민족들에게 이르러, 우리가 약속된 성령을 믿음으로 받게 되었습니다. 갈라 3,13

여보게, 자네는 많은 이를 타이르고 맥 풀린 손들에 힘을 불어넣어 주었으며 자네의 말은 비틀거리는 이를 일으켜 세웠고 또 자네는 꺾인 무릎에 힘을 돋우어 주기도 하였다. 욥 4,3-4

주님께서는 넘어지는 이 누구나 붙드시고 꺾인 이 누구나 일으켜 세우신다. 시편 145,14

너희는 맥 풀린 손에 힘을 불어넣고 꺾인 무릎에 힘을 돋우어라. 이사 35,3

맥 풀린 손과 힘 빠진 무릎을 바로 세워 바른길을 달려가십시오. 히브 12,12

주님께서는 붙잡힌 이들을 풀어주시고 주님께서는 눈먼 이들의 눈을 열어주시며 주님께서는 꺾인 이들을 일으켜 세우신다. 시편 146,8

평온한 마음은 몸의 생명이고 질투는 뼈의 염증이다. 잠언 14,30

상냥한 말은 꿀 송이, 목에 달콤하고 몸에 생기를 준다. 잠언 16,24

✻ 천식·기관지 질환

그분께서 새잡이의 그물에서 위험한 흑사병에서 너를 구하여 주시리라. 시편 91,3

"제 탄원과 간청에 귀를 막지 마소서." 하는 제 소리를 당신께서는 들으셨습니다. 애가 3,56

주님의 이름을 받들어 부르는 이는 모두 구원을 받으리라. 요엘 3,5

하느님은 오히려 모든 이에게 생명과 숨과 모든 것을 주시는 분이십니다. 사도 17,25ㄴ

✻ 불임

아이를 낳지 못하는 여인도 집 안에서 살며 여러 아들 두고 기뻐하는 어머니 되게 하시는 분이시다. 시편 113,9

너무 어려워 주님이 못 할 일이라도 있다는 말이냐? 내가 내년 이맘때에 너에게 돌아올 터인데, 그때에는 사라에게 아들이 있을 것이다. 창세 18,14

너희는 어떤 민족보다 복을 더 받아서, 너희에게는 아기를 낳지 못하는 남자도 여자도 없을 것이다. 신명 7,14

* 등·허리 질환(관절염 참조)

제가 비록 곤경 속을 걷는다 해도 당신께서는 제 원수들의 분노를 거슬러 저를 살리십니다. 당신 손을 뻗치시어 당신 오른손으로 저를 구하십니다. 시편 138,7

그것이 네 몸에 약이 되고 네 뼈에 활력소가 되리라. 잠언 3,8

사실 하느님의 말씀은 살아 있고 힘이 있으며 어떤 쌍날칼보다도 날카롭습니다. 그래서 사람 속을 꿰 찔러 혼과 영을 가르고 관절과 골수를 갈라, 마음의 생각과 속셈을 가려냅니다. 히브 4,12

내가 피투성이로 누워 있는 너에게 "살아남아라!" 하고 말하였다. 에제 16,6

나는 그들의 피를 되갚아 주고 어떤 죄도 벌하지 않은 채 내버려 두지 않으리라. 주님은 시온에 머무른다. 요엘 4,21

여러분이 하느님의 성전이고 하느님의 영께서 여러분 안에 계시다는 사실을 여러분은 모릅니까? 1코린 3,16

* 오줌싸기

제 영혼을 지키시고 저를 구원하소서. 당신께 피신하니 수치를 당하지 않게 하소서. 시편 25,20

큰물이 닥친다 하더라도 그에게는 미치지 못하리이다. 시편 32,6ㄴ

그는 우리의 병고를 떠맡고 우리의 질병을 짊어졌다. 마태 8,17ㄴ

물살이 저를 짓치지 못하고 깊은 물이 저를 집어삼키지 못하며 심연이 저를 삼켜 그 입을 다물지 못하게 하소서. 시편 69,16

높은 데에서 당신 손을 내뻗으시어 큰물에서, 이방인들의 손에서 저를 구하소서, 저를 구출하소서. 시편 144,7ㄴ

   ＊ 뼈-잠언 17,22;14,30(관절염 참조)

저에게 자비를 베푸소서. 주님, 저는 쇠약한 몸입니다. 저를 고쳐 주소서. 주님, 제 뼈들이 떨고 있습니다. 시편 6,3

제가 입 밖에 내지 않으려 하였더니 나날이 신음 속에 저의 뼈들이 말라 들었습니다. 시편 32,3

그의 뼈들을 모두 지켜 주시니 그 가운데 하나도 부러지지 않으리라. 시편 34,21

그것이 네 몸에 약이 되고 네 뼈에 활력소가 되리라. 네 재물과 네 모든 소출의 맏물로 주님께 영광을 드려라. 잠언 3,8

사실 하느님의 말씀은 살아 있고 힘이 있으며 어떤 쌍날칼보다도 날카롭습니다. 그래서 사람 속을 꿰 찔러 혼과 영을 가르고 관절과 골수를 갈라, 마음의 생각과 속셈을 가려냅니다. 히브 4,12

주님께서 늘 너를 이끌어 주시고 메마른 곳에서도 네 넋을 흡족하게 하시며 네 뼈마디를 튼튼하게 하시리라. 이사 58,11ㄱ

* 화상-햇볕에 탐

주님은 너를 지키시는 분. 주님은 너의 그늘, 네 오른쪽에 계시다. 시편 121,5

네가 불 한가운데를 걷는다 해도 너는 타지 않고 불꽃이 너를 태우지 못하리라. 이사 43,2ㄴ

그들은 배고프지도 않고 목마르지도 않으며 열풍도 태양도 그들을 해치지 못하리니 그들을 가엾이 여기시는 분께서 그들을 이끄시며 샘터로 그들을 인도해 주시기 때문이다. 이사 49,10

* 암

내 아들아, 내 말에 주의를 기울이고 내 이야기에 귀를 기울여라. 그것이 네 눈에서 벗어나지 않도록 네 마음 한가운데에 간직하여라. 내 말은 그것을 찾아 얻는 이에게 생명이 되고 그의 온몸에 활력이 되어 준다. 잠언 4,20-22

내 안수로 그대가 받은 하느님의 은사를 다시 불태우십시오. 하느님께서는 우리에게 비겁함의 영을 주신 것이 아니라, 힘과 사랑과 절제의 영을 주셨습니다. 2티모 1,6-7

주님은 성실하신 분이시므로, 여러분의 힘을 북돋우시고 여러분을 악에서 지켜 주실 것입니다. 2테살 3,3

하늘의 내 아버지께서 심지 않으신 초목은 모두 뽑힐 것이다. 그들을 내버려 두어라. 그들은 눈먼 이들의 눈먼 인도자들이다. 마태 15,13-14

누구든지 이산더러 "들려서 저 바다에 빠져라." 하면서 마음속으로 의심하지 않고 자기가 말하는 대로 이루어진다고 믿으면, 그대로 될 것이다. 그러므로 내가 너희에게 말한다. 너희가 기도하며 청하는 것이 무엇이든 그것을 이미 받은 줄로 믿어라. 마르 11,23-24

* 감기(천식 참조)

주님께서는 너희에게 계속 흑사병이 달라붙게 하시어, 너희가 차지하러 들어가는 땅에서 마침내 너희를 없애 버리실 것이다. 신명 28,21

내 영혼아, 어찌하여 녹아내리며 어찌하여 내 안에서 신음하느냐? 하느님께 바라라. 나 그분을 다시 찬송하게 되리라, 나의 구원, 나의 하느님을. 시편 42,12

그분께서 새잡이의 그물에서 위험한 흑사병에서 너를 구하여 주시리라. 시편 91,3

* 분만

진통을 겪기 전에 해산하고 산고가 오기 전에 사내아이를 출산한다. 이사 66,7

여자가 자식을 낳아 기르면서, 믿음과 사랑과 거룩함을 지니고 정숙하게 살아가면 구원을 받을 것입니다. 1티모 2,15

* 열이 나는 병

당신 말씀을 보내시어 그들을 낫게 하시고 구렁에서 구해 내셨다. 시편 107,20

난도질하듯 함부로 지껄이는 자들도 있지만 지혜로운 이들의 혀는 아픔을 낫게 한다. 잠언 12,18

주님, 저를 낫게 해주소서. 그러면 제가 나으리이다. 예레 17,14ㄱ

내가 이 도성에 건강과 치유를 가져다주겠다. 내가 그들을 치료하고 그들에게 넘치는 평화와 안정을 보여 주겠다. 예레 33,6

주님의 눈은 의인들을 굽어보시고 그분의 귀는 그들의 간구를 들으신다. 1베드 3,12ㄱ

네 모든 잘못을 용서하시고 네 모든 아픔을 낫게 하시는 분. 시편 103,3

서로 죄를 고백하고 서로 남을 위하여 기도하십시오. 그러면 여러분의 병이 낫게 될 것입니다. 의인의 간절한 기도는 큰 힘을 냅니다. 야고 5,16

　＊ 물에 빠짐

네가 물 한가운데를 지난다 해도 나 너와 함께 있고 강을 지난다 해도 너를 덮치지 않게 하리라. 이사 43,2ㄱ

　＊ 눈과 귀

주님께서는 눈먼 이들의 눈을 열어주시며 주님께서는 꺾인 이들을 일으켜 세우신다. 시편 146,8ㄱ

그날에는 귀먹은 이들도 책에 적힌 말을 듣고 눈먼 이들의 눈도 어둠과 암흑을 벗어나 보게 되리라. 이사 29,18

보는 자들의 눈은 더 이상 들러붙지 않고 듣는 자들의 귀는 잘 듣게 되리라. 이사 29,18

그때에 눈먼 이들은 눈이 열리고 귀먹은 이들은 귀가 열리리라. 이사 35,5

눈먼 이들이 보고 다리 저는 이들이 제대로 걸으며, 나병 환자들이 깨끗해지고 귀먹은 이들이 들으며, 죽은 이들이 되살아나고 가난한 이들이 복음을 듣는다. 그때에 눈먼 이들은 눈이 열리고 귀먹은 이들은 귀가 열리리라. 마태 11,5

보지 못하는 눈을 뜨게 하고 갇힌 이들을 감옥에서, 어둠 속에 앉아 있는 이들을 감방에서 풀어주기 위함이다. 이사 42,7

그분께서는 가련한 이를 그 고통으로 구하시고 재앙으로 그 귀를 열어 주십니다. 욥 36,15

새잡이의 그물에서 위험한 흑사병에서 너를 구하여 주시리라. 당신 깃으로 너를 덮으시어 네가 그분 날개 밑으로 피신하리라. 시편 91,3-4

＊ 얼굴

내 영혼아, 어찌하여 녹아내리며 내 안에서 신음하느냐? 하느님께 바라라. 나 그분을 다시 찬송하게 되리라, 나의 구원, 나의 하느님을. 시편 42,6

＊ 발(동맥염과 뼈 참조)

비틀거리는 이들은 힘으로 허리를 동여맨다. 1사무 2,4ㄴ

주님께서는 당신께 충실한 이들의 발걸음은 지켜 주신다. 1사무 2,9ㄱ

정녕 당신께서는 제 목숨을 죽음에서, 제 눈을 눈물에서, 제 발을 넘어짐에서 구하셨습니다. 시편 116,8

나는 주님 앞에서 걸어가리라. 산 이들의 땅에서. 시편 116,9

"내가 모진 괴로움을 당하는구나." 되뇌면서도 나는 믿었네. 시편 116,10

내 도움은 주님에게서 오리니 하늘과 땅을 만드신 분이시다. 그분께서는 네 발이 비틀거리지 않게 하시고 너를 지키시는 그분께서는 졸지도 않으신다. 시편 121,2-3

너는 안심하고 길을 걸으며 네 발은 어디에도 부딪치지 않으리라. 잠언 3,23

* 열

그는 우리의 병고를 떠맡고 우리의 질병을 짊어졌다. 마태 8,17ㄴ

시몬의 장모가 심한 열에 시달리고 있어서, 사람들이 그를 위해 예수님께 청하였다. 예수님께서 그 부인에게 가까이 가시어 열을 꾸짖으시니 열이 가셨다. 그러자 부인은 즉시 일어나 그들의 시중을 들었다. 루카 4,38ㄴ-39

주님께서는 너희를 폐병과 열병과 염증, 무더위와 가뭄과 마름병과 깜부깃병으로 계속 치시고 마침내 너희가 망할 때까지 그것들이 너희를 쫓아다니게 하실 것이다. 신명 28,22ㄱ

＊ 손

맥 풀린 손과 힘 빠진 무릎을 바로 세워 바른길을 달려가십시오. 그리하여 절름거리는 다리가 접질리지 않고 오히려 낫게 하십시오. 히브 12,12-13

너희는 맥 풀린 손에 힘을 불어넣고 꺾인 무릎에 힘을 돋우어라. 이사 35,3

＊ 두통-편두통

저의 비참과 고생을 보시고 저의 죄악을 모두 없이 하소서. 시편 25,18

하느님께 바라라. 나 그분을 다시 찬송하게 되리라, 나의 구원, 나의 하느님을. 시편 42,12ㄷ

나는 너희에게 평화를 남기고 간다. 내 평화를 너희에게 준다. 요한 14,27ㄱ

제 영혼이 흙바닥에 붙어 있습니다. 저를 살려 주소서. 시편 119,25

당신 말씀이 저를 살리신다는 것, 이것이 고통 가운데 제 위로입니다. 시편 119,50

멀리 있는 이들에게도 가까이 있는 이들에게도 평화, 평화! 주님께서 말씀하신다. 나는 그들의 병을 고쳐 주리라. 이사 57,19

그리스어에서는 이 말이 몸의 평화를 뜻합니다. 따라서 이것은 불편함과 고통을 씻어 준다는 뜻입니다.

예수님을 죽인 이들 가운데에서 일으키신 분의 영께서 여러분 안에 사시면, 그리스도를 죽은 이들 가운데에서 일으키신 분께서 여러분 안에 사시는 당신의 영을 통하여 여러분의 죽을 몸도 다시 살리실 것입니다. 로마 8,11

* 심장병

주님께 바라라. 네 마음 굳세고 꿋꿋해져라. 주님께 바라라. 시편 27,14

주님은 나의 힘, 나의 방패 내 마음 그분께 의지하여 도움을 받았으니 내 마음 기뻐 뛰놀며 나의 노래로 그분을 찬송하리라. 시편 28,7

무엇보다도 네 마음을 지켜라. 거기에서 생명의 샘이 흘러나온다. 잠언 4,23

주님께 충실한 이들아, 모두 주님을 사랑하여라. 주님께서는 진실한 이들은 지켜 주시나 거만하게 구는 자에게는 호되게 갚으신다. 주님께 희망을 두는 모든 이들아, 힘을 내어 마음을 굳세게 가져라. 시편 31,24-25

제 몸과 제 마음이 스러질지라도 제 마음의 반석, 제 몫은 영원히 하느님이십니다. 시편 73,26

즐거운 마음은 건강을 좋게 하고 기가 꺾인 정신은 뼈를 말린다. 잠언 17,22

* 치질

주님께서는 너희가 고치지 못할 이집트의 궤양과 종기와 옴과 가려움병으로 너희를 치실 것이다. 신명 28,27

마귀에게 당신이 이 사실을 알고 있다는 것을 알리시오. 그리고 그가 당신에게 이 저주를 내리지 못하도록 묶으십시오. 구마의 기도를 하되 나사렛 예수 그리스도의 이름으로 하십시오.

＊ 불면증

나 자리에 누워 잠들었다 깨어남은 주님께서 나를 받쳐 주시기 때문이다. 시편 3,6

주님, 당신만이 저를 평안히 살게 하시니 저는 평화로이 자리에 누워 잠이 듭니다. 시편 4,9

일찍 일어남도 늦게 자리에 듦도 고난의 빵을 먹음도 너희에게 헛되리라. 당신께서 사랑하시는 이에게는 잘 때에 그만큼을 주신다. 시편 127,2

네가 누워도 무서워할 것이 없고 누우면 곧 단잠을 자게 되리라. 잠언 3,24

적게 먹든 많이 먹든 노동자의 잠은 달콤하다. 그러나 부자의 배부름은 잠을 못 이루게 한다. 코헬 5,11

주님께서는 너희 위로 깊은 잠의 영을 부으시고 너희 예언자들의 눈을 감기시며 너희 선견자들의 머리를 덮어 버리셨다. 이사 29,10

＊ 신장병

당신의 가르침을 잊지 않았으니 제 가련함을 보시어 저를 구원하소서.

제 소송을 이끄시어 저를 구해 내소서. 당신의 말씀대로 저를 살리소서.
시편 119,153-154

저는 몹시도 고통을 겪고 있습니다. 주님, 당신 말씀대로 저를 살려 주소서. 시편 119,107

물살이 저를 짓치지 못하고 깊은 물이 저를 집어삼키지 못하며 심연이 저를 삼켜 그 입을 다물지 못하게 하소서. 시편 69,16

높은 데에서 당신 손을 내뻗으시어 큰물에서, 이방인들의 손에서 저를 구하소서, 저를 구출하소서. 시편 144,7

주님, 저를 낫게 해주소서. 그러면 제가 나으리이다. 저를 구원해 주소서. 그러면 제가 구원 받으리이다. 당신은 제 찬양을 받으실 분이십니다. 예레 17,14

주님께서는 너희를 폐병과 열병과 염증, 무더위와 가뭄과 마름병과 깜부깃병으로 계속 치실 것입니다. 신명 28,22ㄱ

그러나 그가 찔린 것은 우리의 악행 때문이고 그가 으스러진 것은 우리의 죄악 때문이다. 우리의 평화를 위하여 그가 징벌을 받았고 그의 상처로 우리는 나았다. 이사 53,5

＊ 약물 치료와 기적

내 아들아, 내 말에 주의를 기울이고 내 이야기에 귀를 기울여라. 그것이 네 눈에서 벗어나지 않도록 네 마음 한가운데에 간직하여라. 내 말은

그것을 찾아 얻는 이에게 생명이 되고 그의 온몸에 활력이 되어 준다. 잠언 4,20-22

* 정신질환

주님께서는 또 정신병과 실명증과 착란증으로 너희를 치실 것이다. 눈먼 이가 어둠 속에서 더듬는 것처럼, 너희는 대낮에도 더듬으며 길을 제대로 찾아가지 못할 것이다. 너희가 늘 억압을 받고 착취를 당하여도 구원해 줄 사람이 없을 것이다. 신명 28,28-29

그리스도께서는 우리를 위하여 스스로 저주받은 몸이 되시어, 우리를 율법의 저주에서 속량해 주셨습니다. 성경에 "나무에 매달린 사람은 모두 저주받은 자다."라고 기록되어 있기 때문입니다. 갈라 3,13

저를 돌아보시어 자비를 베푸소서. 외롭고 가련한 몸입니다. 시편 25,16

제 마음의 곤경을 풀어주시고 저를 고난에서 빼내 주소서. 시편 25,17

제 영혼을 지키시고 저를 구원하소서. 당신께 피신하니 수치를 당하지 않게 하소서. 시편 25,20

주님 앞에 고요히 머물며 그분을 고대하여라. 제 길에서 성공을 거두는 자 때문에, 음모를 실행에 옮기는 사람 때문에 격분하지 마라. 시편 37,7

제 속에 수많은 걱정들이 쌓여 갈 제 당신의 위로가 제 영혼을 기쁘게 하였습니다. 시편 94,19

주 하느님께서 나를 도와주시니 나는 수치를 당하지 않는다. 그러기에

나는 내 얼굴을 차돌처럼 만든다. 나는 부끄러운 일을 당하지 않을 것임을 안다. 이사 50,7

주님께서는 억눌린 이에게 피신처, 환난 때에 피신처가 되어 주시네. 시편 9,10

네가 하는 일을 주님께 맡겨라. 계획하는 일이 이루어질 것이다. 잠언 16,3

누가 주님의 마음을 알아 그분을 가르칠 수 있겠습니까? 그러나 우리는 그리스도의 마음을 지니고 있습니다. 1코린 2,16

하느님을 아는 지식을 가로막고 일어서는 모든 오만을 무너뜨리며, 모든 생각을 포로로 잡아 그리스도께 순종시킵니다. 2코린 10,5

그리스도 예수님께서 지니셨던 바로 그 마음을 여러분 안에 간직하십시오. 필리 2,5

어떠한 경우에든 감사하는 마음으로 기도하고 간구하며 여러분의 소원을 하느님께 아뢰십시오. 그러면 사람의 모든 이해를 뛰어넘는 하느님의 평화가 여러분의 마음과 생각을 그리스도 예수님 안에서 지켜 줄 것입니다. 필리 4,6-7

하느님께서는 우리에게 비겁함의 영을 주신 것이 아니라, 힘과 사랑과 절제의 영을 주셨습니다. 2티모 1,7

* 입-입술 (얼굴 참조)

입을 조심하는 이는 제 목숨을 보존하지만 입술을 열어젖히는 자에게는 파멸이 온다. 잠언 13,3

의인의 입은 생명의 샘이지만 악인의 입은 폭력을 감추고 있다. 잠언 10,11

입과 혀를 지키는 이는 곤경에서 제 목숨을 지킨다. 잠언 21,23

　＊ 불안

하느님께서 우리의 피신처와 힘이 되시어 어려울 때마다 늘 도우셨기에 우리는 두려워하지 않네. 시편 46,2

그의 말은 기름보다 매끄러우나 실은 빼어 든 칼이라네. 시편 55,22ㄴ

주님께서 너의 의지가 되시어 네 발이 덫에 걸리지 않게 지켜 주시리라. 잠언 3,26

그리스도를 죽은 이들 가운데에서 일으키신 분께서 여러분 안에 사시는 당신의 영을 통하여 여러분의 죽을 몸도 다시 살리실 것입니다. 로마 8,11ㄴ

주님은 영이십니다. 그리고 주님의 영이 계신 곳에는 자유가 있습니다. 2코린 3,17

주님은 성실하신 분이시므로, 여러분의 힘을 북돋우시고 여러분을 악에서 지켜 주실 것입니다. 2테살 3,3

* 고통

저의 비참과 고생을 보시고 저의 죄악을 모두 없이 하소서. 시편 25,18

제 영혼을 지키시고 저를 구원하소서. 당신께 피신하니 수치를 당하지 않게 하소서. 시편 25,20

나는 너희에게 평화를 남기고 간다. 내 평화를 너희에게 준다. 내가 주는 평화는 세상이 주는 평화와 같지 않다. 너희 마음이 산란해지는 일도, 겁을 내는 일도 없도록 하여라. 요한 14,27

마음이 부서진 이들을 고치시고 그들의 상처를 싸매 주신다. 시편 147,3

그는 우리의 병고를 메고 갔으며 우리의 고통을 짊어졌다. 이사 53,4ㄱ

그리스도어로 평화는 몸의 평화를 뜻합니다.

* 중독

손으로 뱀을 집어 들고 독을 마셔도 아무런 해도 입지 않으며 또 병자에게 손을 얹으면 병이 나을 것이다. 마르 16,18

* 중풍, 발작, 근육 위축증과 경화증

용사들의 활은 부러지고 비틀거리는 이들은 힘으로 허리를 동여맨다. 1사무 2,4

하느님, 제가 당신께 드린 서원들이 있으니 감사의 제사로 당신께 채워 드리오리다. 당신께서 제 목숨을 죽음에서 건지시어 제 발이 넘어지지 않게 해 주셨으니 하느님 앞에서, 생명의 빛 속에서 걸어가도록 하심입니다. 시편 56,13-14

정녕 당신께서는 제 목숨을 죽음에서, 제 눈을 눈물에서, 제 발을 넘어짐에서 구하셨습니다. 나는 주님 앞에서 걸어가리라. 산 이들의 땅에서, "내가 모진 괴로움을 당하는구나." 되뇌면서도 나는 믿었네. 시편 116,8-10

제가 비록 곤경 속을 걷는다 해도 당신께서는 제 원수들의 분노를 거슬러 저를 살리십니다. 시편 138,7ㄱ

너는 안심하고 길을 걸으며 네 발은 어디에도 부딪치지 않으리라. 잠언 3,23

주님께서는 넘어지는 이 누구나 붙드시고 꺾인 이 누구나 일으켜 세우신다. 시편 145,14

* 피부

살갗과 살로 저를 입히시고 뼈와 힘줄로 저를 엮으셨습니다. 저에게 자애를 베푸시고 저를 보살피시어 제 목숨을 지켜 주셨습니다. 욥 10,11-12

내 말은 그것을 찾아 얻는 이에게 생명이 되고 그의 온몸에 활력이 되어 준다. 잠언 4,20-22

이것은 믿지 않은 이들에게서 나타나는 징표 중의 하나입니다. 즉 하느님께서는 믿는 이들 안에 살아 계시며 뱀이 모르는 사이에 사람을 물었을 때 성스러운 보호를 해주신다는 사실을 뜻합니다. 그러나 이로 인해 믿는 이들이 하느님을 시험에 일부러 빠뜨리지 말아야 할 것입니다.

* 졸음

내 눈에 잠도, 내 눈가에 졸음도 허락하지 않으리라. 시편 132,4

잠을 좋아하지 마라, 가난해진다. 눈을 뜨고 있어라, 양식이 풍부해진다. 잠언 20,13

여러분은 지금이 어떤 때인지 알고 있습니다. 여러분이 잠에서 깨어날 시간이 이미 되었습니다. 이제 우리가 처음 믿을 때보다 우리의 구원이 더 가까워졌기 때문입니다. 로마 13,11

* 말 더듬기

더듬거리는 자들의 혀는 분명하고 거침없이 말하리라. 이사 32,4

사람들이 귀먹고 말 더듬는 이를 예수님께 데리고 와서, 그에게 손을 얹어 주십사고 청하였다. 예수님께서는 그를 군중에게서 따로 데리고 나가서서, 당신 손가락을 그의 두 귀에 넣으셨다가 침을 발라 그의 혀에 손을 대셨다. 그리고 나서 하늘을 우러러 한숨을 내쉬신 다음, 그에게 "에파타!" 곧 "열려라!" 하고 말씀하셨다. 그러자 곧바로 그의 귀가 열리고 묶인 혀가 풀려서 말을 제대로 하게 되었다. 사람들은 더할 나위 없이 놀라서 말하였다. "저분이 하신 일은 모두 훌륭하다. 귀먹은 이들

은 듣게 하시고 말 못하는 이들은 말하게 하시는구나." 마르 7,32-37

일어나소서, 주님. 저를 구하소서, 저의 하느님. 정녕 당신께서는 제 모든 원수들의 턱을 치시고 악인들의 이를 부수십니다. 시편 3,8

　＊ 안면 신경통(고통 참조)

적들이 "네 하느님은 어디 계시냐?" 온종일 제게 빈정대면서 제 뼈들이 으스러지도록 저를 모욕합니다. 시편 42,11

내 영혼아, 어찌하여 녹아내리며 내 안에서 신음하느냐? 하느님께 바라라. 나 그분을 다시 찬송하게 되리라. 나의 구원, 나의 하느님을. 시편 42,12

　＊ 피곤함-의지 박약-허약

그는 우리의 병고를 떠맡고 우리의 질병을 짊어졌다. 마태 8,17

제가 비록 곤경 속을 걷는다 해도 당신께서는 제 원수들의 분노를 거슬러 저를 살리십니다. 당신 손을 뻗치시어 당신 오른손으로 저를 구하십니다. 시편 138,7

그분께서는 피곤한 이에게 힘을 주시고 기운이 없는 이에게 기력을 북돋아 주신다. 이사 40,29

주님께 바라는 이들은 새 힘을 얻고 독수리처럼 날개치며 올라간다. 그들은 뛰어도 지칠 줄 모르고 걸어도 피곤한 줄 모른다. 이사 40,31

우리는 올바른 방식으로 기도할 줄 모르지만 성령께서 몸소 말로 다 할

수 없이 탄식하시며 우리를 대신하여 간구해 주십니다. 로마 8,26

주님과 결합하는 이는 그분과 한 영이 됩니다. 1코린 6,17

　＊ 궤양-상처

마음이 부서진 이들을 고치시고 그들의 상처를 싸매 주신다. 시편 147,3

참으로 내가 너에게 건강을 되돌려 주고 너의 상처를 고쳐 주리라. 예레 30,17ㄴ

　＊ 혹-종기

하늘의 내 아버지께서 심지 않으신 초목은 모두 뽑힐 것이다. 마태 15,13

　＊ 오줌 못 누는 병

당신께 충실한 이들이 모두 곤경의 때에 기도드립니다. 큰물이 닥친다 하더라도 그에게는 미치지 못하리이다. 시편 32,6

진창에서 저를 구출하소서. 제가 빠져들지 않도록. 제 원수들에게서, 물속 깊은 데에서 제가 구출되게 하소서. 시편 69,15

음성 – 하느님! 당신이었습니까?

* 주님의 목소리와 다른 사람들의 목소리를 구별하는 방법

문지기는 목자에게 문을 열어주고 양들은 그의 목소리를 알아듣는다. 요한 10,2-5

진리에 속한 사람은 누구나 내 목소리를 듣는다. 요한 18,37

내가 여러분에게 일러둡니다. 하느님의 영에 힘입어 말하는 사람은 아무도 "예수는 저주를 받아라." 할 수 없습니다. 1코린 12,3

하느님께 경배하여라. 예수님의 증언은 곧 예언의 영이다. 묵시 19,10

* 주님께서 말씀하실 때엔, 다음과 같은 것들이 확실히 나타납니다.

우리는 이 선물에 관하여 인간의 지혜가 가르쳐 준 것이 아니라 성령께서 가르쳐 주신 말로 이야기합니다. 영적인 것을 영적인 표현으로 설명하는 것입니다. 1코린 2,13

나는 너희에게 평화를 남기고 간다. 내 평화를 너희에게 준다. 요한 14,27

그분께서 네 앞길을 곧게 해주시리라. 잠언 3,5-6

평온과 신뢰 속에 너희의 힘이 있건만. 이사 30,15

여러분의 마음속에서 날이 밝아오고 샛별이 떠오를 때까지 어둠 속에서 비치는 불빛을 바라보듯이 그 말씀에 주의를 기울이는 것이 좋습니다. 2베드 1,19

모든 일은 둘이나 세 증인의 말로 확정지어야 합니다. 2코린 13,1

이 세상의 신이 불신자들의 마음을 어둡게 하여 하느님의 모상이신 그리스도의 영광을 선포하는 복음의 빛을 보지 못하게 할 것입니다. 2코린 4,4

성령에 힘입지 않고서는 아무도 "예수님은 주님이시다." 할 수 없습니다. 1코린 12,3

하느님의 그 많은 약속이 그분에게서 "예!"가 됩니다. 그러므로 하느님의 영광을 위하여 우리도 그분을 통해서 "아멘" 합니다. 2코린 1,20

* 마귀나 혹은 다른 악령들이 말을 할 때, 당신은 다음과 같은 것을 볼 수 있습니다.

의심과 두려움과, 불안정(2티모 1,7; 로마 8,15-16 참조).

갈등, 뒤척거림, 평화가 없음(야고 3,1-18; 이사 48,22 참조).

질문, 의문스러움, 과연 주님의 말씀인가 하는 마음(로마 14,23 참조).

불명확성, 혼동, 만일 당신이 그 뜻을 알아듣기 위해 한참을 고심해야 한다면 당장 그것을 잊어도 좋습니다. 사탄은 바로 혼동의 주인공이지만 하느님은 그렇지 않습니다(야고 3,16; 1코린 14,33 참조).

주님의 명령에 위배되는 말, 이는 우리들 개인적으로 봐서 그릴 수도 있고 성경를 통해서 그럴 수도 있습니다. 하느님께서 말씀을 하실 때에는, 사탄이 즉시 그 반대의 말을 합니다. 즉, 하느님의 말씀을 흐트러뜨리려고 하는 것입니다(마태 13,4; 마태 18,24-30; 창세 3,4 참조).

그리스도의 주님 되심을 부인합니다(1요한 4,1-6 참조).

저주, 죄의식, 용기를 잃게 함. 사탄은 이미 용서받은 죄, 이미 회개하고 하느님으로부터 용서받은 죄를 다시 상기시킵니다(로마 8,1 참조).

* 우리들 자신이 이야기 한 것이라면 다음과 같은 현상이 보입니다.

주저, 자기 자신은 말을 하기 전에 우선 생각을 해야 합니다. 하느님의 말씀은 우리들의 머리에 아무런 선입견을 주지 않고 쉽게 흘러들어옵니다(로마 8,5-7 참조).

속임수, 우리들은 스스로조차도 제대로 이해하지 못하기 때문에 우리들 자신의 마음에 의해 빗나가게 되는 경우도 있습니다(예레 17,9-10 참조). 따라서 우리들은 우리가 성숙하게 될 때까지 주님의 말씀을 계속 들어야 하겠습니다(히브 5,12 참조).

이중 생각, 동시에 두 가지 반대되는 것을 원하면 이것은 불안정을 초래합니다(야고 1,8 참조). 예수님께서는 우리에게 하나만 볼 수 있는 눈을 주십니다(마태 6 ,22-23 참조). 그 눈은 주님의 왕국을 먼저 선택하게 되어 있습니다(마태 6,33 참조). 그래서 우리들로 하여금 진정으로 하느님의 뜻에 따르게 합니다(필리 2,13 참조). 이것을 가능하게끔 하는 것은 우리 안에 살아계시는 성령이십니다(요한 14,16; 요한 11,13 참조).

쇄신되지 않은 욕구, 그 목소리는 마치 자신의 목소리와 비슷합니다. 그리고 예전부터 알고 있었던 그 똑같은 옛 욕망에 대하여 이야기합니다(야고 1,13-16 참조). 이러한 욕망은 육신에서 나오는 것이며, 우리들은 이러한 욕망에 대해서는 죽은 것과 마찬가지로 간주해야 합니다(로마 6,1-4 참조).

의혹

예수님께서 토마스에게 말씀하셨다. "너는 나를 보고서야 믿느냐? 보지 않고도 믿는 사람은 행복하다." 요한 20,29

그는 불신으로 하느님의 약속을 의심하지 않았을 뿐만 아니라, 오히려 믿음으로 더욱 굳세어져 하느님을 찬양하였습니다. 그리고 하느님께서는 약속하신 것을 능히 이루실 수 있다고 확신하였습니다. 로마 4,20-21

곧 마음으로 믿어 의로움을 얻고, 입으로 고백하여 구원을 얻습니다. 로마 10,10

우리 믿는 이들을 위한 그분의 힘이 얼마나 엄청나게 큰지를 그분의 강한 능력의 활동으로 알게 되기를 비는 것입니다. 에페 1,19

우리가 전하는 하느님의 말씀을 들을 때, 여러분이 그것을 사람의 말로 받아들이지 않고 사실 그대로 하느님의 말씀으로 받아들였기 때문입니다. 그 말씀이 신자 여러분 안에서 활동하고 있습니다. 1테살 2,13ㄴ

진리를 믿지 않고 불의를 좋아한 자들이 모두 심판을 받게 하시려는 것입니다. 2테살 2,12

하느님께서 여러분을 성령으로 거룩하게 하시고 진리를 믿게 하여 구원하시려고, 여러분을 첫 열매로 선택하여 주셨기 때문입니다. 2테살 2,13ㄴ

Ⅲ 주제별 성경 분류

내가 누구를 믿는지 잘 알고 있으며 또 내가 맡을 것을 그분께서 그날까지 지켜 주실 수 있다고 확신합니다. 2티모 1,12ㄴ

형제 여러분, 여러분 가운데에는 믿지 않는 악한 마음을 품고서 살아 계신 하느님을 저버리는 사람이 없도록 조심하십시오. 히브 3,12

하느님께서는 누구에게 당신의 안식처에 들어가지 못하리라고 맹세하였습니까? 순종하지 않은 그 사람들이 아닙니까? 우리가 보듯이, 과연 그들은 불신 때문에 안식처에 들어가지 못하였습니다. 히브 3,18-19

어떤 이들은 그곳에 들어갈 기회가 아직 있고, 또 예전에 기쁜 소식을 들은 이들은 순종하지 않은 탓으로 그곳에 들어가지 못하였다. 히브 4,6

믿음을 가진 우리는 안식처로 들어갑니다. 히브 4,3ㄱ

승리하는 사람은 이것들을 받을 것이며, 나는 그의 하느님이 되고 그는 나의 아들이 될 것이다. 그러나 비겁한 자들과 불충한 자들, 역겨운 것으로 자신을 더럽히는 자들과 살인자들과 불륜을 저지르는 자들, 마술쟁이들과 우상 숭배자들, 그리고 모든 거짓말쟁이들이 차지할 몫은 불과 유황이 타오르는 못뿐이다. 이것이 두 번째 죽음이다. 묵시 21,7-8

이혼

나는 너희에게 말한다. 불륜을 저지른 경우를 제외하고 아내를 버리는 자는 누구나 그 여자가 간음하게 만드는 것이다. 또 버림받은 여자와 혼인하는 자도 간음하는 것이다. 마태 5,32

예수님께서는 그들에게 말씀하셨다. "누구든지 아내를 버리고 다른 여자와 혼인하면, 그 아내를 두고 간음하는 것이다." 마르 10,11-12

혼인한 여자는 남편이 살아 있는 동안에만 율법으로 그에게 매여 있습니다. 그러나 남편이 죽으면 남편과 관련된 율법에서 풀려납니다. 그러므로 남편이 살아 있는 동안에 다른 남자에게 몸을 맡기면 간통한 여자라고 불리지만, 남편이 죽으면 그 율법에서 자유로워져, 다른 남자에게 몸을 맡겨도 간통한 여자가 되지 않습니다. 로마 7,2-3

아내는 남편과 헤어져서는 안 됩니다. 만일 헤어졌으면 혼자 지내든가 남편과 화해해야 합니다. 그리고 남편은 아내를 버려서는 안 됩니다. 1코린 7,11

신자 아닌 쪽에서 헤어지겠다면 헤어지십시오. 그러한 경우에는 형제나 자매가 속박을 받지 않습니다. 하느님께서는 여러분을 평화롭게 살라고 부르셨습니다. 1코린 7,15

그대가 혼인하더라도 죄를 짓는 것은 아닙니다. 또 처녀가 혼인하더라도 죄를 짓는 것은 아닙니다. 그러나 그렇게 혼인하는 이들은 현세의 고통을 겪을 것입니다. 나는 여러분이 그것을 면하게 하고 싶습니다. 1코린 7,28

그대는 아내와 갈라졌습니까? 아내를 얻으려고 하지 마십시오. 1코린 7,27

아내는 남편이 살아 있는 동안 남편에게 매여 있습니다. 그러나 남편이 죽으면 자기가 원하는 남자와 혼인할 자유가 있습니다. 1코린 7,39

만일 결혼과 이혼이 당신이 새로 생명을 얻어 영세를 받기 전이라면, 이렇게 생각하십시오. 만일 어떤 남자(또는 여자)가 그리스도 안에 있다면, 그는 완전히 새로운 피조물입니다. 옛날의 일은 모두 지났으니 이제 새로 다가올 것에 대하여 경배합시다. 당신의 전 생애, 당신의 결혼과 이혼을 포함한 전 생애는 모두가 성령에 의해 씻겼습니다. 다시는 하느님께서 기억하지 않으실 것입니다. 마찬가지로 속세에서 육신으로서의 생활도 씻겼습니다. 당신의 모든 과거는 성혈에 의하여 속죄되고 씻겼습니다. 당신은 예수 그리스도 안에서 완전히 새로운 피조물입니다.

예전의 일들을 기억하지 말고 옛날의 일들을 생각하지 마라. 보라, 내가 새 일을 하려 한다. 이미 드러나고 있는데 너희는 그것을 알지 못하느냐? 정녕 나는 광야에 길을 내고 사막에 강을 내리라. 이사 43,18-19

인내

일의 끝이 시작보다 낫고 인내가 자만보다 낫다. 코헬 7,8

우리는 환난도 자랑으로 여깁니다. 우리가 알고 있듯이, 환난은 인내를 자아내고 인내는 수양을, 수양은 희망을 자아냅니다. 그리고 희망은 우리를 부끄럽게 하지 않습니다. 우리가 받은 성령을 통하여 하느님의 사랑이 우리 마음에 부어졌기 때문입니다. 로마 5,3-5

네 빵을 물 위에다 놓아 보내라. 많은 날이 지난 뒤에도 그것을 찾을 수 있으리라. 코헬 11,1

분노에 더딘 이는 용사보다 낫고 자신을 다스리는 이는 성을 정복한 자보다 낫다. 잠언 16,32

회개와 안정으로 너희가 구원을 받고 평온과 신뢰 속에 너희의 힘이 있건만 너희는 싫다고 한다. 이사 30,15ㄴ

좋은 땅에 떨어진 것은, 바르고 착한 마음으로 말씀을 듣고 간직하여 인내로써 열매를 맺는 사람들이다. 루카 8,15

너희는 인내로써 생명을 얻어라. 루카 21,19

꾸준히 선행을 하면서 영광과 명예와 불멸을 추구하는 이들에게는 영원한 생명을 주십니다. 로마 2,7

여러분이 하느님의 뜻을 이루어 약속된 것을 얻으려면 인내가 필요합니다. 히브 10,36

우리도 온갖 짐과 그토록 쉽게 달라붙는 죄를 벗어 버리고, 우리가 달려야 할 길을 꾸준히 달려갑시다. 히브 12,1ㄴ

나의 형제 여러분, 갖가지 시련에 빠지게 되면 그것을 다시없는 기쁨으로 여기십시오. 여러분도 알고 있듯이 여러분의 믿음이 시험을 받으면 인내가 생겨납니다. 야고 1,2-3

형제 여러분, 주님의 재림 때까지 참고 기다리십시오. 땅의 귀한 소출을 기다리는 농부를 보십시오. 그는 이른 비와 늦은 비를 맞아 곡식이 익을 때까지 참고 기다립니다. 여러분도 참고 기다리며 마음을 굳게 가지십시오. 주님의 재림이 가까웠습니다. 야고 5,7-8

잘못을 저질러 매를 맞을 때에는 견디어 낸다고 한들 그것이 무슨 명예가 되겠습니까? 그러나 선을 행하는데도 겪게 되는 고난을 견디어 내면 그것은 하느님에게서 받는 은총입니다. 1베드 2,20

네가 인내하라는 나의 말을 지켰으니, 땅의 주민들을 시험하려고 온 세계에 시련이 닥쳐올 때에 나도 너를 지켜 주겠다. 묵시 3,10

자만

주님께서는 높으셔도 비천한 이를 굽어보시고 교만한 자를 멀리서도 알아보신다. 시편 138,6

이 여섯 가지를 주님께서 미워하시고 이 일곱 가지를 그분께서 역겨워하신다. 거만한 눈과 거짓말하는 혀, 무고한 피를 흘리는 손, 간악한 계획을 꾸미는 마음, 악한 일을 하려고 서둘러 달려가는 두 발 거짓말을 퍼뜨리는 거짓 증인, 형제들 사이에 싸움을 일으키는 자다. 잠언 6,16-19

주님을 경외함은 악을 미워하는 것이다. 그래서 나는 교만과 거만과 악의 길을, 사악한 입을 미워한다. 잠언 8,13

오만은 싸움만 일으키지만 충고를 듣는 이들에게는 지혜가 있다. 잠언 13,10

파멸에 앞서 교만이 있고 멸망에 앞서 오만한 정신이 있다. 가난한 이들과 겸허하게 지내는 것이 거만한 자들과 노획물을 나누는 것 보다 낫다. 잠언 16,18-19

세상에 있는 모든 것, 곧 육의 욕망과 눈의 욕망과 살림살이에 대한 자만은 아버지에게서 온 것이 아니라 세상에서 온 것입니다. 1요한 2,16

미련한 자의 입에서는 교만이 싹트지만 지혜로운 이의 입술은 그를 지켜 준다. 잠언 14,3

정의

내 영혼에 생기를 돋우어 주시고 바른길로 나를 끌어 주시니 당신의 이름 때문이어라. 시편 23,3

어리던 내가 이제 늙었는데 의인이 버림을 받음도, 그 자손이 빵을 구걸함도 보지 못하였다. 시편 37,25

저의 하느님 집 문간에 서 있기가 악인의 천막 안에 살기보다 더 좋습니다. 시편 84,11ㄴ

의인의 입은 생명의 샘이지만 악인의 입은 폭력을 감추고 있다. 잠언 10,11

의인에게는 바라는 일이 이루어진다. 잠언 10,24ㄴ

너희는 정의를 뿌리고 신의를 거두어들여라. 묵혀 둔 너희 땅을 갈아엎어라. 지금이 주님을 찾을 때다. 그가 와서 너희 위에 정의를 비처럼 내릴 때까지. 호세 10,12

그 한 사람의 범죄로 그 한 사람을 통하여 죽음이 지배하게 되었지만, 은총과 의로움의 선물을 충만히 받은 이들은 예수 그리스도 한 분을 통하여 생명을 누리며 지배할 것입니다……. 은총이 우리 주 예수 그리스도를 통하여 영원한 생명을 가져다주는 의로움으로 지배하게 하려는 것입니다. 로마 5,17-21

너희는 먼저 하느님의 나라와 그분의 의로움을 찾아라. 그러면 이 모든 것도 곁들여 받게 될 것이다. 마태 6,33

예수 그리스도에 대한 믿음을 통하여 오는 하느님의 의로움은 믿는 모든 이를 위한 것입니다. 로마 3,22

곧 마음으로 믿어 의로움을 얻고, 입으로 고백하여 구원을 얻습니다. 로마 10,10

하느님의 나라는 먹고 마시는 일이 아니라, 성령 안에서 누리는 의로움과 평화와 기쁨입니다. 로마 14,17

하느님께서는 여러분을 그리스도 예수님 안에 살게 해 주셨습니다. 그리스도께서는 우리에게 하느님에게서 오는 지혜가 되시고, 의로움과 거룩함과 속량이 되셨습니다. 1코린 1,30

이는 아브라함의 경우와 같습니다. "그가 하느님을 믿으니 그것이 그의 의로움으로 인정되었습니다." 그래서 믿음으로 사는 이들이 바로 아브라함의 자손임을 알아야 합니다. 갈라 3,6-7

내가 그리스도를 얻고 그분 안에 있으려는 것입니다. 율법에서 오는 나의 의로움이 아니라 그리스도에 대한 믿음으로 말미암은 의로움, 곧 믿음을 바탕으로 하느님에게서 오는 의로움을 지니고 있으려는 것입니다. 필리 3,9

죄 - 우리가 지은 죄에 대하여 용서를 구할 때
하느님이 하시는 일

저를 씻어 주소서. 눈보다 더 희어지리이다. 시편 51,9

네 모든 잘못을 용서하시고 네 모든 아픔을 낫게 하시는 분. 시편 103,3

우리는 그리스도 안에서, 그리스도의 피를 통하여 속량을, 곧 죄의 용서를 받았습니다. 이는 하느님의 그 풍성한 은총에 따라 이루어진 것입니다. 에페 1,7

우리를 모든 불의에서 깨끗하게 해주십니다. 1요한 1,9

해 뜨는 데가 해지는 데서 먼 것처럼 우리의 허물들을 우리에게서 멀리하신다. 시편 103,12

당신의 등 뒤로 던져 버리셨습니다. 이사 38,17

나, 바로 나는 나 자신을 위하여 너의 악행들을 씻어 주는 이, 내가 너의 죄를 기억하지 않으리라. 이사 43,25

내가 너의 악행들을 구름처럼, 너의 죄악들을 안개처럼 쓸어버렸다. 나에게 돌아오너라. 내가 너를 구원하였다. 이사 44,22

우리는 모두 양 떼처럼 길을 잃고 저마다 제 길을 따라갔지만 주님께서

는 우리 모두의 죄악이 그에게 떨어지게 하셨다. 이사 53,6

그날과 그때에 이스라엘의 죄악을 찾으려 해도 전혀 찾지 못하고 유다의 죄를 찾으려 해도 발견하지 못하리라. 주님의 말씀이다. 내가 살아남게 한 자들을 용서할 것이기 때문이다. 예레 50,20

나의 모든 규정을 준수하고 공정과 정의를 실천하면 죽지 않고 반드시 살 것이다. 그가 저지른 모든 죄악은 더 이상 기억되지 않고 자기가 실천한 정의 때문에 살 것이다. 에제 18,22

나는 그들의 죄와 그들의 불의를 더 이상 기억하지 않으리라. 히브 10,17

그분께서는 다시 우리를 가엾이 여기시고 우리의 허물들을 모르는 체 해주시리라. 당신께서 저희의 모든 죄악을 바다 깊은 곳으로 던져 주십시오. 미카 7,19

요한은 예수님께서 자기 쪽으로 오시는 것을 보고 말하였다. "보라, 세상의 죄를 없애시는 하느님의 어린양이시다." 요한 1,29

행복하여라, 불법을 용서받고 죄가 덮어진 사람들! 로마 4,7

행복하여라, 주님께서 죄를 헤아리지 않으시는 사람! 로마 4,8

우리에게 불리한 조항들을 담은 우리의 빚 문서를 지워 버리시고, 그것을 십자가에 못 박아 우리 가운데에서 없애 버리셨습니다. 콜로 2,14

성실한 증인이시고 죽은 이들의 맏이이시며 세상 임금들의 지배자이신 예수 그리스도에게서 은총과 평화가 여러분에게 내리기를 빕니다. 우리를 사랑하시어 당신 피로 우리를 죄에서 풀어주셨습니다. 묵시 1,5

주님께 대한 두려움

* 여기에서 제외되는 것

- 자연적인 두려움, 자신의 신체를 보호하기 위함
- 종교적인 두려움, 전통, 선입관, 상징, 성수 인간의 생각 등(이사 29,13-14)
- 악마적인 두려움, 괴로움과 노예 됨(1티모 1,7; 1요한 4,18)
- 인간의 두려움, 이것은 묶어버리고 성스러운 용기와 순종, 믿음, 그리스도를 통한 내적 능력과 확신 등을 풀어라. 예수님의 이름으로.(이사 51,7-12; 잠언 29,25; 히브 13,6; 시편 56,11)

백성을 나에게 불러 모아라. 내가 그들에게 내 말을 들려주어, 그들이 이 땅에 사는 동안 늘 나를 경외하는 법을 배우고 그들의 자손들도 가르치게 하겠다. 신명 4,10

그들이 그러한 마음을 가져, 늘 나를 경외하고 나의 모든 계명을 지킨다면 얼마나 좋겠느냐? 그러면 그들과 그들 자손들이 영원토록 잘 될 것이다. 신명 5,29

율법의 사본을 책에 기록해야 한다. 그리고 그것을 자기 곁에 두고 평생토록 날마다 읽으면서, 주 자기 하느님을 경외하는 법을 배우고, 이 율법의 모든 말씀과 이 규정을 명심하여 실천해야 한다. 신명 17,19

그는 자기 동족을 업신여기지 않고, 계명에서 오른쪽으로도 왼쪽으로도 벗어나지 말아야 한다. 그러면 그와 그의 자손들이 이스라엘에서 오랫동안 왕위에 앉을 것이다. 신명 17,20

주님을 경외하는 이 누구인가? 그가 선택할 길을 가르쳐 주시리라. 시편 25,12

그의 영혼은 행복 속에 머물고 그의 후손은 땅을 차지하리라. 시편 25,13

주님께서는 당신을 경외하는 이들과 사귀시고 당신 계약을 그들에게 알려 주신다. 시편 25,14

주님을 경외함은 순수하니 영원히 이어지고 주님의 법규들은 진실이니 모두가 의롭네. 시편 19,10

얼마나 크십니까! 당신을 경외하는 이들 위해 간직하신 그 선하심이. 당신께 피신하는 이들에게 사람들 보는 앞에서 이를 베푸십니다. 당신 앞의 피신처에 그들을 감추시어 사람들의 음모에서 구해 내시고 당신 거처 안에 숨기시어 사나운 입술들의 공격에서 구해 내십니다. 시편 31,20-21

보라, 주님의 눈은 당신을 경외하는 이들에게, 당신 자애를 바라는 이들에게 머무르신다. 그들의 목숨을 죽음에서 구하시고 굶주릴 때 그들을 살리시기 위함이라네. 시편 33,18-19

주님을 경외하여라, 그분의 거룩한 이들아. 그분을 경외하는 이들에게는 아쉬움이 없어라. 시편 34,10

그들이 지식을 미워하고 주님을 경외하려 하지 않았다. 잠언 1,29

사자들도 궁색해져 굶주리게 되지만 주님을 찾는 이들에게는 좋은 것 하나도 모자라지 않으리라. 시편 34,11

아이들아, 와서 내 말을 들어라. 너희에게 주님 경외함을 가르쳐 주마. 시편 34,12

지혜의 근원은 주님을 경외함이니 그것들을 행하는 이들은 빼어난 슬기를 얻으리라. 그분에 대한 찬양은 영원히 존속한다. 시편 111,10

당신을 경외하는 이들의 뜻을 채우시고 그들의 애원을 들으시어 구해 주신다. 시편 145,19

주님께서는 당신을 경외하는 이들을, 당신 자애에 희망을 두는 이들을 좋아하신다. 시편 147,11

내 아들아, 네가 만일 내 말을 받아들이고 내 계명을 네 안에 간직한다면 지혜에 네 귀를 기울이고 슬기에 네 마음을 모은다면 그래, 네가 예지를 부르고 슬기를 향해 네 목소리를 높인다면 네가 은을 구하듯 그것을 구하고 보물을 찾듯 그것을 찾는다면 그때에 너는 주님 경외함을 깨닫고 하느님을 아는 지식을 찾아 얻으리라. 잠언 2,1-5

주님을 경외함에 확고한 안전이 있으니 자손들에게도 피신처가 된다. 잠언 14,26

지혜의 교훈은 주님을 경외하는 것이다. 영광에 앞서 겸손이 있다. 잠언 15,33

주님을 경외함은 사람을 생명으로 이끌어 주어 그는 흡족히 밤을 지내며 환난을 겪지 않는다. 잠언 19,23

그때에 주님을 경외하는 이들이 서로 말하였다. 주님이 주의를 기울여 들었다. 그리고 주님을 경외하며 그의 이름을 존중하는 이들이 주님 앞에서 비망록에 쓰여 졌다. 그들은 나의 것이 되리라. 만군의 주님께서 말씀하신다. 내가 나서는 날에 그들은 나의 소유가 되리라. 부모가 자기들을 섬기는 자식을 아끼듯 나도 그들을 아끼리라. 그러면 너희는 다시 의인과 악인을 가리고 하느님을 섬기는 이와 섬기지 않는 자를 가릴 수 있으리라. 말라 3,16-18

나의 이름을 경외하는 너희에게는 의로움의 태양이 날개에 치유를 싣고 떠오르리니 너희는 외양간의 송아지들처럼 나와서 뛰놀리라. 말라 3,20

죽음

제가 비록 어둠의 골짜기를 간다 하여도 재앙을 두려워하지 않으리니 당신께서 저와 함께 계시기 때문입니다. 당신의 막대와 지팡이가 저에게 위안을 줍니다. 시편 23,4

저의 한평생 모든 날에 호의와 자애만이 저를 따르리니 저는 일생토록 주님의 집에 사오리다. 시편 23,6

당신께 성실한 이들의 죽음이 주님의 눈에는 소중하네. 시편 116,15

아버지께서 죽은 이들을 일으켜 다시 살리시는 것처럼, 아들도 자기가 원하는 이들을 다시 살린다. 요한 5,21

악인은 제 악함 때문에 망하지만 의인은 죽음에서도 피신처를 얻는다. 잠언 14,32

내가 진실로 진실로 너희에게 말한다. 내 말을 듣고 나를 보내신 분을 믿는 이는 영생을 얻고 심판을 받지 않는다. 그는 이미 죽음에서 생명으로 건너갔다. 요한 5,24

내가 진실로 진실로 너희에게 말한다. 죽은 이들이 하느님 아들의 목소리를 듣고 또 그렇게 들은 이들이 살아날 때가 온다. 지금이 바로 그때다. 요한 5,25

이 말에 놀라지 마라. 무덤 속에 있는 모든 사람이 그의 목소리를 듣는 때가 온다. 요한 5,28

예수님께서 그에게 이르셨다. "나는 부활이요 생명이다. 나를 믿는 사람은 죽더라도 살고, 또 살아서 나를 믿는 사람은 영원히 죽지 않을 것이다. 너는 이것을 믿느냐?" 요한 11,25-26

이 썩는 몸은 썩지 않는 것을 입고 이 죽는 몸은 죽지 않는 것을 입어야 합니다. 이 썩는 몸이 썩지 않는 것을 입고 이 죽는 몸이 죽지 않는 것을 입으면, 그때에 성경에 기록된 말씀이 이루어질 것입니다. 1코린 15,53-54

죽음의 독침은 죄이며 죄의 힘은 율법입니다. 우리 주 예수 그리스도를 통하여 우리에게 승리를 주시는 하느님께 감사드립시다. 1코린 15,56-57

우리는 확신에 차 있습니다. 그리고 이 몸을 떠나 주님 곁에 사는 것이 낫다고 생각합니다. 2코린 5,8

사람은 단 한 번 죽게 마련이고 그 뒤에 심판이 이어진다. 히브 9,27

사실 나에게는 삶이 곧 그리스도이며 죽는 것이 이득입니다. 필리 1,21

이 자녀들이 피와 살을 나누었듯이, 예수님께서도 그들과 함께 피와 살을 나누어 가지셨습니다. 그것은 죽음의 권능을 쥐고 있는 자 곧 악마를 당신의 죽음으로 파멸시키신다. 히브 2,14

죽음의 공포 때문에 한평생 종살이에 얽매여 있는 이들을 풀어주시려는 것이었습니다. 히브 2,15

중재

제가 전 세계를 여행하는 동안에 많은 목사와 사제의 부인이나 자녀가 여러 가지 신체적, 정신적, 질병으로 고통 받고 있는 것을 보았습니다. 따라서 주님께서는 저에게 각 교회마다 특별히 그들의 목사 혹은 사제의 가족을 위한 기도회를 만드는 짐을 지우셨습니다. 대부분 사제는 많은 기도 중에 있으나 그들의 가족들은 이러한 경우에서 무시되거나 간과되어지는 경우가 많이 있습니다. 그렇다면 악마가 들어가 일을 할 곳은 어디이겠습니까? 보다 나약한 쪽입니다. 아담과 하와에게서도 그랬습니다. 왜냐구요? 마귀는 우리의 목자를 바로 그 사람의 가정 내에서 해치기를 원하기 때문입니다. 이 가르침은 중재의 기도를 할 사람이 잘 이해하여 이러한 가정들 뒤에 숨어 작용하는 어둠의 힘이 무엇인지 알아 제대로 대처할 수 있어야 합니다.

너는 오래된 폐허를 재건하고 대대로 버려졌던 기초를 세워 일으키리라. 너는 갈라진 성벽을 고쳐 쌓는 이, 사람이 살도록 거리를 복구하는 이라 일컬어지리라. 이사 58,12

그분께서는 한 사람도 없음을 보시고, 나서는 자가 하나도 없음을 보시고 놀라워하셨다. 그리하여 그분의 팔이 그분을 돕고 그분의 정의가 그분을 거들었다. 이사 59,16

너희는 성벽이 무너진 곳으로 올라가지 않았다. 주님의 날에 전쟁이 벌어졌을 때 굳게 서 있을 수 있도록, 이스라엘 집안을 위하여 성벽을 보수하지도 않았다. 에제 13,5

이 땅을 멸망시키지 못하도록 성벽을 보수하며 그 성벽이 무너진 곳에 서서 나를 막는 이가 그들 가운데에 행여 있는지 내가 찾아보았지만, 찾아내지 못하였다. 에제 22,30

성령께서도 나약한 우리를 도와주십니다. 우리는 올바른 방식으로 기도할 줄 모르지만, 성령께서 몸소 말로 다 할 수 없이 탄식하시며 우리를 대신하여 간구해 주십니다. 마음속까지 살펴보시는 분께서는 이러한 성령의 생각이 무엇인지 아십니다. 성령께서 하느님의 뜻에 따라 성도들을 위하여 간구하시기 때문입니다. 로마 8,26-27

지도와 방향 제시

너희는 힘과 용기를 내어라. 그들을 두려워해서도 겁내서도 안 된다. 주 너희 하느님께서 너희와 함께 가시면서, 너희를 떠나지도 버리지도 않으실 것이다. 신명 31,6

당신께서 저에게 생명의 길을 가르치시니 당신 면전에서 넘치는 기쁨을, 당신 오른쪽에서 길이 평안을 누리리이다. 시편 16,11

가련한 이들이 올바른 길을 걷게 하시고 가련한 이들에게 당신 길을 가르치신다. 시편 25,9

나 너를 이끌어 네가 가야 할 길을 가르치고 너를 눈여겨보며 타이르리라. 시편 32,8

주님께서는 사람의 발걸음을 굳건히 하시며 그의 길을 마음에 들어 하시리라. 시편 37,23

그는 비틀거려도 쓰러지지 않으리니 주님께서 그의 손을 잡아 주시기 때문이다. 시편 37,24

저는 늘 당신과 함께 있어 당신께서 제 오른손을 붙들어 주셨습니다. 시편 73,23

당신의 뜻에 따라 저를 이끄시다가 훗날 저를 영광으로 받아들이시리

이다. 시편 73,24ㄱ

그가 온전한 마음으로 그들을 돌보고 슬기로운 손으로 그들을 이끌었다. 시편 78,72

나가나 들거나 주님께서 너를 지키신다. 이제부터 영원까지. 시편 121,8

그분께서는 공정의 길을 지켜 주시고 당신께 충실한 이들의 앞길을 보살피신다. 잠언 2,8

네 마음을 다하여 주님을 신뢰하고 너의 예지에는 의지하지 마라. 어떠한 길을 걷든 그분을 알아 모셔라. 그분께서 네 앞길을 곧게 해주시리라. 잠언 3,5-6

올곧은 이들의 흠 없음은 그들을 잘 이끌어 주지만 배신자들의 패륜은 그들을 멸망시킨다. 잠언 11,3

너희가 오른쪽으로 돌거나 왼쪽으로 돌 때 뒤에서 "이것이 바른길이니 이리로 가거라." 하시는 말씀을 너희 귀로 듣게 되리라. 이사 30,21

내가 네 앞을 걸어가면서 산들을 평지로 만들고 청동 문들을 부수며 쇠빗장들을 부러뜨리리라. 이사 45,2

나는 주 너의 하느님 너에게 유익하도록 너를 가르치고 네가 가야 할 길로 너를 인도하는 이다. 이사 48,17ㄴ

그분 곧 진리의 영께서 오시면 너희를 모든 진리 안으로 이끌어 주실 것이다. 요한 16,13ㄱ

나는 네가 한 일을 다 안다. 보라, 나는 아무도 닫을 수 없는 문을 네 앞에 열어 두었다. 너는 힘이 약한데도, 내 말을 굳게 지키며 내 이름을 모른다고 하지 않았다. 묵시 3,8

지속적인 구마

* 설득과 확신

당신께서 저의 원수들 앞에서 저에게 상을 차려 주시고 제 머리에 향유를 발라 주시니 저의 술잔도 가득합니다. 시편 23,5

주님을 경외하여라, 그분의 거룩한 이들아, 그분을 경외하는 이들에게는 아쉬움이 없어라. 시편 34,10

하느님께서 우리의 피신처와 힘이 되시어 어려울 때마다 늘 도우셨기에 우리는 두려워하지 않네……. 시편 46,2

그분께서 세상 끝까지 전쟁을 그치게 하시고 활을 꺾고 창을 부러뜨리시며 병거를 불에 살라 버리시네. 시편 46,10ㄱ

주님께서 너의 의지가 되시어 네 발이 덫에 걸리지 않게 지켜 주시리라. 잠언 3,26

한결같은 심성을 지닌 그들에게 당신께서 평화를 베푸시니 그들이 당신을 신뢰하기 때문입니다. 이사 26,3

주 하느님께서 나를 도와주시니 나는 수치를 당하지 않는다. 그러기에 나는 내 얼굴을 차돌처럼 만든다. 나는 부끄러운 일을 당하지 않을 것임을 안다. 이사 50,7

아들이 너희를 자유롭게 하면 너희는 정녕 자유롭게 될 것이다. 요한 8,36

나는 양들이 생명을 얻고 또 얻어 넘치게 하려고 왔다. 요한 10,10ㄴ

당신의 친 아드님마저 아끼지 않으시고 우리 모두를 위하여 내어주신 분께서, 어찌 그 아드님과 함께 모든 것을 우리에게 베풀어 주지 않으시겠습니까? 로마 8,32

"누가 주님의 마음을 알아 그분을 가르칠 수 있겠습니까?" 그러나 우리는 그리스도의 마음을 지니고 있습니다. 1코린 2,16ㄴ

나의 하느님께서는 그리스도 예수님 안에서 영광스럽게 베푸시는 당신의 그 풍요로움으로, 여러분에게 필요한 모든 것을 채워 주실 것입니다. 필리 4,19

주님은 영이십니다. 그리고 주님의 영이 계신 곳에는 자유가 있습니다. 2코린 3,17

하느님을 아는 지식을 가로막고 일어서는 모든 오만을 무너뜨리며, 모든 생각을 포로로 잡아 그리스도께 순종시킵니다. 2코린 10,5

사람의 모든 이해를 뛰어넘는 하느님의 평화가 여러분의 마음과 생각을 그리스도 예수님 안에서 지켜 줄 것입니다. 필리 4,7

하느님께서는 우리에게 비겁함의 영을 주신 것이 아니라, 힘과 사랑과 절제의 영을 주셨습니다. 2티모 1,7

여러분 안에 계시는 그분께서 세상에 있는 그자보다 더 위대하시기 때문입니다. 1요한 4,4ㄴ

* 구마

주님, 제가 당신께 피신하니 다시는 수치를 당하지 않게 하소서. 당신의 의로움으로 저를 구하소서. 시편 31,2

주님께서는 마음이 부서진 이들에게 가까이 계시고 넋이 짓밟힌 이들을 구원해 주신다. 시편 34,19

하느님께서 우리의 피신처와 힘이 되시어 어려울 때마다 늘 도우셨기에 우리는 두려워하지 않네. 시편 46,2

저녁에도 아침에도 한낮에도 나는 탄식하며 신음하네. 그러면 그분께서 내 목소리 들으신다. 시편 55,18

그의 입은 버터보다 부드러우나 마음에는 싸움만이 도사리고 그의 말은 기름보다 매끄러우나 실은 빼어 든 칼이라네. 시편 55,22

나 너와 함께 있으니 두려워하지 마라. 내가 너의 하느님이니 겁내지 마라. 내가 너의 힘을 복돋우고 너를 도와주리라. 내 의로운 오른팔로 너를 붙들어 주리라. 이사 41,10

그분께서 당신께 충실한 이들의 목숨을 지키시고 악인들의 손에서 그들을 구출해 주신다. 시편 97,10ㄴ

이렇게 말하여라, 주님께 구원받은 이들 그분께서 원수의 손에서 구원하신 이들. 시편 107,2

이 곤경 속에서 그들이 주님께 부르짖자 난관에서 그들을 구해 주셨다. 시편 107,6

당신 말씀으로 제 발걸음을 굳건히 하시고 어떠한 불의도 저를 다스리지 못하게 하소서. 시편 119,133

나 주님이 너의 하느님 내가 네 오른손을 붙잡아 주고 있다. 나는 너에게 말한다. "두려워하지 마라. 내가 너를 도와주리라." 이사 41,13

내가 너를 악한 자들의 손에서 건져 내고 무도한 자들의 손아귀에서 구출해 내리라. 예레 15,21

하느님은 무질서의 하느님이 아니라 평화의 하느님이시기 때문입니다. 1코린 14,33

우리는 하느님께 감사드립니다. 그분께서는 늘 그리스도의 개선 행진에 우리를 데리고 다니시면서, 그리스도를 아는 지식의 향내가 우리를 통하여 곳곳에 퍼지게 하십니다. 2코린 2,14

우리 형제들은 어린양의 피와 자기들이 증언하는 말씀으로 그자를 이겨 냈다. 그들은 죽기까지 목숨을 아끼지 않았다. 묵시 12,11

자녀 여러분, 내가 여러분에게 이 글을 쓴 까닭은 여러분이 아버지를 알고 있기 때문입니다. 아버지 여러분, 내가 여러분에게 이 글을 쓴 까닭은 처음부터 계신 그분을 여러분이 알고 있기 때문입니다. 젊은이 여러분, 내가 여러분에게 이 글을 쓴 까닭은 여러분이 강하고 하느님의 말씀이 여러분 안에 머무르며 여러분이 악한 자를 이겼기 때문입니다. 1요한 2,14

죄를 저지르는 자는 악마에게 속한 사람입니다. 악마는 처음부터 죄를 지었기 때문입니다. 그래서 악마가 한 일을 없애 버리시려고 하느님의 아드님께서 나타나셨던 것입니다. 1요한 3,8ㄴ

지혜

주님, 당신의 길을 제게 알려 주시고 당신의 행로를 제게 가르쳐 주소서. 당신의 진리 위를 걷게 하시고 저를 가르치소서. 시편 25,4-5ㄱ

내 훈계를 들으러 돌아오너라. 그러면 너희에게 내 영을 부어 주어 내 말을 알아듣게 해 주리라. 잠언 1,23

당신의 말씀이 열리면 빛이 비치어 우둔한 이들을 깨우쳐 줍니다. 시편 119,130

당신 얼굴이 당신 종 위에 빛나게 하시고 당신의 법령을 저에게 가르쳐 주소서. 시편 119,135

계명은 등불이고 가르침은 빛이며 교훈이 담긴 훈계는 생명의 길이다. 잠언 6,23ㄱ

주님께서는 지혜를 주시고 그분 입에서는 지식과 슬기가 나온다. 그분께서는 올곧은 이들에게 주실 도움을 간직하고 계시며 결백하게 걸어가는 이들에게 방패가 되어 주신다. 잠언 2,6-7

지혜의 시작은 주님을 경외함이며 거룩하신 분을 아는 것이 곧 예지다. 잠언 9,10

보호자, 곧 아버지께서 내 이름으로 보내실 성령께서 너희에게 모든 것을 가르치시고 내가 너희에게 말한 모든 것을 기억하게 해주실 것이다.
요한 14,26

그러나 우리는 그리스도의 마음을 지니고 있습니다. 1코린 2,16ㄴ

여러분은 그분에게서 기름부음을 받았고 지금도 그 상태를 보존하고 있으므로, 누가 여러분을 가르칠 필요가 없습니다. 그분께서 기름 부으심으로 여러분에게 모든 것을 가르치십니다. 기름부음은 진실하고 거짓이 없습니다. 여러분은 그 가르침대로 그분 안에 머무르십시오. 1요한 2,27

그 기도는 우리 주 예수 그리스도의 하느님, 영광의 아버지께서 여러분에게 지혜와 계시의 영을 주시어 여러분이 그분을 알게 됩니다.
에페 1,17

여러분 가운데에 누구든지 지혜가 모자라면 하느님께 청하십시오. 하느님은 모든 사람에게 너그럽게 베푸시고 나무라지 않으시는 분이십니다. 그러면 받을 것입니다. 야고 1,5

위에서 오는 지혜는 먼저 순수하고 그다음으로 평화롭고 관대하고 유순하며, 자비와 좋은 열매가 가득하고, 편견과 위선이 없습니다. 야고 3,17

찬양과 감사

의인들아, 주님 안에서 환호하여라. 올곧은 이들에게는 찬양이 어울린다. 비파로 주님을 찬송하며 열 줄 수금으로 그분께 찬미 노래 불러라. 시편 33,1

찬양 제물을 바치는 이가 나를 공경하는 사람이니 올바른 길을 걷는 이에게 하느님의 구원을 보여 주리라. 시편 50,23

그분께서 당신 백성 위하여 뿔을 세우셨으니 당신께 충실한 모든 이에게, 당신께 가까운 백성 이스라엘 자손들에게 찬양 노래이어라. 시편 148,14ㄱ

할렐루야! 주님께 노래하여라. 새로운 노래를. 충실한 이들의 모임에서 찬양 노래 불러라. 이스라엘은 자기를 지으신 분 안에서 기뻐하고 시온의 아들들은 자기네 임금님 안에서 즐거워하리라. 시편 149,1-2ㄱ

주님, 당신은 저의 하느님, 제가 당신을 높이 기리며 당신 이름을 찬송하리니 당신께서 예로부터 세우신 계획대로 진실하고 신실하게 기적들을 이루신 까닭입니다. 이사 25,1

저승은 당신을 찬송할 수 없고 죽음은 당신을 찬양할 수 없으며 구렁으로 내려가는 자들은 당신의 성실하심에 희망을 두지 못합니다. 이사 38,18

이들은 내가 나를 위하여 빚어 만든 백성, 이들이 나에 대한 찬양을 전하리라. 이사 43,21

아무것도 걱정하지 마십시오. 어떠한 경우에든 감사하는 마음으로 기도하고 간구하며 여러분의 소원을 하느님께 아뢰십시오. 필리 4,6

모든 일에 감사하십시오. 이것이 그리스도 예수님 안에서 살아가는 여러분에게 바라시는 하느님의 뜻입니다. 1테살 5,18

예수님을 통하여 언제나 하느님께 찬양 제물을 바칩시다. 그것은 그분의 이름을 찬미하는 입술의 열매입니다. 히브 13,15

여러분은 선택된 겨레고 임금의 사제단이며 거룩한 민족이고 그분의 소유가 된 백성입니다. 그러므로 여러분은 여러분을 어둠에서 불러내어 당신의 놀라운 빛 속으로 이끌어 주신 분의 위업을 선포하게 되었습니다. 1베드 2,9

돌아오소서, 주님, 제 목숨을 건져 주소서. 당신의 자애로 저를 구원하소서. 시편 6,5